"十二五"职业教育国家规划教材

经全国职业教育教材审定委员会审定

省级精品资源共享课指定教材

21世纪高职高专精品教材·工商管理类

管理沟通技能

GUANLI GOUTONG JINENG

（第三版）

吕书梅 主编

东北财经大学出版社

Dongbei University of Finance & Economics Press

大连

图书在版编目（CIP）数据

管理沟通技能 / 吕书梅主编. —3版. —大连：东北财经大学出版社，2015.8
（2017.7重印）
（21世纪高职高专精品教材·工商管理类）
ISBN 978 - 7 - 5654 - 2048 - 1

Ⅰ．管… Ⅱ．吕… Ⅲ．管理学–高等职业教育–教材 Ⅳ．C93

中国版本图书馆CIP数据核字（2015）第173263号

东北财经大学出版社出版

（大连市黑石礁尖山街217号 邮政编码 116025）

教学支持：（0411）84710309

营 销 部：（0411）84710711

总 编 室：（0411）84710523

网 址：http：//www.dufep.cn

读者信箱：dufep@dufe.edu.cn

大连日升彩色印刷有限公司印刷 东北财经大学出版社发行

幅面尺寸：185mm×260mm 字数：319千字 印张：14

2015年8月第3版 2017年7月第9次印刷

责任编辑：杨慧敏 张爱华 责任校对：何 力

封面设计：张智波 版式设计：钟福建

定价：28.00元

第三版前言

当前，加快发展现代职业教育，是发挥我国巨大人力资源优势，促进大众创业、万众创新的战略之举。职业教育为我国培养了大批高素质的劳动大军，为深化改革创新、提高中国制造和服务业水平、增强产业国际竞争力等方面提供了有力的人才支撑。在深化职业教育改革、加强内涵建设的路上，教材建设一直是其中一项重要的内容。本教材已入选第一批"十二五"职业教育国家规划教材。我们始终致力于教材建设的技能性、实训性、丰富性，注重实践性、科学性、时代性，因此本着这样的宗旨和原则第二次对本教材进行修订。

本教材是省级精品资源共享课"管理沟通技能"课程的指定教材，多年精品资源课程的建设过程为本教材建设累积了丰富的第一手资料，收集了一定数量并具有良好实训效果的实训项目，教材的技能性和实践性更为突出，在使用过程中得到了全国同类型及相关专业类型的教师和学生的一致好评，实现了课程建设与教材建设相辅相成，教学过程与教学研究相得益彰。

此次修订突出了以下特点：

1.彰显现代职业教育的特点，突出时代性。随着经济的进一步发展，人们之间正式和非正式的沟通活动更加频繁，沟通能力越来越成为现代职业人士的核心能力，用人单位不仅要求学生具有扎实的专业知识和技能，还要求其具有较强的沟通能力。对高职学生沟通能力的培养是当今社会之必须，也体现了现代职业教育高素质技能人才的培养目标。为此，本教材在编排风格上更加灵活，在内容选择上充分结合高职学生的接受能力和特点，"理论够用为度、难易程度适中"，整体体现出"原理先行、技能跟进、实训到位、案例同步"的编写特点。

2.突出技能训练，注重实训性。管理沟通的内容庞大而繁杂，涉及面也较为宽广，本教材的编写始终坚持从实训性出发，以技能培养为主线，结合编写团队多年在企业管理、社会服务中积累的经验和对管理岗位一线员工的认识与了解，丰富了教材中"同步思考"、"课堂互动"、"知识链接"等互动式内容，方便学生积极参与课堂互动。在每一模块结束，新增了大量的"知识题"、"案例题"、"实训题"，充分地训练学生的沟通技能，提高沟通能力，实现了课上训练和课下训练有机结合。

同时，为方便教学，本书配备了综合模拟试题及其参考答案，请登录东北财经大学出版社的网站（www.dufep.cn）免费下载。

3.坚持学生为主体，注重自主性。因沟通活动不受时间、地点的局限，加之课堂活动时间有限，沟通的实训可以贯穿于学生的学习、实践及生活的各个环节。本教材以能力为本位，通过大量的参与性内容的设计，将学生由教学活动的客体转变为教学活动的主体，使学生能够借助教材进行积极、自主的学习，并可以突破时空，加强沟通技能训练。

4.加强产教融合，注重校企合作。本教材在改版的过程中得到了实训基地山西美特好集团公司、山西维普通信科技有限公司等多家单位的大力支持与帮助，分别有多名企业负责人、客座教授多次参与交流研讨，并为教材改版提出了有价值的建议。

本教材由吕书梅老师主编，共8个模块，其中第1模块由师振华老师编写，第2模块由宋艳红老师编写，第3、4、5模块由吕书梅老师编写，第6模块由皇甫美平老师编写，第7、8模块由吕书梅老师编写。全书由吕书梅老师统稿。

本教材在修订过程中，参考和引用了国内外有关教材、专著、案例和文献资料，因各种原因，未能一一注明，在此谨向各位作者深表谢意！同时，感谢实训基地山西美特好集团公司、山西维普通信科技有限公司的大力支持，感谢山西经贸职业学院丁怀民院长的大力支持，感谢东北财经大学出版社杨慧敏编辑的辛苦付出。由于编写时间有限，书中难免有不妥之处，恳请各位专家、读者朋友们批评指正。

编　者
2015年6月

目　录

第1模块　管理沟通基本问题　1

1.1　认识沟通　2

1.2　沟通的类型　8

1.3　沟通障碍及克服策略　15

1.4　管理沟通　21

●知识题　25

●实训题　25

●案例题　28

第2模块　倾听技能　29

2.1　认识倾听　30

2.2　倾听障碍与策略　36

2.3　有效倾听的技巧　42

2.4　倾听中的提问与反馈　45

●知识题　48

●实训题　48

●案例题　51

第3模块　非语言沟通技能　53

3.1　认识非语言沟通　54

3.2　身体动作　58

3.3　面部表情　63

3.4　服饰仪态　64

3.5　副语言　68

3.6　环境沟通　69

● 知识题   73
● 实训题   74
● 案例题   75

第4模块　口头沟通技能　77

4.1　认识口头沟通　78
4.2　谈判　81
4.3　演讲　87
4.4　会议　96
● 知识题   102
● 实训题   102
● 案例题   104

第5模块　书面沟通技能　106

5.1　认识书面沟通　107
5.2　企业基本文书写作技巧　109
5.3　求职信和履历表　124
● 知识题   131
● 实训题   132
● 案例题   132

第6模块　人际沟通技能　135

6.1　认识人际沟通　136
6.2　人际沟通的技巧　145
6.3　人际冲突处理　156
● 知识题   161
● 实训题   162
● 案例题   166

第7模块　团队沟通技能　167

7.1　认识团队沟通　168
7.2　团队沟通的程序、障碍及技巧　176
● 知识题   186
● 实训题   186
● 案例题   187

第8模块　　组织沟通技能　　189

8.1　认识组织沟通　　190

8.2　组织沟通的影响因素及其效率的
　　　提高　　201

8.3　组织危机沟通　　204

●知识题　　209

●实训题　　210

●案例题　　211

主要参考文献　　213

管理沟通基本问题

学习目标

★知识目标

理解沟通的基本内涵

了解沟通的过程及要素

认识沟通的类型

明确管理沟通的作用

★能力目标

把握沟通障碍产生的环节

能够找出沟通障碍产生的原因

能够采取正确的对策克服沟通障碍

★素质目标

端正沟通态度，能以平和的心态，真诚、认真地与人沟通，取得好的沟通效果

引 例

"百安居"的管理沟通

B&Q（百安居）是欧洲最大、世界第三的仓储式家居装饰建材连锁超市，曾获"英国最佳雇主"称号。百安居认为管理重在沟通，并通过建立各种渠道倾听员工的心声，使员工的想法和建议充分受到尊重。

百安居的沟通传统强调上下级之间的双向沟通和一对一沟通，员工遇到问题可以直接找上级反映，不存在戒备森严的等级制度。

百安居还制定了完善的沟通反馈制度。例如，每月召开一次的"草根会议"，实际上是各家商店和总部的各个部门一起定期召开的基层会议，任何一个员工都可以在会议上提出问题和建议，而公司高层领导都很重视这种倾听员工心声的机会，他们会分别参加各个会议，面对面地了解员工的想法，并公开进行对话。对于会上提出的问题，

管理层和相关部门会制订行动计划，然后跟进解决，并在下一次会议上向员工通报解决的情况。

如果员工觉得有些问题当面谈比较尴尬，或者离总部比较远，则可以选择发邮件到专门的电子邮箱或者打电话。百安居设立了一个对员工免费的24小时录音电话，叫做 Easy talk，员工可以跟总裁或总经理反映任何问题。Easy talk 每天由专人接听整理，然后汇报给高层领导，并及时对来电做出反馈。

另外，百安居还通过员工调查的形式来了解员工的真实想法。了解员工的实际需求，尊重员工的意愿，是百安居一贯遵循的原则。

资料来源　肖晓春.人性化管理沟通[M].北京：中国经济出版社，2008.

这一案例表明：良好的沟通是企业成功的金钥匙。它不仅有助于企业管理，而且会使组织成员感受到尊重和信赖，从而产生极大的责任感、归属感和认同感，使成员心甘情愿为企业效力。国内外闻名遐迩的企业无不视管理为生命，一个高效率、充满生机的企业，有赖于企业内部上通下达，部门之间互通有无，甘苦共知。这其中沟通起着决定性的作用。

1.1　认识沟通

1.1.1　沟通的基本内涵

沟通是人类各种活动中最重要的活动之一。纵观人类社会的发展史，其实质是一部人类在不同历史时期进行不同沟通的历史，沟通是伴随着人类社会的诞生而产生的。当一个人呱呱坠地时，只标志着一个生物学意义上的人的诞生，而要真正成为社会学意义上的人，任何个体都必须以一定的社会及其关系作为自己存在的前提。其实，个体在出生之前，就已经存在于前期所创造的一定社会文化和家庭关系中，对于个体来说，这是无法选择的。之后，在这样的社会文化和环境下，个体通过各种活动和训练逐步锻炼和提高自己，并使自己成为一个接受社会和被社会接受的成员。在这样的过程中，沟通成为体现人的社会性的基本方式。

从马斯洛的心理学角度考察，人的各种情绪需由沟通来加以调节；从社会学和经济学的角度分析，沟通是人们为了达到满足各自的需要、减少内部冲突、调节情绪、促进情感交流和促进相互理解等目的所进行的活动；从管理学的角度分析，沟通有助于实现企业内部目标，使企业的行为协调一致，通过信息的彼此交流，可以实现企业高效率管理的目标。

人类对于沟通的研究一直没有停止过。对于沟通的概念，不同学者从不同的角度进行了不同阐述。沟通到底是什么呢?目前在学术界可谓是众说纷纭，莫衷一是。10多年前，美国威斯康星大学的F.丹斯教授就统计过，人们对于"沟通"下的定义，已达126种之多。

《大英百科全书》认为，沟通就是"用任何方法，彼此交换信息，即指一个人与另一个人之间用视觉、符号、电话、电报、电视或其他工具为媒介，所从事的交换消息的方法"。

《韦氏大词典》认为，沟通就是"文字、文句或消息的交流，思想或意见之交换"。

西蒙（H.A.Simon）认为，沟通"可视为任何一种程序，借此程序组织中的某一成员，将其所决定的意见或前提，传递给其他成员"。

斯蒂芬·P.罗宾斯认为，沟通就是"意义的传递和理解"。

我国学者苏勇、罗殿军主编的《管理沟通》一书，从管理的角度，特别是从领导工作职能特性的要求出发，把沟通定义为："沟通是信息凭借一定符号的载体，在个人或群体间从发送者到接收者进行传递，并获取理解的过程。"

本书对于沟通的认识是这样的：沟通是为了一个设定的目标，把信息、思想和情感在个人或组织之间进行传递，并获得理解的过程。沟通具体可以这样理解：

1）沟通有着一定的目标

目标指引成功，对于沟通活动来讲，也是同样的道理。沟通总是为了达到一定的目标，不只是为了沟通而沟通。

知识链接 1-1

有效目标的七项元素

一个有效的目标必须具备以下七项元素 PE-SMART，沟通目标的设置也是一样的要求：

由正面词语组成（Positively phrased）

符合整体平衡（Ecologically sound）

清楚明确（Specific）

可以度量（Measurable）

自力可成（Achievable）

成功时有足够的满足感（Rewarding）

时间期限（Time-frame set）

2）沟通是意义上的传递

如果信息和想法没有被传递到接收者，则意味着沟通没有发生。也就是说，说话者没有听众或写作者没有读者都不能构成沟通。因此，哲学问题"树林中的一棵树倒下了，却无人听到，它是否发出了响声？"在沟通的背景下，其答案是否定的。

3）沟通的内容是丰富多样的

在沟通中，双方不仅传递信息，而且表达情绪情感，或提出自己的思想、观点。这样沟通的内容就可以包括：①事实；②情感；③价值取向；④意见、观点。人们通常所讲的沟通能力，就是个人在这四方面有效地与他人进行交流的社会能力。如果信息接收者对信息类型的理解与发送者不一致，就有可能导致沟通障碍和信息失真。在许多误解的问题中，其核心都在于接收者对信息到底是意见和观点的叙述还是事实的叙述混淆不清。

沟通的过程往往并不限于传递信息、思想与情感的某一个方面，它可能同时涉及其他方面，例如"交给你的任务是否已完成？"这一简单的问话，由于问话者的语调、眼神及手势不同，其表达的意义可能就不同，由此也可反映出问话者的基本价值取向与情感。如以亲切平和的语调与关切的眼神询问，表明其对下属工作的关心与照顾，即表明这样的一个事实：你的上司是一个相当有效率意识与时间观念的人，你就必须克服所遇到的一切困难，按要求完成任务。因此，接收者也要完整理解传递来的信息，既获取事实，又分析传递者的价值观、个人态度，这样才能达到有效的沟通。

4）理解是沟通的终结

沟通信息不仅需要被传递，还需要被理解。在这一点上讲沟通常常被错误地理解为必须是双方达成协议，而不是准确地理解信息的意义。例如，如果有人与我们意见不同，不少人认为此人未能完全领会我们的看法。换句话说，很多人认为良好的沟通是使别人接受自己的观点。但是沟通讲的是你可以非常明白对方的意思却不同意对方的看法。因为沟通双方能否达成一致协议，别人是否接受自己的观点，往往并不是沟通良好与否这一个因素决定的，它还涉及双方根本利益是否一致，价值观念是否类同等其他关键因素。例如，在谈判的过程中，如果双方存在根本的利益冲突，即使在沟通过程中不存在任何干扰，而且谈判双方沟通技巧十分娴熟，往往也不能达成一致协议，但沟通双方都已经充分理解了对方的观点和意见。

同步思考1-1

你认为以下关于沟通的描述正确吗？

（1）"沟通不是太难的事，我们每天不是都在做沟通吗？"

（2）"我告诉他了，所以我已和他沟通了。"

（3）"只有当我想要沟通的时候，才会有沟通。"

答：以上三种关于沟通的描述都不正确，具体分析如下：

（1）"沟通不是太难的事，我们每天不是都在做沟通吗？"如果从表面上看，沟通是一件简单的事。每个人的确每天都在做，它像我们呼吸空气一样自然，但是一件事情的自然存在，并不表示我们已经将它做得很好。由于沟通是如此"平凡"，以致我们自然而然地忽略了它的复杂性，也不肯承认自己缺乏这项重要的基本能力。如果我们有意成为一个更成功的沟通者，那么必须意识到："虽然沟通看起来很容易，但是有效沟通却是一项非常困难和复杂的活动"。

（2）"我告诉他了，所以我已和他沟通了。"柏乐（David Berlo）在《沟通的过程》一书中指出，当你听到有人说"我告诉过他们，但是他们没有搞清楚我的意思！"你可以知道此人深信他要表达的意思都在字眼里面，他以为只要能够找到合适的语言来表达意思，就完成沟通了。其实"语言"本身并不具有"意思"，其中还存在一个翻译转化的过程。

（3）"只有当我想要沟通的时候，才会有沟通。"你一定见过一个演说者因为紧张而僵硬地走向讲台。当你看到他犹豫地拖着脚步前进时，他的双肩是下垂的。你也可能看到他借着挺胸、直瞪观众以及用严肃的语调发言，来克服他的怯场。演说者发出的这些信息，并非他的本意，而是大多发生在演讲者毫无意识的情况下。所以，并非想要沟通的时候才会有沟通，我们随时都在通过各种形式实现与周围人们的沟通。

1.1.2　沟通过程和要素

1）沟通过程

沟通过程就是发送者将信息通过选定的渠道传递给接收者的过程。图 1-1 描述了一个简单的沟通过程，这一沟通过程模型包括八个要素：发送者、编码、通道、解码、接收者、背景、反馈、噪音。

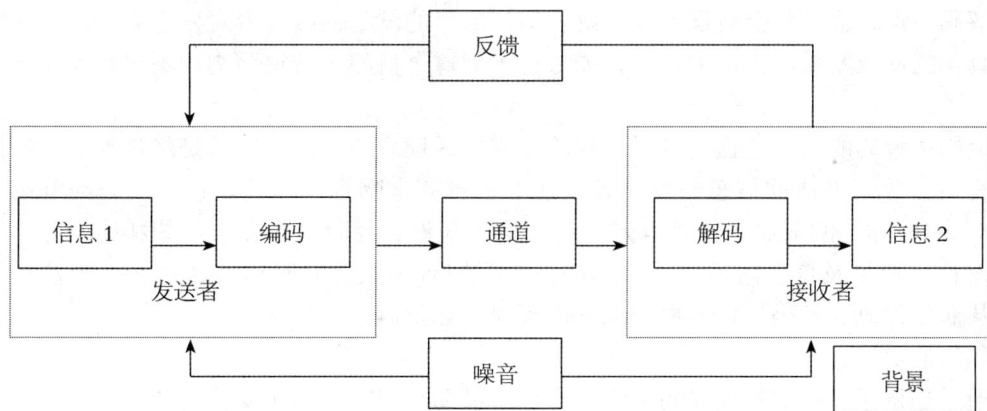

图 1-1　沟通过程模型图

具体来讲，该沟通过程涉及发送者与接收者、通道与噪音、反馈等要素。该过程包括两个黑箱操作子过程：一个是发送者对信息的编码过程；另一个则是接收者对信息的解码过程。这两个子过程之所以被视为黑箱过程，是因为我们无法监测而且难以控制这两个过程，它们是人脑的思维和理解过程。前者反映了事实、事件的数据和信息是如何经过发送者的大脑处理、理解并加工成双方共知的语言的过程，而后者反映了接收者如何运用已有的知识，将其还原成事实、事件的数据和信息的过程。

2）沟通要素

从沟通过程模型可以看出，一个完整的沟通过程要经过许多环节，并且还要受到各种噪音的干扰，因此要达到有效沟通的效果必须充分考虑以下几个基本要素：

（1）发送者与接收者。

沟通的主体是人，任何形式的信息交流都需要有两个或两个以上的人参加。由于人与人之间的信息交流是一种双向的互动过程，所以把一个人定义为发送者而把另一个人定义为接收者只是相对而言，而这两种身份在沟通过程中随时发生转换。在信息交流过程中，发送者的功能是产生、提供用于交流的信息，是沟通的初始发动者，处于主动地位。而接收者则是被告知事实、观点或被迫改变自己的立场、行为等，所以处于被动地位。发送者和接收者这种地位对比的特点对于信息交流的过程有着重要的影响。

（2）编码与解码。

编码是发送者将信息转换成可以传输的信号的过程。这些信号或符号可以是文字、数字、图画、声音或身体语言。编码是信息交流过程中极其关键的一环。若此环节出现问题，那么整个信息交流过程就会变得混乱不堪。如果编码的信号不清楚，将会影响接收者对信息的理解。毫无疑问，人们所拥有的语言水平、表达能力和知识结构，将对自己的思想、观点、感情等进行编码的能力，起着至关重要的作用。评价发送者的编码能力有三个标准：第一是认知，即"对不对"的问题；第二是逻辑，即"通不通"的问题；第三是修辞，即"美不美"的问题。

解码就是接收者将获得的信号翻译、还原为编码原来的含义。它可能是将信息由一种语言翻译为另一种语言，也可能是理解他人点点头或眨眨眼的意思。在解码过程中，接收者需要利用自己具备的知识、经验以及文化背景，才能使获得的信号转换为正确的信息。如果解码错误，信息将会被误解或曲解。沟通的目的就是使接收者对发送者所发出的信息做出真实的反应及采取正确的行动，如果达不到这个目的，就说明沟通不灵，产生了沟通障碍。

编码和解码的两个过程是沟通成败的关键。最理想的沟通，应该是经过编码与解码两个过程后接收者形成的信息与发送者发送的信息完全吻合，也就是说，编码与解码完全"对称"。"对称"的前提条件是双方拥有类似的知识、经验、态度、情绪和感情等。如果双方对信息符号及信息内容缺乏共同的经验，则容易缺乏共同语言，那么就无法达到共鸣，从而使编码、解码过程不可避免地出现误差和障碍。

（3）通道。

通道是发送者把信息传递到接收者那里所借助的媒介。口头交流的通道是声波，书面交流的通道是纸张，网上交流的通道是互联网，面对面交流的通道是口头语言与身体语言的共同表现。在管理活动中，对通道的选择必须尽可能符合信息的性质。例如，传达政府的工作报告，就不宜通过口头形式而应采用正式文件作为通道；邀请朋友吃饭，宜采用备忘录，如果采用正式通知的形式就显得不伦不类；而员工绩效评估结果的公布，如采用口头形式就会失去其严肃性与权威性，这时宜采用书面形式。正确地选用恰当的通道对有效的沟通十分重要。然而，在各种通道中影响力最大的是面对面的沟通方式。因为它可以最直接地发出彼此的信息及感受到彼此对信息的态度与情感。因此，即使是在通信技术高度发达的美国，总统大选时候选人也总是不辞辛苦地四处奔波去选民面前演讲。

（4）背景。

背景就是指沟通所面临的总体环境，这种环境可以是物质环境，也可以是非物质环境。任何形式的沟通都必然受到各种环境因素的影响。沟通的背景通常包括以下几个方面：

心理背景。心理背景是指沟通双方的情绪和态度，包括两方面内容；一是沟通者的心情和情绪，沟通者处于兴奋、激动状态时与处于悲伤、焦虑状态时的沟通意愿和行为是截然不同的，后者往往沟通意愿不强烈，思维处于抑制或混乱状态，编码、解码过程也会受到干扰；二是沟通双方的态度，如果沟通双方彼此敌视或关系淡漠，则其沟通常常会由于偏见而出现误差，双方都较难准确理解对方的意思。

社会背景。社会背景是指沟通双方的社会角色及其相互关系。不同的社会角色关系有着不同的沟通模式。上级可以拍拍你的肩头，告诉你要勤奋敬业，但你决不能拍拍他的肩头，告诉他要乐于奉献。因为对应于每一种社会角色关系，无论是上下级关系，还是朋友关系等，人们都有一种特定的沟通方式，只有采取与社会角色关系相适应的沟通方式，才能得到人们的接纳。但是，这种社会角色关系也往往成为沟通的障碍，如下级往往对上级投其所好，报喜不报忧等，这就要求上级能主动改变、消除这种角色预期带来的负面影响。

文化背景。文化背景是指沟通者的价值取向、思维模式和心理结构的总和。通常人们体会不到文化背景对沟通的影响，但实际上，文化背景影响着每一个人的沟通过程，也影响着沟通的每一个环节。当不同文化发生碰撞、交融时，人们往往能比较明显地发现这种影响。例如，由于文化背景的不同，东西方在沟通方式上存在着较大的差异，东方重礼节，多委婉，而西方重独立，多坦率；东方多是自我交流，重在心领神会，而西方很少有自我交流，重在言谈沟通；东方认为和谐重于说服，而西方认为说服重于和谐。这种文化的差异使得不同文化背景下的管理人员在沟通时遇到了不少困难。

物理背景。物理背景是指沟通发生的场所。特定的物理背景往往形成特定的沟通气氛。例如，在能容纳千人的大礼堂进行演讲与在自己的办公室高谈阔论，其气氛和沟通过程是大相径庭的。而在嘈杂的市场偶然听到一则小道消息与接到一个电话特意告知你一则小道消息，给你的感受也是截然不同的。前者显示出的是随意性，而后者体现的却是神秘感。

（5）噪音。

噪音就是沟通过程中对信息传递和理解产生干扰的一切因素。噪音存在于沟通过程的各个环节，如难以辨认的字迹、模棱两可的语言、不正确的标点符号、电话中的静电干扰、生产场所中设备的轰鸣声以及接收者固有的成见、身体的不适、对对方的反感等，都可以成为沟通过程中的噪音。

根据噪音的来源，可将噪音分成三种形式：外部噪音、内部噪音和语义噪音。外部噪音来源于环境，阻碍人们听到和理解信息。最常见的外部噪音就是谈话中其他声音的干扰，如机器的轰鸣声、小商贩的喊叫声、装修房子的声音等。不过这里所说的外部噪音并不单纯指声音，也可能指刺眼的光线和过冷或过热的环境。有时在组织中人们之间不太友好的关系，如过于强调等级和地位的组织文化等也是影响有效沟通的"外部噪音"。内部噪音发生在沟通主体身上，如注意力分散、存在某些信念和偏见等。语义噪音是由人们对词语情感上的拒绝反应引起的，如许多人不喜欢听带有亵渎语言的讲话，因为他们认为这些词语是对他们的冒犯。

（6）反馈。

反馈就是将信息返回给发送者，并对信息是否被接受和理解进行核实，是沟通过程的最后一个环节。通过反馈，双方才能真正把握沟通的有效性。在没有得到反馈之前，发送者无法确认信息是否已经得到有效的编码、传递和解码。如果反馈显示接收者接收到并理解了信息的内容，这种反馈称为正反馈，反之则称为负反馈。通过反馈，信息交流变成了一种双向的动态过程。由于反馈能让沟通的主体参与并了解信息是否按其预计的方式发送和接收以及信息是否得到分享，所以反馈对于沟通效果的好坏而言是至关重要的。在沟通过程中，反馈可以是有意识的，也可以是无意间的。例如，组织中的会议是个沟通的过程，与会人员可以通过提问或者质疑这种有意识的反馈表现出他们对会议内容非常关注或者有疑虑，也可以在会场上显得疲惫或精神不集中，用这种无意间的神情与表情的流露反馈出他们对会议内容不感兴趣。

反馈可以检验信息传递的程度、速度和质量。获得反馈的方式有很多种，直接向接收者提问，或者观察接收者的面部表情，都可获得接收者对传递信息的反馈。但只借助观察来获得反馈还不能确保沟通的效果，将观察接收者与直接提问法相结合往往能够获得更为可靠和完整的反馈信息。

课堂互动1-1

1.当你在公用电话亭用公用电话给你的朋友打电话的时候，请思考这一沟通过程中涉及了哪些沟通要素。

2.假期到了，你给在外地上学的朋友发了一封电子邮件，表达你对她的祝福和思念，请思考在这一沟通过程中，沟通的各个要素是什么。

1.2 沟通的类型

在沟通的类型划分上，可谓仁者见仁，智者见智。根据不同的划分标准，可以把沟通划分为不同的类型。

1.2.1 单向沟通与双向沟通

根据沟通是否出现信息反馈，可以把沟通划分为单向沟通与双向沟通。

1）单向沟通

单向沟通是指在信息沟通时，一方只发送信息，另一方只接收信息，接收者不再向发送者反馈信息，如电话通知、做报告、演讲、书面指示等。单向沟通的优点：传达信息速度快；发送者不会受到另一方的挑战，能保持发送者的尊严。单向沟通的缺点：有时难辨是非，准确性差；信息接收者易产生挫折与抗拒心理。

2）双向沟通

双向沟通是指在信息沟通时发送者不仅要发出信息且还要听取信息接收者对信息的反馈，发送与反馈可进行多次，直到双方有了共同的理解为止，如讨论、面谈、谈判等。在双向沟通中，发送者可以检验接收者是如何理解信息的，也可以使接收者明白其所理解的信息是否正确，并可要求发送者进一步传递信息。双向沟通的优点：准确性高；接收者可有反馈的机会；接收者对自己的判断比较有信心，并有参与感与光荣感。双向沟通的缺点：信息接收者有心理压力；传递信息速度慢，易受干扰，并缺乏条理性。

在企业管理中，单向沟通与双向沟通各有不同的作用。一般情况下，在强调工作速度和工作秩序，或者执行例行公务时，宜用单向沟通。在要求接收者接收的信息准确无误时，或处理重大问题和做出重要决策时，宜用双向沟通。

双向沟通与单向沟通相比，在处理人际关系和加强双方紧密合作方面有着更为重要的作用，因而现代企业的沟通，也越来越多地从单向沟通转变为双向沟通。双向沟通更能激发员工参与管理的热情，有利于企业的发展。

1.2.2 正式沟通与非正式沟通

根据沟通渠道产生方式的不同，可以把管理沟通划分为正式沟通与非正式沟通。

1）正式沟通

正式沟通是指组织中依据规章制度明文规定的原则进行的沟通，如组织与组织之间的信函来往，组织内部的文件传达、召开会议、上下级之间的定期情报交换以及组织正式颁布的法令、规章、公告等。

（1）按照信息流向的不同，正式沟通可分为上行沟通、下行沟通、横向沟通与斜向沟通。

①上行沟通。上行沟通主要是指组织成员通过一定的渠道与管理决策层所进行的信息交流。它有两种表达形式：一是层层传递，即依据一定的组织原则和组织程序逐级向上反映；二是越级反映，即减少中间层次，让决策者和组织成员直接对话。在日常的组织管理中，常表现为下级对上级的请示汇报、申诉意见、提供建议等。

上行沟通的优点：员工可以直接把自己的意见向领导反映，从而获得一定程度的心理满足；管理者也可以利用这种方式了解企业的经营状况，与下属形成良好的关系，提高管理水平。

上行沟通的缺点：在沟通过程中下属因级别不同而产生心理距离，形成一些心理障碍；下属害怕"穿小鞋"，受打击报复，不愿反映意见；同时上行沟通常常效率不佳，有时由于特殊的心理因素，经过层层过滤，导致信息曲解，出现适得其反的结局。

②下行沟通。下行沟通是指组织中信息从较高层次流向较低层次的一种沟通，也可以理解为企业的领导对员工进行的信息传递与交流。下行沟通是传统组织内最主要的沟通渠道，一般体现在上级给下级发布的指示、命令、规章制度、工作程序、方针目标等，是组织中上级使下级了解其意图、统一思想与行动的一种重要渠道。

管理者通过下行渠道沟通的方式传送各种指令及政策等给组织的下层，其中的信息一般包括：有关工作的指示；工作内容的描述；员工应该遵循的政策、程序、规章等；有关员工绩效的反馈；希望员工自愿参加的各种活动。

下行沟通的优点：可以使下级主管部门和团体成员及时了解组织的目标和领导的意图，增加成员对所在团体的向心力与归属感；可以协调组织内部各个层次的活动，加强组织原则和纪律性。

下行沟通的缺点：如果这种渠道使用过多，会在下属中造成高高在上、独裁专横的印象，使下属产生心理抵触情绪，影响团体的士气；此外，由于来自最高决策层的信息需要经过层层传递，容易被耽误、搁置，有可能出现事后信息曲解、失真的情况。

比较而言，下行沟通比较容易，居高临下，甚至可以利用广播、电视等通信设施；上行沟通则困难一些，要求基层领导深入实际，及时反映情况，做细致的工作。一般来说，传统的管理方式偏重于下行沟通，管理风格趋于专制；而现代管理方式则是下行沟通与上行沟通并用，强调信息反馈，增加员工参与管理的机会。

③横向沟通与斜向沟通。横向沟通指的是在组织系统中层次相当的个人及团体之间所进行的信息传递和交流。在企业管理中，横向沟通又可具体地划分为四种类型：一是企业决策阶层与工会系统之间的信息沟通；二是高层管理人员之间的信息沟通；三是企业内各部门之间的信息沟通与中层管理人员之间的信息沟通；四是一般员工在工作和思想上的信息沟通。

斜向沟通是指在正式组织中不同级别又无隶属关系的组织、部门与个人之间的信息交流。在直线部门与参谋部门之间，如果有参谋人员拥有职能职权的，常有这种沟通发生，主要是业务性地了解下级部门的业务情况，以便能运用指导与领导的沟通形式。

横向沟通和斜向沟通具有很多优点：第一，它可以使办事程序、手续简化，节省时间，提高工作效率；第二，它可以使企业各个部门之间相互了解，有助于培养整体观念和合作精神，克服本位主义倾向；第三，它可以增加员工之间的互谅互让，培养员工之间的友谊，满足员工的社会需要，使员工提高工作兴趣，改善工作态度。

（2）按照沟通形态的不同，正式沟通还可分为链式沟通、轮式沟通、环式沟通、全通道式沟通、Y式沟通（如图1-2所示）。

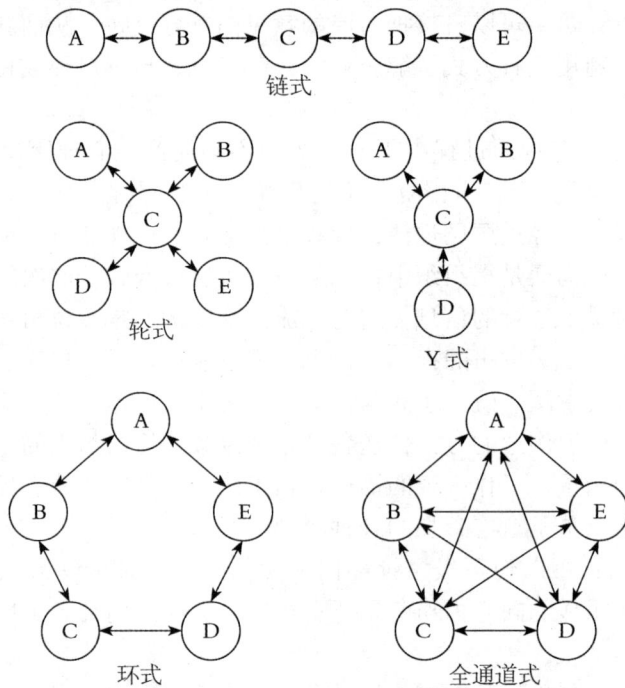

图1-2　正式沟通形态图

①链式沟通。这是一个平行网络，其中居于两端的人只能与内侧的一个成员联系，居中的人则可以分别与两侧的人沟通信息。在一个组织系统中，它相当于一个纵向的沟通网络，逐级传递，信息可以自上而下或自下而上进行传递。在这个网络中，信息经层层传递、筛选，容易失真，各个信息传递者所接收的信息差异很大，平均满意程度有较大差距。链式沟通形态居于控制型结构中，如果某一组织系统过于庞大，需要实行分权和授权管理，那么链式沟通网络是一种行之有效的方法。

②轮式沟通。轮式沟通网络属于控制型网络。只有一个成员能够与其他任何人交流，所有其他人也只能与中间人进行交流，中间人是各种信息的汇集点与传递中心，他起着一种领导、支配与协调的作用。这种网络代表着一个领导人与他的下级进行双向的信息交流，在这种情况下，只有处于中心地位的领导人了解全面情况，并向下级发出指示，下级

分别了解本部门的情况并向领导人汇报，下级之间无沟通联系。

轮式沟通的优点：集中化程度高，解决问题的速度快；解决问题的精确度高；对领导人物的预测能力要求很高；处于中心地位的领导人的满足程度较高，他是信息沟通的核心，一切信息都得经过这个核心进行传递，所以可以接收所有的信息，有利于了解、掌握、汇总全面情况，并迅速把自己的意见反馈出去。轮式沟通的缺点：沟通渠道少；除了处于核心地位的领导了解全面情况以外，其他成员之间互不通气，平行沟通不足，不利于提高士气；组织成员心理压力大，成员平均满足程度低，影响组织的工作效率。此种网络形态是加强组织控制、争时间、抢速度的一个有效办法。如果组织接受紧急攻关任务，要求进行严格控制，则可采取这种网络。

③环式沟通。环式沟通网络可以看成是一个封闭式控制结构。它表示组织成员之间依次联络和沟通，其中每个人都可以与两侧的人同时沟通信息。因此，在这个网络中，个人心理满意程度无明显高低之分，都处于中间状态。

环式沟通的优点：组织内民主气氛较浓，团体的成员具有一定的满意度。环式沟通的缺点：组织的集中化程度和领导人的预测程度较低；沟通速度较慢；信息易于分散，往往难以形成中心。如果在组织中需要创造出一种高昂的士气来实现组织目标，采用环式沟通是一种行之有效的措施。

④全通道式沟通。这是一个开放式的沟通网络。每个成员之间都有一定的联系。这种网络表示一个民主气氛很浓的领导集体或部门，其成员之间总是互相交流情况，通过协商进行决策。

全通道式沟通的优点：该网络是高度分散的，组织内的每一个成员都能同其他任何人进行直接交流，没有限制；所有成员是平等的，人们能够比较自由地发表意见，提出解决问题的方案；各个沟通者之间全面开放，彼此十分了解，组织成员的平均满足程度很高，各个成员之间满足程度的差距很小；组织内士气高昂，合作气氛浓厚；个体有主动性，可充分发挥组织成员的创新精神；它比环式沟通的沟通渠道开阔，弥补了环式沟通难于迅速集中各方面信息的缺陷。全通道式沟通的缺点：沟通渠道太多，易于造成混乱；对较大的组织不适用，在一个较大的企业组织中，各成员不可能都有面对面接触的机会；沟通路线的数目会限制信息的接收和传出的能力；信息传递费时，影响工作效率。

⑤Y式沟通。Y式沟通属于控制型网络，其中只有一个成员是各种信息的汇集点与传递中心。在组织中，大体相当于一个主管领导直接管理几个部门的权威控制系统。

Y式沟通的优点：集中化程度高；较有组织性；信息传递和解决问题的速度都较快，组织控制比较严格。虽然信息传递快，但由于信息经过层层"筛选"，中间环节过多，可能使上级不能了解下级的真实情况，而且信息被过多的中间环节所控制，这样信息在传递过程中，中间环节的操纵可能造成信息失真，给企业管理带来不良影响。

上述各种沟通网络都有优点与缺点，应根据企业的工作性质与员工特点，选择不同的沟通形式，发挥其优点，避免其缺点，使组织的管理水平逐步提高。

综上所述，正式沟通的优点：沟通效果好，比较严肃，约束力强，易于保密，可以使信息沟通保持权威性。重要的信息、文件的传达和组织的决策等，一般都采取这种方式。正式沟通的缺点：由于依靠组织系统层层传递，所以比较刻板，沟通速度慢。

2）非正式沟通

非正式沟通是指以一定的社会关系为基础，与组织内部明确的规章制度无关的沟通方式。与正式沟通不同，它的沟通对象、时间及内容等各方面，都是不经过计划的和难以辨别的。非正式沟通的最大特点是具有偶发性和随机性，它的不可预知性很强，因此会给管理者造成很多困难。所以，非正式沟通在管理沟通中占有不可忽视的地位和作用。

传闻和小道消息是非正式沟通的两个主要形式。"传闻"和"小道消息"是不按组织结构中正式的沟通系统传达消息，而是让消息在组织结构中任意流动。在组织中，小道消息传播的途径都是非正式的，所以几乎不可能追查其来源。每一个人都可能在传播小道消息中扮演一个角色，有的是传播者，有的是制造者，有的是只听不传者，而有的是夸大扩散者。

非正式沟通的形态主要有四种：单串型、饶舌型、概率型、密集型（如图1-3所示）。

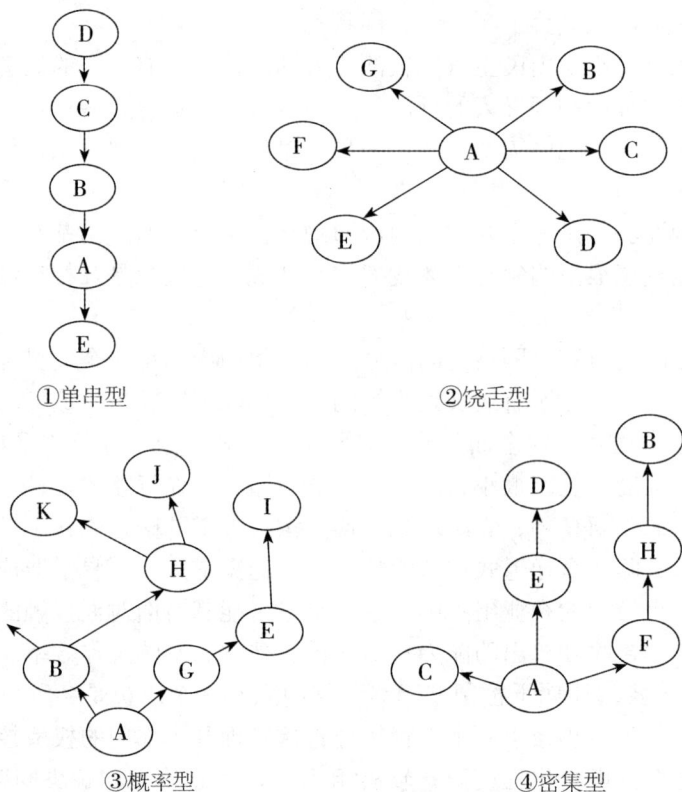

①单串型　　②饶舌型

③概率型　　④密集型

图1-3　非正式沟通形态图

（1）单串型，即通过一连串的人把消息传播给最终的接收人，但这种情况较为少见。

（2）饶舌型，即信息由一个人告诉其他所有人，A是非正式沟通中的关键人物。

（3）概率型，即信息由一个人随机地传给某几个人，再由这些人传递给其他人，并无一定的中心人物或选择性。

（4）密集型，即在沟通过程中，可能有几个中心人物，由其转告若干人，而且有某种程度的弹性，如图1-3中的④，A与F就是两个中心人物，代表两个集群的"传播站"。

1.2.3 语言沟通与非语言沟通

根据沟通发生的信息载体不同，可以将沟通划分为语言沟通与非语言沟通（如图1-4所示）。

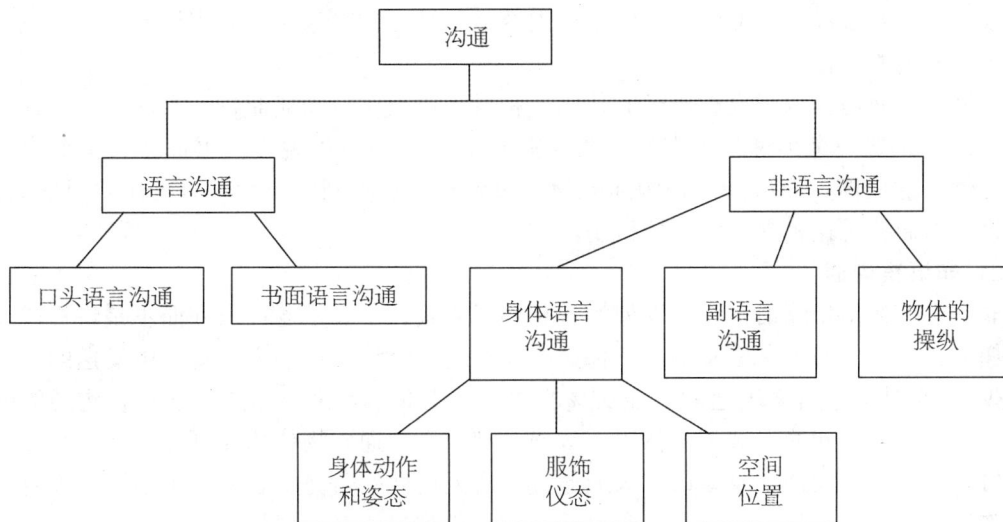

图 1-4 沟通按信息载体划分的分类图

1）语言沟通

语言沟通是建立在语言文字的基础上的，又可细分为口头语言沟通和书面语言沟通两种形式。按照其发生的不同方式，口头语言沟通又可细分为演说、交谈、访谈、谈判、小组会议、大型会议以及小道消息传播等；书面语言沟通又可细分为正式文件、备忘录、信件、公告、内部期刊、规章制度及任何传递书面文字或符号的手段。

（1）口头语言沟通。绝大部分的信息是通过口头传递的。口头语言沟通的方式灵活多样，既可以是两人间的娓娓深谈，也可以是群体中的雄辩舌战；既可以是有备而来，也可以是即兴发挥。

口头语言沟通是所有沟通形式中最直接的方式。它的优点：快速传递和及时反馈。在这种方式下，信息可以在最短的时间内被传递，并在最短的时间内得到对方的反馈。如果接收者对信息有疑问，迅速的反馈可使发送者及时检查其中不够明确的地方并进行改正。此外，在面对面的沟通中，往往伴有手势、体态与表情，可以使沟通双方直接进行情感交流，增加亲切感，提高沟通的效果。

但是，口头语言沟通也有缺陷。信息在从发送者开始的一段段接力式的传送过程中，存在着巨大的失真的可能性。每个人都以自己的偏好增删信息，以自己的方式诠释信息，当信息经长途跋涉到达终点时，其内容往往与最初的含义存在重大偏差。如果组织中的重要决策通过口头方式，沿着权力等级链上下传递，则信息失真的可能性相当大。

（2）书面语言沟通。书面语言沟通是指借助文字进行的信息交流。书面记录具有有形展示、长期保存、有法律保护依据等优点。一般情况下，发送者与接收者双方都拥有沟通记录，沟通的信息可以长期保存。如果对信息的内容有疑问，过后的查询是完全可能的。对于复杂或长期的沟通来说，这点尤为重要。一个新产品的市场推广计划可能需要好几个月的大量工作，如果以书面的方式记录下来，可以使计划的构思者在整个计划的实施过程中有一个依据。把东西写出来，可以促使人们对自己要表达的东西更加认真地思考。因此，书面语言沟通显得更加周密、逻辑性强、条理清楚。书面语言在正式发布之前应该反复修改，直至对方满意。书面语言沟通的内容易于被复制，这对于大规模的沟通来说，是一个十分重要的条件。

但是，书面语言沟通也有自己的缺陷。相对于口头语言沟通而言，书面语言沟通耗费时间较长，花费一个小时写出来的东西只需15分钟左右就能说完。书面语言沟通也不能及时提供信息反馈，而口头语言沟通能使接收者对其所听到的东西及时提出自己的看法，书面语言沟通缺乏这种内在的反馈机制。

2）非语言沟通

非语言沟通是指除语言沟通以外的各种沟通方式，一般是通过媒介而不是讲话或文字来传递信息。美国心理学家艾伯特·梅拉比安经过研究认为：在人们沟通中发送的全部信息中仅有7%是由语言来表达的，而93%的信息是由非语言来表达的。非语言沟通的内涵十分丰富，熟为人知的领域是身体语言沟通、副语言沟通、物体的操纵等。

（1）身体语言沟通。身体语言沟通通过动态无声性的目光、表情、手势语言等身体运动或者静态无声的身体姿势、空间距离及衣着打扮等形式来实现沟通。

人们首先可以借助面部表情、手部动作等身体姿态来传达诸如攻击、恐惧、腼腆、傲慢、愉快、愤怒等情绪或意图。例如，在一个你最忙碌的时刻里，有位员工来造访，与你讨论一个问题。在你和他把问题解决之后，这位员工仍站着不走，并把话题转向社会时事。在你的心里，很希望立即终止这个讨论而继续工作，可是在表面上，你却很礼貌、专注地听着，然后，你把椅子往前挪了一下，并坐直了身子整理你桌上的公文。不管这些举动是无意的还是故意的，它们都刻画出你的感觉并暗示这位员工"该是离开的时候了"，除非这位员工没有感觉或太专注于自己的话题，否则谈话很可能因彼此间的默契而结束。

固然任何身体上的行动都会把一些信息传达给接收者，但是我们必须根据过去接触各种不同类型的人物的经验，而不是根据眼前的情况来对人下定论，以免造成错误。即使是人与人之间的空间位置关系，也会直接影响人与人之间的沟通效果。这一点不仅为大量生活中的事实所证明，而且严格的社会心理学实验也证明了这一点。国外有关研究证实，学生对于课堂讨论的参与情况直接受到学生座位的影响。在倾向上，以教师讲台为中心，座位越居中心位置，学生参与课堂讨论的比例也越大。

沟通中空间位置的不同，还直接导致沟通者具有不同的沟通影响力，有些位置对沟通的影响力较大，有些位置对沟通的影响力则较小。我们都有体会，同样内容的发言，站在讲台上讲与站在讲台下自由发言所起到的效果是不同的，高高的讲台本身就具有某种权威性。

沟通者的服饰往往也扮演着信息发送源的角色。有学者在经过广泛的调查研究后指出，在企业环境中，组织成员所穿的服装可以传送出关于他们的能力、严谨程度和进取心等的清楚的信号。换句话说，接收者无意识地给各种服装归结了某些定型的含义，然后按这些认识对待不同的穿戴者。例如，有学者认为，黑色雨衣会给有抱负的男管理者带来不利影响，同时强烈反对女管理者穿厚运动衫。

（2）副语言沟通。副语言沟通是通过非语言的声音，如声调的变化、重音、哭、笑、停顿等来实现的。心理学家称非语言的声音信号为副语言。最新的心理学研究成果揭示，副语言在沟通过程中起着十分重要的作用。一句话的含义往往不仅决定于其字面的意义，而且决定于它的弦外之音。语音表达方式的变化，尤其是语调的变化，可以使字面相同的一句话具有完全不同的含义。例如，一句简单的口头语"真棒"，当音调较低、语气肯定时，它表示由衷的赞赏；而当音调升高、语气否定时，则完全变成了刻薄的讥讽和幸灾乐祸。

（3）物体的操纵。除了运用身体语言外，人们也可通过对物体的运用和对环境的布置等手段进行非语言的沟通。下面是一个很自然地利用手头之物表明一个非语言观点的例子：一位车间主任和工长讲话的时候，心不在焉地拾起一小块碎砖。他刚一离开，工长就命令全体员工加班半小时，清理车间卫生。实际上车间主任对清理卫生一字未提。再比如，在日常生活中，我们不难发现，秘书们常常给办公场所增添了个人格调。专业人员和管理人员的办公室一般是严肃的，但是秘书们的办公桌通常被鲜艳的颜色、特殊的陈列品、挂在墙上的明信片和宣传画等纸张所包围。透过这些装饰，我们对秘书的性格、特征会产生一个初步的认识。

1.2.4　团队沟通、组织沟通与跨文化沟通

管理沟通按照沟通主体的不同，可以分为团队沟通、组织沟通与跨文化沟通。

1）团队沟通

团队沟通是指在特定环境中，两个或两个以上的人利用语言、非语言的手段进行协商谈判以达到一致意见的过程。

2）组织沟通

组织沟通就是涉及组织的各种类型的沟通。一般来说，组织沟通可分为组织内部沟通和组织外部沟通。其中，组织内部沟通又可以细分为正式沟通和非正式沟通；组织外部沟通则可以细分为组织与顾客、股东、上下游企业、社区、新闻媒体等之间的沟通。

3）跨文化沟通

跨文化沟通是指发生在不同文化背景下的人们之间的信息和情感的相互传递过程。相对于同文化沟通而言，跨文化沟通要逾越更多的障碍。

1.3　沟通障碍及克服策略

1.3.1　沟通过程中的障碍

在实践中，从信息发送者到信息接收者的沟通过程并非都是畅通无阻的，其结果也并非总是如人所愿。相反，由于上述诸多沟通要素的存在，致使沟通过程中出现这样或那样的障碍，主要包括：

1）发送者对信息表达的障碍

发送者要把自己的观念和想法等信息传递给接收者，首先必须对信息进行整理，使之变成双方都能理解的信号，即把要传达的信息表达出来，并且表达清楚。在这方面主要出现的障碍有以下几个方面：

（1）语言障碍。发送者与接收者如果语言不通，会给沟通造成很大的障碍。即使是使用同一种语言，由于对同一信息的理解差异也会产生障碍，或者是因为发送者表达欠清晰，或者是因为接收者未能正确理解信息的含义。有时，虽然对语言的意义没有发生错误的理解，但由于脱离了沟通时的语言情境，也不能正确地理解信息的含义。

语言不是客观事物的实体，而是通过人的思维反映客观事物的符号，它与事物之间只存在间接的关系，加上客观事物和人的思想意识的复杂多变，语言的表达范围和人的语言与文字又是多义的，所以会对不同的现象产生不同的意思、不同的理解，从而引起误会与错译。例如，我国的"麻雀"是指鸟，但这两个字在日本是指麻将，麻雀点是指赌博场所。一些行业用语、技术用语等对外行人来说，往往会被理解成大不相同的含义，成为有效沟通的障碍。

课堂互动1-2

> 请两人一组讨论，老外为什么会交白卷回国了？并表达出每句话的真实含义。
>
> 近期，网上流传这样一段话：
>
> 一老外来华留学四年，主攻汉语，临毕业，参加中文晋级考试，题目很少，暗喜，再仔细一看，懵了，题目如下：
>
> 请写出下面两句话的区别在哪里？
>
> 1.冬天，能穿多少穿多少；夏天，能穿多少穿多少。
>
> 2.剩女产生的原因有两个：一是谁都看不上；二是谁都看不上。
>
> 3.女孩给男朋友打电话：如果你到了，我还没到，你就等着吧；如果我到了，你还没到，你就等着吧。
>
> 4.单身的原因：原来是喜欢一个人，现在是喜欢一个人。
>
> 老外泪流满面，交白卷，回国了。

同时，在沟通过程中如果发送者表达能力不佳、词不达意、口齿不清或字体模糊，就会使接收者难以了解发送者的真实意思，也会使信息失真。

（2）知识经验的局限。当发送者把信息翻译成信号时，他只是在自己的知识经验范围内进行编码，同样，接收者也只能在自己的知识经验范围内进行解码。发送者和接收者的范围交叉区就是双方的共同知识经验区，在这个区域内信息很容易被传达和接收。当双方彼此很熟悉时，往往有这样的情况：一方只需稍微说一点，另一方很快就能理解对方的意图，因为他们之间有很大的共同知识经验区。相反，如果双方没有共同知识经验区，就无法沟通信息，因为接收者不能译解和理解发送过来的信息的含义。所以，信息沟通往往会受到知识经验的局限，只有存在共同知识经验区的人们才能进行有效的沟通。小孩子听不懂成人的话，是因为他们没有足够的知识经验。

（3）信息发送者的信誉不佳。信息发送者发出的信息之所以不被信息接收者重视，常常是因为接收者对发送者的能力或人品、经验等不信任，甚至厌恶。所谓不可信的信息，从字面上解释就是不相信这些信息是真实的。对于这些信息不相信的原因往往是对信息发送者的不信任。信息发送者要使他人相信，就必须要接受信息接收者长期的考验。因此，管理者在与人交往中必须努力做到"言必信"，以便获得良好的信誉。

（4）信息来源上的问题。管理者在向下属发送信息时一般会对信息进行特殊处理，而这些分解与处理往往会影响接收者对信息的准确理解。此外，管理者为了维护自己的权威，有时也把控制信息作为一种必要的手段来使用。这些都会影响信息本身的真实性、准确性。

例如，在一次销售会议上，销售部经理认为没必要把所有有关客户的信息全部告诉销售主管，后来销售主管知道了这些信息，他可能会做出以下解释：经理希望自己与这些顾客联系；经理不愿意全力帮助我开发这些客户；经理记忆力不好，忘记了等。

在管理层沟通中，选择性过滤信息常常会引起沟通障碍。为了避免这种现象的出现，在沟通时应注意以下几个方面：①理解信息过滤问题为何会发生。信息过滤问题的发生全在于发送者本身，发送者通常不站在接收者的立场考虑问题，发送者通过限制接收者的信息通道来源以保护自己的权利；或者发送者怀疑接收者对某些信息不感兴趣。②发送者必须决定要求接收者理解什么信息，应该给予接收者足够的有关信息，要相信接收者能正确地运用信息，但又要注意不要使信息超载。

（5）沟通技能障碍。个体在沟通能力上存在较大的差异，这种差异会极大地影响沟通的效果。沟通技能的差异有些是源于教育和训练水平的不同，而有些则源于个人的人格特征。例如，有些人擅长辞令，善于劝说，其沟通的效果也较好，而有些人则更善于倾听他人的意见，他们比别人更能理解他人所传达的信息。人的个性如果精于审时度势也会对沟通效果产生积极影响。在春节联欢晚会上，如讲生产计划或反复强调纪律，就会使大家"倒胃口"、扫兴、听不进去。

2）接收者对信息理解的障碍

在沟通过程中，接收者接收信息后，进行解码，变成对信息的理解，在这一过程中，也常常会出现一些障碍：

（1）知觉的选择性障碍。接收信息是知觉的一种形式，由于人们知觉的选择性，往往习惯于接收某一部分信息，而忽略其他信息，使沟通信息打上了个人需求、动机状态、经验、兴趣、地位背景及其他特性的烙印。人们通常对自己所感兴趣的事给予很大关心。例如，在一次全公司大会上，总经理介绍了公司明年的计划。小王只接收到"明年1月份开始加工资10%"的信息；小陈只接收到"明年全年要完成销售额2亿元"的信息；而老郑只接收到"明年7月份公司有一批优惠房要出售"的信息。有一幅漫画最恰当不过地说明了这个问题：对于同样的一个"○"，数学家说它是一个圆，运动员说它是一个球，而画家却说它是一轮明月。

（2）接收者对信息的过滤。接收者在接收信息时，有时也会按照自己的需要对信息进行过滤。过滤是在信息传递的各个层级中，接收者按照自己的需要，故意操纵信息，造成信息歪曲。基层管理者在把信息通报给上级时，先要进行浓缩，以免主管不至于被太多信息淹没，这就发生了一个过滤过程。美国通用公司的前副总裁德洛里恩曾说过："从下级报上来的情报经过层层过滤，往往使上面接触不到实际情况。下级提供资料，往往是为了获得他们所希望的回答，或者是报喜不报忧，猜测领导需要什么，然后上报什么。"因此，组织层级越复杂，信息在抵达最后接收者之前经过的层次越多，过滤的作用就越大，信息失真的可能性和程度就越大。

（3）接收者的理解差异和曲解。接收者往往会根据个人的立场和认识解释其所获得的信息。基于个人的社会环境、生活背景和思想愿望的不同，人们对同一信息的理解将有所差异。即使是同一个人，由于其接收信息时的情绪状态不同，或者场合不同，也可能对同一信息有不同的解释，因而所采取的行动也会不相同。心理学家哈维和克拉普等人通过试验，得出了以下结论：①如果接收者从不太可信的来源得到一个比他原来期望好一些的坏消息，他会重视这一来源；②如果这个消息同原来期望的一样坏，他就会不太重视这一来源；③如果得到的消息比原来期望的更坏，他就会更不重视这一来源。

同步思考1-2

空姐的尴尬

有一次，我坐飞机目睹了这样一幕。在宽敞明亮的机舱内，笑容甜美的空姐小李推着餐车缓缓走来，她一边送餐，一边询问："先生，您是吃饭，还是吃面？"生性爽直的王先生回答："要米饭。"空姐接着扭头问另一位邻座的刘先生："先生，您要饭，还是要面？"刘先生神情愣了一下，面带愠色大声回道："要饭！"话音刚落，周围的乘客便哑然失笑道："我们也要饭！"见此情景，李小姐的脸颊上顿时浮现出羞赧的红晕……

思考：是什么原因导致空姐尴尬？沟通中哪个环节出了问题？

分析提示：这个事例告诉我们，沟通中由于发送者表达不当，或接收者对语义理解的差异和沟通方式差异等都有可能导致沟通障碍，从而影响沟通效果。

（4）信息过量。过量的信息也会导致沟通障碍。在现代组织中，大多数管理者都抱怨自己被淹没在"文山会海"之中，这样做的结果是，他们会对信息变得麻木起来，不能及时做出反应，而这必然会影响到沟通的效果。

（5）错猜。错猜是指人们的思想里往往存在着某种偏见或某些先入为主的观念。这样，接收信息的人只听到自己想要听的话，往往在没有全面听完别人的话时，就按想当然的先入为主的观念来理解别人的话，从而对收到的信息做出错误的猜测，引起信息接收者的不正确的推论或猜想。如果信息接收者已有某种偏见或某种先入为主的观念，这就更容易形成沟通障碍了。

3）信息传递的障碍

（1）时机不适。信息传递的时机会增加或降低信息的沟通价值，如时间上的耽搁与拖延会使信息过时，甚至无用。而不合时机地发送信息，对于接收者的理解将是一个难以克服的障碍。

（2）沟通方式选择不当。如果沟通的方式选择不当，也会影响沟通的效果，甚至使沟通无法实现。例如，当我们传递一些十万火急的信息时，若不采用电话、传真或因特网等现代化的快速通道，而是仍通过邮递寄信的方式，那么接收者收到的信息往往会时过境迁、毫无价值或导致误事。再如，与一位地处偏远山区的人用电子邮件来沟通，就会因为对方无法上网而不能完成。

（3）沟通渠道过长。组织机构庞大，内部层次多，从最高层传递信息到最低层，或从最低层汇总情况到最高层，由于中间环节太多，所以容易损失较多信息。

（4）外部干扰。信息沟通过程中经常会受到自然界各种物理噪音、机器故障的影响或被另外事物所干扰，也会因双方距离太远而沟通不便，从而影响沟通效果。

4）组织内部固有的障碍

组织的结构以及组织的文化，也会影响组织内部沟通的效果。

（1）组织结构不合理引起的沟通障碍。组织结构过于庞大，常常会导致严重的沟通障碍。组织结构设置不合理，机构臃肿，各部门职责不清，分工不明，多头领导等，都会影响组织沟通的效率。

（2）组织气氛不和谐。组织气氛对信息接收的程度也会产生影响。信息发自一个相互高度信赖和开诚布公的组织，它被接收的可能性要比来自那些气氛不好、相互猜忌和提防的组织大得多。此外，命令和请示是否拘于形式，也会影响信息被接收的程度。

5）反馈不足

所谓反馈，是指接收者给发送者一个信息，告知信息已收到以及理解信息的程度。反馈的目的是证实信息。反馈不足可能会产生以下两个方面的问题：

（1）发送者可能发出第二次信息。由于没有收到反馈信息，发送者不知道接收者是否收到或理解了信息，发送者往往会重复发送第一次的信息，或询问是否收到了第一次的信息。这往往会造成时间和精力上的浪费。

（2）接收者可能按不确定的信息行动。如果接收者对信息的理解正确，通常就不会产生严重的后果，但一旦接收者对信息的理解错误，那么后果有可能是不堪设想的。正是由于反馈很重要，所以发送者必须努力获得反馈，而接收者也必须经常反馈，尤其是对重要信息的沟通。反馈的方法主要有重复原来的信息、回答自己理解的信息、用表情和身体语言来反馈。

同步思考 1-3

怎么回事

一个人打算乘公共汽车旅行，汽车要在上午 10：55 离开 9 号港湾站。现在是上午 10：55，一辆汽车停在 9 号港湾站。这个人问："这是 9 号港湾站吗？"另一位乘客回答："是的"。于是，这个人跳上即将开出的汽车。但是他乘错车了，这是一辆晚点的从 9 号港湾站开往另一个方向的汽车。

思考：在沟通过程中，出了什么差错？什么地方出现了障碍？

分析提示：本例中的沟通障碍是由于语义不明所造成的歧义。问路的人没有发送完全的信息，问路者只给另一位乘客提供了部分信息，以致使另一位乘客也回复了部分信息，没有达到真正沟通的目的，即我们所讲的"沟通不完全"，是由于信息不准确而导致沟通障碍的。

总之，在沟通过程中由于各种各样的原因会遇到不同的障碍。

1.3.2 克服沟通障碍的策略

尽管在沟通过程中形成了这样那样的障碍，但是只要人们树立正确的沟通理念，采取科学的沟通渠道和方法，仍然能够克服沟通中的障碍，实现有效沟通。具体来说，克服沟通障碍的策略与技巧主要表现在以下方面：

1）明确沟通的目标

沟通双方在沟通之前必须弄清楚沟通的真正目标是什么、动机是什么、要对方理解什么。确定了沟通的目标，沟通的内容就容易规划了。因为从本质上讲，沟通意味着目标、价值、态度和兴趣的共识，如果缺乏共同的目标和感受，而是一味地去尝试沟通，不仅会失去沟通的意义，更无法实现有效的沟通。因此，在沟通前必须确定沟通的目标，然后对要沟通的信息进行详尽的准备，并根据具体的情景选择合适的沟通形式来实现这个目标；另外，不仅要分析接收者的特点，学会"换位思考"，而且还要善于激发接收者的兴趣，这样才能达到有效沟通的目标。

2）尊重别人的意见和观点

在沟通过程中，要试着去适应别人的思维架构，并体会他的看法。也就是说，不只是"替他着想"，更要能够想象他的思路，体会他的世界，感受他的感觉。因此，无论自己是否同意对方的意见和观点，都要学会尊重对方，给对方说出意见的权力，同时将自己的观点更有效地与对方进行交换。需要注意的是，有效的沟通不是斗智斗勇，更不是辩论比赛。如果说话人发觉听话人心不在焉或不以为然时，他就必须改变他的沟通方式。接收者握有"要不要听"和"要不要谈"的决定权。作为发送者，你或许可以强制对方进行沟通，但是却没有办法指挥对方的反应和态度。因此，在沟通中沟通双方都不能把自己的观点强加到对方身上，更不能因不同意对方的观点而对其横加指责。沟通的真正目的在于了解他人，而不是同意或不同意他人。

3）考虑沟通对象的差异

发送者必须充分考虑接收者的心理特征、知识背景等状况，并依此调整自己的谈话方式、措辞或是服饰、仪态，同时要以自己的职务、地位、身份为基础去进行沟通，一定要适合沟通环境。例如，厂长在车间与一线工人沟通，如果穿的西装革履且又咬文嚼字，势必给工人造成一道心理上的鸿沟；但在诸如管理论坛或××高峰会上，这样的穿着和措辞却是必需的。技术人员在与其他员工沟通时，也要尽量避免使用过多的专业词汇，否则不仅达不到应有的沟通效果，反而可能会弄巧成拙。

4）充分利用反馈机制

许多沟通的问题是由于接收者未能准确把握发送者的意思造成的，为减少这些问题的发生，沟通双方应该在沟通中积极反馈。只有通过反馈，确认接收者接收并理解了发送者所发送的信息，沟通过程才算完成。发送者要检验沟通是否达到目标，也只有通过获得接收者的反馈才能确定。因此，建立并充分利用反馈机制，无疑是实现有效沟通的重要环节。当然，反馈的方式多种多样，发送者可以通过提问、聆听等方式来获得反馈信息，也可以通过观察、感受等方式来获得反馈信息。

5）学会积极倾听

积极倾听就是要求沟通双方能站在对方的立场上，运用对方的思维架构去理解信息。

一般来说，要做到积极倾听，需要遵守以下四项基本原则：专心、移情、客观、完整。专心就是指要认真倾听对方所要表达的内容及其细节。移情就是指在情绪和理智上都能与对方感同身受。客观就是指要切实把握沟通的真实内容，而不是迅速地加以价值评判。完整就是指要对沟通的内容有一个完整的了解，而不是断章取义。

6）注意非语言信息

非语言信息往往比语言信息更能打动人。因此，如果你是发送者，你必须确保你发出的非语言信息有强化语言的作用。如果你是接收者，你则要密切注意对方的非语言提示，从而全面理解对方的思想、情感。高明的接收者精于察言观色，窥一斑而见全豹。

7）保持良好的心态

人的情绪、心态等对沟通过程和结果具有巨大的影响，过于兴奋、失望等情绪一方面易造成对信息的误解，另一方面也易造成过激的反应。因而，沟通双方在沟通前应主动调整各自的心态和情绪，明确自己的角色位置，只有做到心平气和，才能对人、对事、对物做出客观公正的评价。

课堂互动1-3

沟通中的障碍是因人而异的。请同学们自我检查一下，你在与同学、老师或朋友的沟通过程中，自身存在的沟通问题有哪些，与同桌交流，并互相商讨一下解决的策略。

1.4　管理沟通

1.4.1　管理沟通的内涵

管理沟通是管理活动中不可缺少的组成部分，也是管理者最重要的职责之一。著名管理大师彼得·德鲁克就明确把沟通作为管理的一项基本职能。无论是计划的制订、工作的组织、人事的管理、部门间的协调，还是与外界的交流，都离不开沟通。可以说，良好的沟通是组织效率的保证。

组织是由许多不同的部门、成员所构成的一个整体，这一整体有其特定的目的和任务。为了达成组织的目标，各部门、成员之间必须有密切的配合和协调，只有各部门、成员之间形成良好的沟通意识、机制和行为，才能彼此了解、相互协作，进而促进团体意识的形成，增强组织目标的导向性和凝聚力，使整个组织体系能围绕终极目标而进行良性运作。

所谓管理沟通，就是指在一个组织的范围内，为了实现组织目标，围绕组织的管理活动而进行的沟通。管理沟通的本质仍是沟通。要理解这个概念，需要把握以下几点：

1）管理沟通是一种有目的的活动

严格来说，任何沟通活动都有自己的目的，只不过管理沟通与其他沟通形式相比目的性更为明确罢了。管理沟通的目的是为了实现组织目标，因此在管理沟通过程中必须依照组织目标进行沟通，不能为了沟通而沟通。

2）管理沟通是一个互动过程

在多数情况下，管理沟通不是单向或单方面的，而是一个涉及思想、信息、情感、态度或印象交流的互动过程。这种互动不是仅仅发生在对谈话的认识、表述或逻辑层面，而是涉及一个较大范围的相互交流。在这个过程中，人们的态度和印象可能无法用语言表达，但这类沟通的互动性依然存在。

3）管理沟通强调的是理解能力

从一定程度上说，管理的本质就是给出命令和指示，而管理沟通是传达信息，并且只有当传达的信息被理解和接受时，这样的信息才有意义。有效的管理沟通常常通过反馈来核实理解的正确与否。

4）管理沟通是多层面的沟通

管理沟通是一个涉及个体、组织和外部社会多个层面的过程。在这个过程中，既存在个体与个体之间的沟通，也存在群体与群体之间的沟通，还存在个体与群体、组织内部与外部的沟通等。

对一名管理者而言，要达到良好有效的沟通，首先，必须树立正确的管理沟通理念，必须避免不以自己的职务、地位、身份为基础去进行沟通。沟通（communication）一词，与共同（common）、共有（community）、共享（communion）等词很相近，你与他人有多少的共同、共有及共享，将决定你与他人沟通的程度。

共同、共有、共享意味着目标、价值、态度和兴趣的共识。如果缺乏共识的感受，而只一味地去尝试沟通是徒劳无益的。一位经理若只站在自己的立场上，而不去考虑员工的利益、兴趣，势必加大了与员工间的隔阂，从而给沟通制造了无法预知的障碍。

其次，在沟通过程中，请试着去适应别人的思维架构，并体会别人的看法。换而言之，不只是"替他着想"，更要能够想象他的思路，体会他的世界，感受他的感觉。设身处地替别人着想是很有益的，但若能和别人一起思考、一同感受则会有更大的收获。在这个过程中，你很可能会遇到"不同意所看到的和听到的"情况。可是，跳出自我立场而进入他人的心境，目的是要了解他人，并不是要同意他人。只有你体会了他人如何去看事实、如何去看他自己以及他如何衡量他和你之间的关系，你才能避免坠入"和自己说话"的陷阱。

最后，身为一位管理者，你的目标是要沟通，而不是要抬杠。有效的沟通不是斗智斗勇，也不是辩论比赛。对接收者而言，沟通中的发送者所扮演的角色是仆人，而不是主人。如果说话人发觉听话人心不在焉或不以为然时，他就必须改变他的沟通方式。接收者握有"要不要听"和"要不要谈"的决定权。你或许可以强制对方的沟通行为，但是却没有办法指挥对方的反应和态度。

1.4.2 管理沟通的内容

管理沟通是为实现组织目标而进行的信息传递和交流活动。根据企业运转的需要，管理沟通的内容总体上包括信息、知识和情感三个方面。

1）信息沟通

信息是企业进行活动的前提，企业的有效运转离不开信息，只有信息顺畅流动，才能确保企业按既定目标运转。根据企业信息流动的特点，可以把信息沟通分为下述两类：

（1）任务信息的沟通。

任务信息的沟通主要是指在企业运转过程中各种工作任务协调中的职能性沟通。任何企业都有其自身的任务，只有完成自身的任务才有存在的价值，因此任务信息的沟通对于任何企业来讲都是最重要的内容。在企业生产经营活动中，最重要的任务信息沟通内容包括公司的目标和价值、公司主要的战略变化、公司预期的财务信息、人员变动情况等。

（2）数据信息的传递。

随着信息技术和网络技术的发展，信息已经成为企业生产经营中不可或缺的资源。企业拥有的信息多种多样，除了任务信息外，还包含大量数据化的信息，这些数据信息主要包括：市场数据信息，如市场占有率、市场营销费用、顾客信息等；财务数据信息，如财务状况、现金流动、成本费用等信息；行业技术信息，如技术标准等专业知识。

2）知识沟通

任何企业都是知识的集合体，知识在企业中占有重要地位，作为企业管理手段的沟通也必然为知识沟通服务。

（1）知识的类别。

知识是一种能够改变某些人或者事物的信息。概括起来，企业中的知识主要包括以下类型：一是关于事实方面的知识，这种知识最为简单和明显。二是关于自然原理和规律方面的科学理论，这种知识可以通过学习科学知识获得。三是关于能力与才能，是某人或组织区别于其他人或组织的独特知识，是隐性知识。四是有关的专业知识以及如何有效利用它们。此外，企业中的知识还可以划分为显性知识和隐性知识、管理知识和技术知识、一般知识和创造性知识等。

（2）知识沟通的特点与准则。

知识沟通的特点包括：沟通的频率较高；沟通的层次多；正式沟通与非正式沟通共存。知识沟通的准则是层次简单、结构扁平、渠道畅通，以实现知识共享。

3）情感沟通

企业是由人所组成的，情感是人内心世界的表达。一般来说，情感可以分为情绪、感受和情操。情绪是指员工的社会性情绪，包括愉快、痛苦、愤怒以及悲喜交加等。感受是较为高级的感情现象，具有稳定、持久、含蓄的特点，包括交往需要、尊重需要等。情操是最为高级的感情现象，是人的社会性需求和社会价值观的结合，包括道德观、理智感、审美感等。沟通时不仅要进行信息沟通、知识沟通，还要进行心理上的情感沟通，尤其是人们需求在不断提高，企业更应重视情感沟通。情感沟通具有动力支持和情绪调节作用，可以使管理者了解员工对企业政策的喜好程度，并培养员工对组织的热爱和忠诚。

1.4.3　管理沟通的作用

管理沟通是为了实现组织目标而进行的沟通，所以它的作用也是和组织的目标紧密相关的。具体而言，管理沟通的作用主要体现在以下几个方面：

1）收集资料与分享信息

在竞争日益激烈的现代社会中，一个企业要想顺利地开展工作，实现企业的目标，必须获得各种有关环境变化的信息，才能使企业确定正确的目标与科学的战略决策，以求得在不断变化的环境中生存和发展。企业的外部信息沟通可以获得有关外部环境的各种信息与情报，如国际政治形势，国家的经济战略目标、方针、政策及国内外同类企业的现状与发展趋势、消费市场的动态、社会一般价值观念趋向等。企业的内部信息沟通可以了解员工的意见倾向和工作结果，把握他们的劳动积极性与需求，洞察各部门之间的关系与管理的效率。只有及时、全面地掌握企业内部管理过程中活动的特殊性及各种信息、情报与资料，才能反映与沟通各方面的情况与变化，并借以及时控制、指挥整个组织的运转，实现科学有效的管理。

管理人员要把组织的目标、决策、操作指示传达给操作人员，操作人员要把对指示的理解、工作的结果反馈给管理人员，都需要管理沟通起媒介作用。

2）改善企业内的人际关系

在一个企业内部，无论是部门与部门之间、部门与个人之间，还是个人与个人之间，进行有效的沟通是极其重要的。我们常在一些企业中看到科研人员（或部门）与生产人员或经销人员（或部门）之间关系紧张、矛盾激烈以及内部人际关系失调的局面，究其原因，是缺乏沟通或沟通方式不当所致。

众所周知，无论在日常生活中，还是在实际工作中，人们互相沟通思想与交流感情是一种重要的心理需要。沟通可以消除人们内心的紧张与怨恨，使人们感到心情舒畅，而且互相沟通可以使双方产生共鸣和同情，促进彼此的了解，并改善相互之间的关系。如果一个企业信息沟通渠道堵塞，员工间的意见难以沟通，将使员工产生压抑、郁闷的心理。这样，不仅影响员工心理健康，还将严重影响企业的正常生产。因此，一个企业若要顺利发展，必须要保证企业内部上下、左右各种沟通渠道的畅通，这样才能激发企业员工士气，促进人际关系的和谐，提高管理效能。

3）调动员工参与管理的积极性

随着社会的不断发展，人们逐渐开始由"经济人"向"社会人"、"文化人"的角色转变。无论是当局者还是旁观者，随着经济的开放，人们从单纯追求物质待遇和享受过渡到追求精神满足与自我实现，而这种自我实现与精神满足体现于能否直接参与或者多大程度参与企业的管理。因为，在企业管理中，管理者的知识、经验及观念往往影响着员工的知觉、思维与态度，进而改变他们的行为。特别是当管理者为适应发展的需要，必须进行某项改革时，他的一个重要任务就是通过信息沟通转变员工态度，改变其无法适应现状的传统行为，这样才能实现他们之间的良好合作，搞好企业的改革。因此，沟通既可以促进领导改进管理，又可以调动广大员工参与管理的积极性，使员工增强信心，积极主动为本企业献计献策，增强主人翁责任感，从而增强企业内部的凝聚力，使企业蓬勃发展。因此，管理沟通是有效激励的基本途径。

4）组织创新的重要来源

随着我国管理民主化的不断加强，目前许多企业采取了各种各样的形式在本企业中展开全方位的沟通活动，如高层接待日、意见箱制度、恳谈餐会、网上建议等，都可以通过各种渠道让员工进行跨部门的讨论、思考、探索，而这些过程往往隐藏了无限的创意，所以一个成功的企业，其沟通渠道往往是畅通无阻的。任何一个企业（部门或个人）的决策过程，都是把情报信息转变为行为的过程，准确、可靠、迅速地收集、处理、传递和使用情报信息是科学决策的基础。因此，科学决策的确定与企业沟通的范围、方式、时间、渠道是密不可分的。此外，基层的员工处于组织生产和管理的第一线，对组织活动有着更深刻和直接的理解，他们往往能最先发现组织出现的问题。有效的沟通机制可以使组织的中高层管理者及时了解组织出现的问题，并在相互的沟通和交流中提出革新的办法，同时顺利实施，这也是企业创新的重要来源之一。

● 知识题

一、选择题

单选　1.1　根据沟通渠道产生方式的不同，可以把管理沟通划分为（　　　）。

A.单向沟通与双向沟通　　　　　　B.正式沟通与非正式沟通

C.上行沟通与下行沟通　　　　　　D.语言沟通与非语言沟通

单选　1.2　根据沟通发生的信息载体的不同，可以把沟通划分为（　　　）。

A.上行沟通与下行沟通　　　　　　B.单向沟通与双向沟通

C.正式沟通与非正式沟通　　　　　D.语言沟通与非语言沟通

多选　1.3　管理沟通的内容包括（　　　）。

A.信息沟通　　　　　　　　　　　B.知识沟通

C.语言沟通　　　　　　　　　　　D.情感沟通

多选　1.4　在信息传递过程中，可能会导致沟通障碍的因素有（　　　）。

A.沟通时机选择不当　　　　　　　B.沟通方式选择不当

C.沟通渠道过长　　　　　　　　　D.受到外部的干扰

多选　1.5　非语言沟通包含的内容有（　　　）。

A.身体语言沟通　　　　　　　　　B.副语言沟通

C.口头语言沟通　　　　　　　　　D.书面语言沟通

二、简答题

1.1　什么是沟通?如何才能正确理解沟通的基本内涵?

1.2　沟通过程中的基本要素有哪些?

1.3　沟通的主要类型有哪些?

1.4　管理沟通的内容有哪些?

1.5　管理沟通的作用是什么?

● 实训题

实训项目1.1：沟通模拟——与程先生谈谈

品管部的程先生工作热情和工作效率一直都很高，每次都能圆满地完成工作任务，上司对其非常放心，并给予了很高的评价。上个月上司给他分配了一项新的工作，认为他完全有能力胜任这项工作。但是，程先生的表现却令人失望，上班时经常打私人电话，还犯了一些低级错误，并且心神不定，影响了工作。

上司请程先生10分钟后到其办公室来谈谈。

实训目的：通过现场沟通模拟，体验不同的沟通方式、不同的沟通效果，发现沟通障碍并总结改进。

实训步骤：

1.学生分组，3人为一组。由两名学生分别扮演上司和程先生，进行10分钟的沟通，然后互换角色。

2.另一名同学作为观察者，着重观察双方是怎样沟通的，并对此做出评价。双方的沟通是否具有成效?是否有更好的沟通方式?

3.选择一到两组的同学在全班同学面前分享。

4.学生互评，教师综合点评并总结。

实训项目1.2：情景对话——分角色进行情景模拟演练

林迪瑟：妈妈，你能把订书机借给我吗?我的科技作业需要。

妈　妈：(向后退，略微皱皱眉)你知道，林迪瑟，我不介意借给你，但你从来不把它带回来。

林迪瑟：(走向前，轻声抽泣)妈妈，这件事情真地需要，我答应这次一定带回来。

妈　妈：(向后退，把双臂交叉在胸前)你上次借时就是这么跟我说的。

林迪瑟：(恳求道)对不起，我答应一用完就带回来。

妈　妈：(严厉的声音)好吧，但这是最后一次，如果你不带回来，我就再也不借给你了。

林迪瑟：谢谢妈妈。(拿着订书机跑了)

林迪瑟和妈妈之间的这一幕在现实生活中或许不超过30秒钟，然而，它充满着信号——一些局外人难以察觉的信号。在这一幕中，我们可以看出妈妈不愿意合作，她所说的和她的身体语言两者都说明了这一点。在林迪瑟说话时，她的妈妈同时和连续地发出信号：她皱眉，向后退——两种表现抵触的非语言信号。林迪瑟则通过走向前和抽泣——表示坚定的非语言方式，去加强她的语言信号。

实训目的：通过情景模拟演练，体验语言沟通和非语言沟通方式，并很好地实现两种方式的结合。

实训步骤：

(1)学生分组，两人为一组，由两名学生分别扮演林迪瑟和妈妈。

(2)事先认真阅读材料，注意语言和非语言方式的体现。

(3)选择一到两组的同学在全班同学面前分享。

(4)学生互评、教师综合点评。

实训项目1.3：沟通能力测评

实训目的：通过沟通能力测评，明确自身目前的沟通水平状况，以便更好地进行沟通的学习和实践。

实训步骤：

1.请阅读下面的情景性问题，选出你认为最合适的处理方法。请尽快回答，不要遗漏。

（1）你的一位上司邀请你共进午餐。餐后你回到办公室，发现你的另一位上司对此颇为好奇，此时你会（　　）。

A.告诉他详细内容

B.不透露蛛丝马迹

C.粗略描述，淡化内容的重要性

（2）你正在主持会议，有一位下属一直以不相干的问题干扰会议，此时你会（　　）。

A.要求所有的下属先别提出问题，直到你把正题讲完

B.纵容该下属提问

C.告诉该下属在预定的议程完成之前先别提出问题

（3）你跟上司正在讨论事情，有人打来长途电话找你，此时你会（　　）。

A.告诉对方你在开会，待会儿再回电话

B.请上司的秘书代接并说你不在

C.接电话，而且该说多久就说多久

（4）有位下属连续4次在周末向你要求他想提早下班，此时你会说（　　）。

A.你对我们相当重要，我需要你的帮助，特别是在周末

B.今天不行，下午4点我要开个会

C.我不能容许你早退，你要顾及他人的想法

（5）你刚被聘为某部门主管，你知道还有几个人关注着这个职位，上班第一天，你会（　　）。

A.把问题记在心上，但立即投入工作，并开始认识每一个人

B.忽略这个问题，并认为情绪的波动很快会过去

C.个别找人谈话以确认哪几个人有意竞争职位

（6）你有位下属对你说："有件事我本不应该告诉你的，但你有没有听到……"你会说（　　）。

A.跟公司有关的事我才有兴趣听

B.我不想听办公室的流言

C.谢谢你告诉我怎么回事，让我知道详情

2.参照评分标准，计算自己的得分，并综合评价。

评分标准：

A=1　　　B=0　　　C=0

结果评价：

◆ 如果你的得分在0～2分之间，表明你的沟通能力较低，沟通存在较大的障碍，你急需加强沟通技能的学习和训练。

◆ 如果你的得分在3～4分之间，表明你的沟通能力较为一般。如果你能够进一步加强沟通能力的学习和训练，将会使你受益匪浅。

◆ 如果你的得分在5～6分之间，表明你具有较强的沟通能力，你能够与人进行有效沟通。

● 案例题

超飞行时限引发惊魂——国航客机遭意大利战机拦截

一架来自中国上海的波音747民航客机，当地时间21日在意大利上空引发恐怖袭击惊魂，意大利空军急派两架F16战机升空拦截。有消息说，可能是讯号错误，才导致这一误会的发生。国航上海基地总经理王杰就此曾向媒体表示："没听说出了什么问题，就是上海至米兰的客机有些误点。"

《重庆晨报》援引意大利媒体的报道说，国航的客机当时正从上海飞往意大利米兰。飞机因为误点，在进入意大利上空时已超过原先许可的飞行时限，但没有通知意大利当局。当地空军不知情，派出战机拦截。

一名意大利空军新闻官说："两架第五中队F16战机接获空军命令，从切塞纳起飞，追查一架未获飞行许可的飞机。"当时这架波音747客机正飞越阿尔卑斯山脉，两架战机飞近客机后，证实它是误点导致许可证过期，便批准它继续飞行，战机随即返回基地。这名新闻官称："客机原本被允许在周四（20日）午夜前进入意大利领空，却在9个小时后才飞越意大利东北部博尔扎诺，故受到拦截。"

客机最终在目的地——米兰的马尔彭萨机场安全降落。但也有消息说，导致这一误会发生的原因，可能是意方发出的错误讯号所致。上海浦东国际机场指挥处副处长陈江在接受记者电话采访时表示："这是属于空中指挥问题，一般遇到这种情况应把客机引到地面再做进一步调查。"

自"9.11"纽约遭恐怖袭击事件发生后，意大利空军加强了对于领空的监控行动，类似此次的拦截行动至今不下70次。

资料来源　佚名.超飞行时限引发惊魂——国航客机遭意大利战机拦截[N].重庆晨报，2004-05-23.

问题：为什么国航客机会遭意大利战机拦截？其中有怎样的沟通问题？

分析提示：国航客机遭意大利战机拦截原因可能很多，但根本原因是沟通不畅。一种情况是，在国航飞机误点之后，没有及时与意大利当局沟通，以致当地空军因不知情便派出战机拦截。另一种情况是，导致误会的原因可能是意方发出的错误讯号所致。无论哪一种情况，都是沟通出了问题。可见，沟通在我们的工作和生活中有着非常重要的作用，沟通不畅会发生误会，有时甚至是重大的失误。然而造成沟通障碍的原因也很多，需要从多个方面认真分析，找到症结方能有效解决问题。

<table>
<tr><td>第
2
模块</td><td></td></tr>
</table>

倾听技能

学习目标

★ 知识目标

认识并理解倾听的含义和作用

了解倾听过程

★ 能力目标

掌握克服倾听障碍的策略

学会有效倾听

灵活运用倾听的技巧

能够做到在倾听中有效地提问与反馈

★ 素质目标

端正倾听态度，养成良好的倾听习惯，提高倾听能力

引 例

请听我说

张先生是一位已有五年工龄的模具工，工作勤奋且爱钻研。半年前，张先生利用业余时间自行设计制作了一套新型模具，受到设计部门的嘉奖。为了鼓励和支持张先生的这种敬业精神，当时的原生产部主任王先生特别推荐他上夜校学习。从那以后，张先生每周有三天必须提早一小时下班以便准时赶到夜校。这也是经原生产部主任王先生的特许，王先生当时曾说过他会通知人事部门的。

然而，上周上班时，张先生被叫到现任生产部主任鲁先生的办公室进行了一次面谈。鲁先生给了他一份处罚报告，指责他工作效率低，尤其批评他公然违反公司的规定，一周内三次早退，如果允许他在公司继续工作下去将会影响其他员工。因此，鲁先生说要对他进行处罚，并警告说照这样下去，他将被解雇。

当张先生接到处罚报告时，感到十分委屈。他曾试图向鲁先生解释缘由，然而每次鲁先生都说太忙，没有时间同他交谈，只告诉他不许早退，并要求他提高工作效率。张先生觉得这位新上司太难相处，不禁万分沮丧。

资料来源　康青.管理沟通教程[M].3版.北京：立信会计出版社，2009.

这一案例表明：倾听是沟通过程中的一个重要方面。作为一名刚上任的管理者，鲁先生不仅要熟悉其工作环境，还必须深入下去了解情况，做好与下属的沟通，培养自己良好的倾听习惯。这样就不会因为一个错误的决定而挫伤员工的积极性和进取心，也不会给公司效益带来不必要的损失。因此，管理者应当培养自己倾听员工意见和想法的习惯，并提高自己的倾听技能。

2.1　认识倾听

2.1.1　倾听的含义

苏格拉底提醒我们："自然赋予人类一张嘴、两只耳朵，也就是要我们多听少说。"沟通首先从倾听开始。

一位有效的管理者必须花费相当多的时间与下属、上司及同级沟通，而在沟通过程中最常用到的能力是洗耳恭听的能力和能说会道的能力。所谓洗耳恭听，就是在听的态度上要做到用耳朵去听、用头脑去思考、用心灵去感受，强调的是倾听的能力。所谓能说会道，就是在沟通中要善于言辞、以理服人，强调的是语言表达能力。但人们在实践中往往重视语言表达能力的训练而忽视倾听能力的提升，结果是说得多、听得少。其实站起来发言需要勇气，而坐下来倾听也需要勇气，沟通的最大困难不在于如何把自己的意见、观点说出来，而在于如何听出别人的心声。因此，相对于语言表达能力而言，倾听的能力则更为关键。

知识链接 2-1

李弗公司：善于倾听节省70%的时间

南美洲智利的李弗公司负责人格罗乔·马基托非常善于倾听，有一次通过倾听他欣然接受了一位作业员的建议。当时工厂的生产流程常常因为钢槽需要清洗而中断生产。那位作业员建议准备两个钢槽，当清洗第一个钢槽时，可以用第二个钢槽继续工作，这样就不必因为清洗钢槽而中断生产了。而这样做只需要加装一个螺闩和一个钢槽，即可节省70%的生产时间，生产力自然获得了提高。

资料来源　肖晓春.人性化管理沟通[M].北京：中国经济出版社，2008.

有些人认为倾听能力是与生俱来的，不需要训练，所以一谈到沟通人们往往想到的是如何说，而很少有人想到该如何倾听。其实恰恰相反，人们在沟通中产生的许多问题往往是由于不善于倾听所导致的，也就是说，不善于倾听所导致的失误要比不善于表达所产生的问题多得多。这也验证了俗话所说的"会说的不如会听的"。理论和实践都告诉我们，是否善于倾听是衡量一个管理者管理水平高低的重要标志。

说到倾听，许多人常把听与倾听混为一谈。事实上，听与倾听是有根本区别的，如图2-1所示。

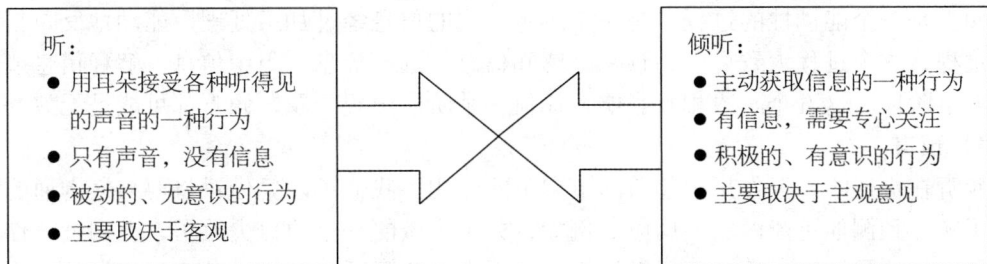

听：
- 用耳朵接受各种听得见的声音的一种行为
- 只有声音，没有信息
- 被动的、无意识的行为
- 主要取决于客观

倾听：
- 主动获取信息的一种行为
- 有信息，需要专心关注
- 积极的、有意识的行为
- 主要取决于主观意见

图2-1 听与倾听的区别

听只是一个生理过程，是听觉器官对声波的单纯感受，是一种无意识的行为。只要耳朵能够听到别人说话，就表明在听别人。而倾听虽然也以听到声音为前提，但更重要的是人们对声音必须有所反馈。也就是说，倾听不仅仅是生理意义上的听，更应该是一种积极的、有意识的听觉与心理活动。在倾听的过程中，必须要思考、接收、理解说话者传递的信息，并做出必要的反馈。倾听的对象不仅仅局限于声音，还包括更广泛的内容，如语言、非语言等。可见，倾听不仅要接收、理解别人所说的话，而且也要接收、理解别人的手势、体态和面部表情等，不仅要从中得到信息，而且还要抓住人的思想和感情。

概括地讲，所谓倾听，就是用耳朵听声音；用眼睛观察对方的非语言信息，包括表情、眼睛、手势、体态和穿着等；用嘴提问，搜集信息或者做出反馈；用大脑思考，分析对方的说话动机，主要内容以及对话的逻辑关系，甚至言语背后的真实含义等；用心灵感受情境、情感或需求等。换句话说，倾听是对信息进行积极主动搜寻的行为。

课堂互动 2-1

请根据自己对倾听含义的理解来诠释"专心听讲"。

知识链接 2-2

学生在课堂上如何做到倾听？

学生在课堂听课要求做到"六到"。"六到听课法"是效率最高的听课方法之一，也就是耳、眼、口、手、脑、心都要动起来，多种器官并用，多种身体部位参与听课活动。同时调动这些器官所获得的感受是一种综合的立体的感受。

耳到：听老师讲，听同学发言、提问，不漏听、不错听。

眼到：看课本，看老师的表情，看板书，看优秀同学的反应。

口到：口说，包括复述、朗读、回答问题。

手到：做笔记、圈重点、批感想、做练习。

脑到：动脑筋，心力集中，积极思维。

心到：用心感受老师同学的情绪情感。

2.1.2　倾听的过程

倾听是一个能动性的过程，是一个对感知到的信息经过加工处理后能动地反映自己思想的过程，这个过程大致可分为预言、感知信息、选择信息、组织信息、解释信息或理解信息五个阶段。这五个阶段相互影响，任何一个阶段出现问题，倾听都可能是无效的。

1）预言

倾听在沟通的相互作用中起着承上启下的作用。我们可以凭借对将要与之沟通的人以往的了解，预测他可能做出的反应。例如，如果你做的一个项目失败了，上司批评你，你所能做的只能是认真倾听，而不是辩解。倾听者在实际听之前可以预言到将发生什么。

2）感知信息

对方发出信息，传到人们的耳膜中，产生刺激，成为人们所获得的信息。当人们只是听时，听到的是声音或词语说出的方式；而在倾听时，人们则要做出更多的反应。也就是说，听只是一种涉及听觉系统的生理过程，而倾听是涉及对他人整体的更加复杂的知觉过程，需要同时理解口头语言和非口头语言所传达出的信息。人们的言语信息来自听觉，但倾听效果却是各种因素的综合。假如听到有人叫你"滚开"，而你发现这话出自一位满脸怒气的壮汉之口，与此同时他还举着拳头向你扑来，这足以令你逃之夭夭了；反之，若你看到这话出自一个妙龄女子之口，而她说这话时脸含微笑，一副娇嗔的模样，你虽听到了"滚开"却不会走开半步的。

3）选择信息

并不是任何信息都为人们所接受，人们总是对一部分信息表示特别地关注和感兴趣，同时又忽视另外一些信息。例如，在喧哗的场合，大家都在交谈，突然从背后传来叫你朋友名字的声音，这时你会回头去看，这就是人们接受信息的选择性。再如当你买汽车时，你所有的精力都放在有汽车信息的内容上，其他的一切，即使是平时最喜欢的体育新闻都变得不再重要。

一般来说，人们经常会把注意力集中在某种特定的刺激物上。例如，你可能在房间里听到各种声音，如说话声、电视中传出的声音、开门和关门声等，然而当激光唱盘放出你喜爱的歌曲时，你就会全神贯注，似乎这首歌曲消除了周围其他的声音。

虽然人们能按某种特定的方式集中注意力，但注意力集中的范围是有限的。在通常情况下，人们对20秒钟以内的信息能完全集中注意力，之后注意力将非常容易分散，当然，人们也能很快重新把注意力集中在相应的信息上。事实上，注意力的集中与是否容易厌烦紧密联系。因此，在课堂上容易厌烦的学生就必须在集中注意力上特别努力。

4）组织信息

在倾听过程中，当你决定注意某些信息时，接下来的步骤就是对信息进行组织加工，包括识别、记忆、赋予信息含义等一系列过程。人们把杂乱无章的信息分门别类，集中贮藏起来，把那些过于简略的信息加以扩充，把过于冗长的信息进行浓缩，使它们成为自己拥有的知识和经验的一部分。虽然人们不可能记住所有的语言信息和非语言信息，但对于那些重要的信息，人们会想方设法将其存储在自己的大脑里，而通常采取的方法之一就是记笔记。

5）解释或理解信息

对于收集、过滤后的信息，人们会调动大脑贮存的知识和经验，通过判断、推理获得正确的解释或理解。在这一阶段，人们会对信息进行评价，并用自己的知识和经验来衡量对方所说的话，或者质疑说话者的动机和观点。在理解说话者所表达的词语的同时，人们也赋予说话者的腔调、手势、表情一定的含义。

这五个过程是一次倾听活动的全部过程，说起来复杂，但人们都是本能地以惊人的速度完成的，其具体过程并非泾渭分明、按部就班，它们之间常常是互相重叠的。

知识链接2-3

"倾听"的三个层次

层次一：在这个层次上，倾听者完全没有注意说话者所说的话，假装在听，其实却在考虑其他毫无关联的事情，或内心想着辩驳。他更感兴趣的不是听，而是说。这种层次上的倾听，导致的是关系的破裂、冲突的出现和拙劣决策的制定。

层次二：在这个层次上，倾听者主要倾听所说的字词和内容，但很多时候，还是错过了说话者通过语调、身体姿势、手势、脸部表情和眼神所表达的意思。这将导致误解、错误的举动、时间的浪费和对消极情感的忽略。另外，因为倾听者是通过点头同意来表示正在倾听，而不用询问澄清问题，所以说话者可能误以为所说的话被完全听懂理解了。

层次三：处于这一层次的人表现出一个优秀倾听者的特征。这种倾听者在说话者的信息中寻找感兴趣的部分，他们认为这是获取新的有用信息的契机。高效率的倾听者清楚自己的个人喜好和态度，能够更好地避免对说话者做出武断的评价或是受过激言语的影响。好的倾听者不急于做出判断，而是感同身受对方的情感。他们能够设身处地看待事物，询问而不是辩解某种形式。

2.1.3　倾听的作用

倾听是通向心灵的道路，是管理成功的基石。倾听能够使人们与周围的人保持接触，失去倾听能力也就意味着失去与他人共同工作、生活、休闲的可能。一般来讲，人们很少只为消遣而倾听，而多是为了以下目标而倾听：获得事实、数据或别人的想法；理解他人的思想、情感和信仰；对听到的信息进行选择；肯定说话者的价值。有人说："会倾听的人到处都受欢迎。"对于管理者来说，倾听有着十分重要的意义和作用，这是由管理工作的特点所决定的。

1）倾听可获得重要信息

倾听可以得到重要的信息。事实上，交谈中包含着很多有价值的消息，有时它们常常是说话者一时的灵感，而他自己又没意识到，对倾听者来说却是启发。"听君一席话，胜读十年书。"一个随时都在认真倾听他人讲话的人，在与别人的交谈中就可能成为一个信息的富翁。通过倾听，不仅可以了解对方要传达的消息，感受到对方的感情，同时还能够据此推断对方的性格、目的和诚恳程度。不仅如此，通过耐心的倾听，还可以减少对方的防范意识，得到对方的认同，甚至使对方产生找到同伴和知音的感觉，从而加深彼此之间的了解。在一些特殊的情景下，如你对别人谈论的话题一无所知，或未曾考虑，或对别人提出的问题不便于直接回答，这时最好的办法是认真倾听，并保持沉默。对缺乏经验的管理者来说，倾听还可以弥补自己的不足。当自己对某些问题了解不多或难以做出决定时，最好先倾听一下别人的意见和想法，并通过对别人意见的归纳和总结从而提出自己的看法。在倾听中可以通过适时提问澄清不明之处，或是启发对方提供更完整的资料。倾听可以训练我们以己推人的心态，锻炼我们的思考力、想象力和客观分析能力。

同步思考2-1

比较下面两段对话

第一段：

售货员：你的车行驶了多少公里？

顾客：每周大约300~350公里。

售货员：在什么级别的公路上行驶？

顾客：一般是柏油路。

售货员：车速是多少？

顾客：在限速内，持久不变。

售货员：你车上经常坐几个人？

顾客：平时是我自己，周末有父母和孩子。

第二段：

售货员：您刚才说您的车行驶了多少公里？

顾客：我说每周大约300~350公里。

售货员：我明白，就是说在平均的里程内。您一般在什么级别的公路上行驶？

顾客：一般是在柏油路上，周末可能去一些道路条件不太好的地方，但是这种情况不是经常发生的。

售货员：通常道路条件较好？

顾客：是的，实际上我每天都要翻越一座小山。

售货员：如果是这样，您的轮胎会磨损很快的，而且拐弯驾驶对您非常重要。

顾客：的确是这样。

售货员：通常您的车速有多快？

顾客：我很遵守交通规则，通常在限速内。

售货员：那样的话，我们不必要特别好的轮胎。通常您车上坐几个人？

顾客：平时是我自己，周末和父母及孩子一起郊游。

思考：这两段话有什么不同？

分析提示：从这两段对话可以看出，在售货员与顾客的对话中，售货员通过倾听获得了大量的信息。特别是第二段对话中，售货员对每一个问题进行加工，并将顾客的回答"揉"到问题中，表明他对顾客提供的信息一直是注意倾听的，同时也使顾客感到轻松愉快，而不仅仅是一买一卖。

2）倾听能够产生激励作用

管理的过程就是调动人的积极性的过程。善于倾听的人能及时发现他人的长处，并使其发挥作用。倾听本身也是一种激励方式，能提高说话者的自信心和自尊心，加深彼此之间的理解和感情，因而也就激发了对方的工作热情与负责精神。美国企业家玛丽·凯·阿什要求自己的管理者记住倾听员工的诉说是最优先的事，她本人也会专门抽出时间来倾听下属的讲述，并进行仔细的记录。她对下属们提出的建议和意见十分重视，并会在规定的时间内给予答复。这样做的好处就是沟通了彼此的感情，并使倾诉者要求被重视的自尊心得到了满足。在很多情况下，倾听者的目的就是倾诉即"一吐为快"，而并没有更多的要求，甚至有些时候，只要你倾听了倾诉者的倾诉，问题也就解决了。日本、英美一些企业的管理人员常常在工作之余与下属一起喝咖啡，其目的也正在于给下属一个自由倾诉的机会。

3）倾听能够给人留下良好的印象

一般来说，人们都喜欢发表自己的意见，如果你愿意给他们一个机会，他们会觉得你和蔼可亲、值得信赖。作为一名管理者，倾听顾客、上司还有下属的想法，可消除他们的不满和愤懑，并获取他们的信任。戴尔·卡耐基（Dale Carnegie）曾举过一个例子：在一个宴会上，他坐在一位植物学家旁边，专注地听着植物学家跟他谈论各种有关植物的趣事，几乎没有说什么话，但分手时那位植物学家却对别人说，卡耐基先生是一个最有意思的谈话家。可见，学会倾听，实际上已踏上了成功之路。

4）倾听能激发对方的谈话欲望

谈话是人与人之间沟通的重要途径，能帮助人们解决问题，创造新点子，发现新方向，让人们觉得不再孤单，比较有自信，比较受赏识，比较有价值。因此，在谈话过程中，如一方能够主动倾听，让对方觉得自己的话有价值，就能让他说出更多更有用的信息，并且倾听不仅能够激发对方的谈话欲望，而且能够启迪对方产生更多或更深入的见解，从而使谈话双方均受益匪浅。

5）倾听是说服对方的关键

如果你沟通的目的是为了说服别人，交谈中多听他的意见会有助于你的说服。因为，通过倾听你能从中发现他的出发点和弱点，即是什么让他坚持己见，这就为你说服对方提供了契机。同时，你又向别人传递了一种信息，即你的意见已充分考虑了他的需要和见解，这样他会更愿意接受。

6）倾听可以掩盖自身的弱点和不足

俗话说："言多必失。"人总有"聪明一世糊涂一时"的时候。一个人不可能对所有事情都抱着客观的态度，也不可能对所有事情都有所了解，因此他的观点就不一定都是正确的。此时，沉默可以帮助他在若干问题上持保留态度。如果你对别人所谈的问题一无所知，或未曾考虑，保持沉默便可以不表示自己的立场。如果你喋喋不休，不仅让人发现了你的无知，更使人觉得你刚愎自用与狂妄。

知识链接 2-4

倾听是管理者成功的首要条件

　　成功的管理者大多是善于倾听的人。美国企业家艾柯卡（Iacocca）曾对管理者的倾听有过精辟的论述："我只盼望找到一所能够教导人们怎样听别人讲话的学院。一位优秀的管理人员需要听到的至少要与他所需要说的一样多，许多人不能理解沟通是双方面的。"他认为管理者必须鼓励人们积极贡献，使他们发挥最大的干劲。虽然你不可能接受每一项建议，但你必须对每一项建议做出反应，否则，你将听不到任何好的想法。他总结说："假如你要发动人们为你工作，你就一定要好好听别人讲话，一家蹩脚的公司和一家高明的公司之间的区别就在于此。作为一名管理人员，使我感到最满足的莫过于看到在某个企业内被公认为一般的或平庸的人，因为管理者倾听了他遇到的问题而发挥出了他应有的作用。"从这些经验之谈中我们可以了解，倾听是管理者成功的首要条件。

　　资料来源　王建民.管理沟通实务[M].3版.北京：中国人民大学出版社，2012.

2.2　倾听障碍与策略

2.2.1　倾听障碍

　　人们似乎更倾向于彼此进行语言交流，而不是彼此去倾听。在倾听过程中，由于受到环境、倾听者、说话者等众多因素的影响，倾听往往难以达到应有的效果。

　　我们都做过列队传话的游戏：十来个人排成一列，由第一个人领来纸条，记住上面的话，然后低声耳语告诉第二个人；第二个人将听到的句子再耳语给第三个人，如此重复，直至最后一个人，将他听到的话写出来，与开头纸条上的句子往往是天壤之别。

　　事实表明，尽管倾听在沟通活动中所占时间比例最大，但遗憾的是有些管理者并不具备有效倾听的能力，其不良的倾听习惯会导致误解甚至曲解。一般来说，倾听的障碍主要表现在以下几个方面：

1）环境因素引起的障碍

　　任何沟通都是在一定的环境中进行的，环境因素是影响倾听效果最重要的因素之一。环境因素不仅包括客观环境因素，如谈话场所的选择、环境布置、噪音大小、光照强弱、温度高低、气候状况、座位安排等，而且包括主观环境因素，如交谈双方的心情、性格、衣着以及谈话人数、话题等。

　　环境因素主要从两个方面影响倾听的效果：一方面，干扰信息传递的过程，消减、歪曲信号；另一方面，影响沟通双方的心境。这正是人们为什么在沟通时很注重挑选环境的原因。比如，上级在会议厅里向下属征询建议，下属会十分认真地发言，但若是换在餐桌上，下级可能会随心所欲地谈自己的看法，甚至谈一些自认为不成熟的想法。再比如，上司在咖啡厅里随口问问下属西装的样式，下属会轻松地聊上几句，但若上司特地走到下属的办公室里发问，下属多半会惊恐地想这套衣服是否有违公司仪容规范。出现这些差别是由于在不同场合中人们的心理压力和情绪以及交谈氛围大不相同。另外，说话者和倾听者在人数上的差异也影响倾听的效果。在交谈中，是一个人说话一个人倾听，还是一个人说话多个人倾听，或者多个人说话多个人倾听等，这种不同的对应关系也会产生不同的倾听效果。当一个人说话一个人倾听时（如两人促膝谈心），会使倾听者感到自己角色的重要性，注意力自然集中；当一个人讲话多个人倾听时（如听课、听报告），会使倾听者感到压力较小，所以经常开小差；而当倾听者只有一位，发言者为数众多时（如多家记者向新闻发言人提问），那么倾听者将是全神贯注，丝毫不敢懈怠。

2）倾听者引起的障碍

倾听者在整个交流过程中具有举足轻重的作用。不仅倾听者本人的知识水平、文化素质、职业特点、理解信息的能力等直接影响倾听效果，倾听者对说话者个人的态度也会影响倾听效果。所以，在尽量创造适宜沟通的环境条件后，管理者要以最好的态度和精神状态面对发言者。一般来说，来自倾听者本身的障碍主要表现在以下方面：

（1）倾听者的理解能力。倾听者的知识水平、文化素质、职业特点及生活阅历往往与他本身的理解能力和接受能力紧密联系在一起，具有不同理解能力的倾听者必然会有不同的倾听效果。有效的沟通，要求倾听者与说话者在沟通的内容方面有相通之处，否则就是"对牛弹琴"了。

（2）倾听者的倾听习惯。在倾听过程中不同的人有不同的习惯，有些不良习惯会直接影响到倾听效果。例如：①急于发言。人们都有喜欢发言的倾向，很容易在他人还没有说完的时候就迫不及待地打断对方，或者口里没说心里早已不耐烦了，这样往往不能把对方的意思听懂、听全。于是我们就经常会听到别人这样说："你听我把话讲完，好不好？"这正说明急于发言并不利于双方的沟通。其实许多时候只要认真听完别人的讲话，就会发现心中的疑问也已经消除了，无须发言了。②忙于记要点。有的倾听者觉得应记下说话者所说的每一个字，于是在听的时候忙于记笔记，不幸的是，在说话者说到第三点时，他才给第一点画上句号，以致忽略了完整的倾听。③吹毛求疵。有的倾听者并不关注说话者所讲的内容，而是专门挑剔说话者的毛病，如说话者的口音、用字、主题、观点都可能成为倾听者挑剔的对象，倾听者甚至抓住某个细微错误而贬低说话者的风格和观点。这种个人的偏颇观念时常导致敌对情绪的产生，从而影响倾听。④缺乏耐心。有的倾听者过于心急，经常在说话者暂停或者喘口气时插话，帮助说话者结束句子，而往往忽略了说话者正要说的话题。⑤以自我为中心。有的倾听者表现出过于自我的心态，对说话者的每个话题他都有意无意地以自己生活中的事件回应。比如，他会说："那让我想起，我……"这便打断了说话者的思路，甚至引开了话题。⑥忙于私活。有的倾听者从倾听开始就没有停下手中的事情。他可能在谈话中拆信、接电话或整理办公桌，见此情景，通常说话者都会尽快结束谈话并离开。

此外，由于倾听是感知的一部分，它的效果受听觉器官、视觉器官的限制，如果倾听者生理有缺陷，必然会影响倾听的效果。

课堂互动2-2

请对照检查一下，在倾听别人的过程中，是否有以下习惯：

说的比听的多。

喜欢插话。

在交谈时几乎一言不发——对方无法判断你是否在听。

发现感兴趣的问题时就问个不休，结果导致对方跑题。

你的谈话基本上以自己为核心。

别人说话时你经常走神。

对方在说话时你在设计自己的反应。

你很乐意提出自己的建议，甚至在别人没要求时也如此。

你的问题太多，常常打断对方的思路。

客户转向别人，你也不问原因所在。

在对方还没说完时你已经下了结论。

（3）倾听者的感情过滤。人人都爱听奉承话，好听的话即使说得言过其实，也不会引起倾听者的反感，难听的话即使说得恰如其分，也不会给倾听者以满足。每个人都是选择自己喜欢听的来听，当某人说到一些自己想听的话时，我们会"竖"起耳朵，接收所有的信息，不管是真理、部分真理，还是谎言和谬误；相反，遇到不想听到的内容时，我们会本能地排斥，也不管这些内容对自己是否有用。可以说，在倾听过程中，情感起到了听觉过滤器的作用，有时它会导致盲目，而有时它排除了所有倾听的障碍，如你会很满足地从别人口中证实自己的思想，并由此感到快乐。但要注意，运用感情过滤信息，有可能就无法正确地倾听并理解说话者所讲内容的含义。

（4）倾听者的心理定式。每个人都有自己的好恶，都有根深蒂固的心理定式和成见，所以与看似不喜欢或不信任的人交流时很难以客观、冷静的态度接收说话者的信息。比如，当一个自己讨厌的人在台上讲得手舞足蹈时，你会认为他太虚伪，是乱吹一气，因此不屑于听他讲话，甚至会东张西望，或用手不停敲打桌面，向对方发出"你有完没完，我已经不想听了"的信号。再比如，当一个平时比较啰嗦的人要求与你谈话时，你会有心无心地听他讲，因为你会觉得他讲的许多都是废话，实际上这样也会错过一些有用的信息。

（5）心智时间差。正常人大脑的运转速度极高，每分钟能处理500个字以上，而普通人的说话速度是每分钟150个字左右，这便产生了倾听者的心智时间差问题。也就是说，人们思考的速度比说话的速度快许多。为了填补这一段时间的空白，在听的同时，你的大脑很自然地会游走到其他的想法上去，但是当你回过神来时会发现这段时间你走神走得太远了而遗漏了许多重要的内容。应该说，这是正常心理反应的结果，但为了更好地倾听，这一过程还是应该控制的。

同步思考 2-2

小李咋回事?

小李是一家巨型石油公司公关小组最年轻的成员。每两周一次的小组会议他都能参加，他对此很是高兴，但是十多次这样的会议后，他开始觉得这样的会议很是无聊。

这次，副总裁又在召开一次会议，小李认真地听了一会儿。当他听到副总裁讲到拉丁美洲出现的公关问题，尤其是听到"加勒比海地区"这几个字时，他的思维游走了。"啊，今年我要是能够享受冬季假期就好了。"他想。他沉浸在梦想里，白色海滩、热带饮料、异国舞蹈、水下呼吸器的潜水活动、帆船、他本人晒得一身晒斑还有被风吹散的……

"……肯定会影响今年的工资提升。"这句话猛地将他带回会议室。副总裁就工资提升的问题说了些什么话?啊，好吧，会后可以问别人。但是，现在副总裁又在谈预算问题了。那些烦人的数字、百分比，小李又走神了。

他昨天晚上约会的姑娘叫琳琳，她看来真地很喜欢我，但是她在门口说了再见之后，就一个人进屋了，是不是我做错了什么事情?她真地很累了吗?上次她请我进屋喝了一杯茶，还聊了很长时间。啊，当然，她白天真地很累了。是人都能明白这一点。但是，可是……

"……是小李极感兴趣的一个领域。也许我们应该听听他的意见。"啊!啊!副总裁说的是哪一个领域?人人都看着小李。此时，小李在拼命回忆刚才会议上最后说的几句话。

资料来源　魏江，严进.管理沟通——成功管理的基石[M].2版.北京：机械工业出版社，2010.

思考：小李咋回事?

分析提示：从案例可以看出，小李在会议上走神了。因为心智时间差的存在，人们禁不住生理和心理的分心，会走神。因此，集中精力是一件需要努力的事情，为了更好的倾听，人们必须学会控制自己。

3) 说话者引起的障碍

（1）语言因素引起的障碍。①语言层次。语言是说话者表达观点和想法所使用的基本工具。使用不同的语言工具以及不同的语言背景和习惯，都会影响倾听的效果。②声音层次。这是人们利用听觉器官接收说话者信号的层次，不同的音量、音调、语调等传递着不同的内容。③语法层次。不同的语言表达方式、表达习惯会使同样的语言产生不同的表达效果，甚至意思完全相反。④语意层次。这是说话者所要表达的语意层次。语意表达不明会给倾听带来障碍。

（2）身体语言障碍。身体语言是沟通的重要组成部分，恰当的身体语言有助于倾听者的理解。而身体语言运用不当则会给倾听带来障碍甚至误解，如有人说话时不喜欢与人有目光接触，缺乏目光接触将不可避免地减少倾听者对说话者的注意力和兴趣。

另外，口头语言与身体语言不相符，也能给倾听者造成障碍。比如，当你说"3"时，却伸出了5个手指，如果倾听者注意到你的动作，必然会产生迷惑。

2.2.2 倾听策略

倾听环境、倾听者、说话者这三个因素无疑是引发倾听障碍的主要因素，因此克服倾听障碍也应该从这三个方面做起。

1）创造良好的倾听环境

倾听环境对倾听的质量和效果具有重要的影响，交谈双方如果能够选择并营造出一个良好的倾听环境，就能够在很大程度上改善倾听的效果。一般来说，良好的倾听环境包括以下内容：

（1）适宜的时间。如果有可能，可根据沟通的需要，慎重选择有助于倾听的时间。某些人工作效率最高的时间是早晨，所以他们适合把重要的汇报安排在早晨。对多数人来说，一天当中心智最差的时间是在午餐后和下班前，因为在饱食后很容易疲倦，而人们在下班前不愿被过多地耽搁。因此，应尽量避免在这些时间里安排重要的倾听内容。另外，在时间长度上要尽量避免时间限制，如果你只有几分钟的时间，而这个谈话又很重要或很复杂，需要更多的时间，那么最好把它定在另一个时间段。这样做时你可向对方解释，说明你需要足够的时间深入地与他探讨，对方一般会很乐意与你重新确定谈话的时间表。

（2）适当的地点。谈话地点的选择也很重要。地点的选择必须保证交谈时不受打扰或干扰。另外，还要适当安排办公室的家具及座位，要使家具安放的位置不至于妨碍谈话，座椅的摆放应能够使交谈双方直接看到对方的眼睛，这样不仅能够集中交谈双方的注意力，而且易于观察对方的非语言表现。

（3）平等的氛围。要根据交谈内容来营造氛围。讨论工作上重要的事情时，应该营造一个严肃、庄重的氛围；而在联欢晚会上，则要营造一个轻松、愉快的氛围。要知道，同样的一句话在不同的氛围下传到倾听者耳朵里的效果是不同的。但不管哪种氛围的营造，都要遵循平等、信任、协调的原则，这样才能使谈话的氛围成为有利的条件，而不至于变成沟通的障碍。

（4）尽量排除所有分心的事情。例如，告诉秘书接听你的所有电话，或者摘下电话话筒，门上挂一块免扰牌。

2）提高倾听者的倾听技能

倾听者是倾听过程的主体，倾听者的知识水平、理解能力、倾听态度以及精神状态等直接影响倾听的效果。因此，克服倾听的障碍，关键在于提高倾听者的倾听技能。提高倾听技能应从以下方面入手：

（1）完整、准确地接收信息。在交谈中，倾听者仔细聆听说话者说出的话是非常重要的，因为它告诉倾听者说话者在想什么。好的倾听者不仅要听说话者说出来的信息，还要能够听出言外之意，即不仅要听说出的事情，而且要听某事是如何说出来的。许多时候，人们的非语言行为透露了人们真实的意图，所以倾听时尤其要注意观察与语言表述相抵触的那些非语言行为，这样才能避免接收信息的偏颇和遗漏。为了完整、准确地接收信息，作为倾听者应该注意以下几点：

一是精心准备。要求倾听者在谈话前列出自己要解决的问题，以便在谈话过程中注意倾听对方对这些问题的回答。

二是摘录要点。对于谈话中涉及的一些关键问题要一一记下来，可以适当重复对方的话来验证所获得的信息，也可以换个角度说明对方的信息，这既可以帮助你获得正确的事实，同时也是对说话者的一种反馈。

三是会后确认。在会谈接近尾声时，应与对方核实自己的理解是否正确，尤其是关于下一步该怎么做的安排，这有利于按照对方的要求正确地采取下一步的行动。

同步思考 2-3

巴顿将军为什么会做出这样愚蠢的事？

巴顿将军为了显示他对部下生活的关心，搞了一次参观士兵食堂的突然袭击。在食堂里，他看见两个士兵站在一个大汤锅前。

"让我尝尝这汤！"巴顿将军向士兵命令道。

"可是，将军……"士兵正准备解释。

"没什么'可是'，给我勺子！"巴顿将军拿过勺子喝了一大口，怒斥道："太不像话了，怎么能给战士喝这个？这简直就是刷锅水！"

"我正想告诉您这是刷锅水，没想到您已经尝出来了。"士兵答道。

思考：是什么原因导致巴顿将军的尴尬？

分析提示：巴顿将军在与士兵的交谈过程中，没有完整、准确地理解士兵的意图，没有倾听出士兵的真正意思，才做出了这样愚蠢的事。

（2）正确地理解信息。交谈双方文化水平、社会环境的差异常造成双方对同一事件的不同理解。产生误解的一大原因就是习惯思维。一个人在对问题的理解上总是先调动自己以往的经验，然后推测将来的发展趋势。因此，要防止误解的产生，倾听者要尽量做到以下几点：

一是从对方角度出发，考虑他的背景和经历，想想他为什么要这么说，他希望我听完之后有什么样的感受。倾听者要试着掌握说话者的真正意图，而不是让说话者觉得谈话索然无味。

二是消除成见，克服思维定式的影响，客观地理解信息。一个人总会被自己的好恶感左右：喜欢某个人，只要那个人讲话，不管对与错，都认为他讲的就是正确的；讨厌某个人，连见一面都觉得难受，更别说坐下来耐心听他讲话了。其实，这种倾听方式对双方的沟通会造成很大影响，容易使信息失真。

三是不要自作主张地将自己认为不重要的信息忽略，最好与信息发出者核对一下，看看自己对信息的理解是否存在偏差。可以说，有相当多的沟通问题都是由于倾听者个人对信息随意理解而造成的。

（3）适时、适度的提问。作为一个倾听者，尽管其主要任务在于倾听他人所说，但是如果倾听者能以开放的方式询问所听到的事，成为谈话的主动参与者，就会增进彼此间的交流和理解。可以说，提问既是对说话者的一种鼓励，即表明你在认真倾听，同时也是控制和引导谈论话题的重要途径。提问既有利于倾听者把自己没有倾听到的或没有倾听清楚的事情彻底掌握，同时也有利于说话者更加有重点地陈述、表达。但需要注意的是，提问必须做到适时和适度，要多听少问，如果倾听者满脑子考虑的是如何问问题，或提问像连珠炮似的，问起来没完没了，那么这种提问就失去了应有的价值，还会引起说话者的反感和不满。

（4）及时地给予反馈。说话者会根据倾听者的反馈做出适当的调整，这样会更加有利于倾听者的倾听。因此，在倾听时对说话者的信息做出反馈是十分必要的。反馈可以是语言的，也可以是非语言的，但要注意反馈应清晰，易于为人所了解、接受。比如，问问题，查验信息，或以其他的感觉和反应形式表达，都是较适当的反馈方式。当倾听者做出反馈时，说话者能根据倾听者的反应来检查自己行为的结果，从而知道自己所说的是否被准确接收和正确理解，并由此决定接下来如何说和做。非语言的反馈是由身体姿态、动作、表情等来传达的，当你站、坐、皱眉、微笑，或者看起来心事重重等时，都是在反馈给对方某些信息。

（5）防止注意力分散。注意力分散是有效倾听的最大障碍之一。在倾听时能使人注意力分散的因素有很多，如一定的生理疲劳会使人们感到厌倦，而其他的新异刺激也能将人们的注意力转移到其他人或事上。除了周围的噪音，演讲者的口音和方言也可能让倾听者分心。不感兴趣的主题或组织得不好的演讲，也会很快让倾听者失去热情而将注意力分散到其他事情上。但是，好的倾听者会排除干扰，并努力倾听说话者信息中的要点，采用良好的坐姿，使自己保持在觉醒和兴奋状态，帮助自己在倾听时克服分心。另外，适当记笔记也是保持注意力集中的好方法。

3）改善说话者的说话技巧

一切沟通技巧从本质上说只为两个目的服务：让别人懂得你以及让你懂得别人。如果你的谈话方式阻碍了其中任何一个目的的达到，你就步入了危险的沟通雷区。说话者常犯的毛病主要有以下几个方面：①说话速度太快。高频率的长篇大论只会给人以喋喋不休的感觉，听众没有时间完全理解说话者要表达的东西。②太注重细节。在说明一个问题的时候，总想把所有的细节都解释清楚，可是到了最后往往连自己也不知道要讲的中心问题是什么了。③过于紧张。有些人觉得在很多人面前发言是一件很可怕的事，并且因为紧张连发言也莫名其妙地颠三倒四。④对人不对事。"每次和同事有争执的时候，我都会觉得脑袋里的血呼地一下就往上涌了，然后我说出来的话就不那么理智，有点儿意气用事的味道了。"这也是人们经常会遇到的问题。

说话者这些毛病和缺点的存在，直接影响着倾听的质量和效果，因此作为谈话中的引导者，说话者应该克服这些毛病，引导倾听者的兴趣，提高倾听效率。

2.3 有效倾听的技巧

2.3.1 有效倾听的方法

有效倾听既是一种技巧，又是一种极富警觉性与极费心思的历程。在面对面沟通的场合里，倾听不仅要做到"耳到"，还要做到"眼到"、"心到"与"脑到"。所谓"眼到"，就是要用眼睛去观察对方的表情、眼睛、手势、体态与穿着等，以判断他的口头语言的真正含义。所谓"心到"，就是要以换位思考的态度站在沟通对方的立场与角度，去体会他的处境与感受。所谓"脑到"，就是要运用大脑去分析对方的动机，以便了解他的口头语言是否话中有话、弦外有音。掌握倾听的一些方法和技巧，有助于培养和提高倾听的能力。

1) 努力培养倾听的兴趣

在倾听时，倾听者既要保持良好的精神状态，又要以开放的心胸和积极的态度去倾听，这样不仅能够听到谈话的主要内容和观点，而且能够很容易地跟上说话者的节奏。即使自己对说话者所说的话感到失望，也要努力试着倾听正面的及有趣的信息。一个有效的倾听者，常常会在倾听过程中思考以下问题：

说话者谈论的主要内容和观点是什么？

采取了什么样的表达方式？

哪些内容和观点对自己具有借鉴价值？

从说话者身上自己能够学到什么？

这些问题不仅能够帮助倾听者培养倾听的兴趣，而且能够让倾听者从倾听过程中学到很多东西，这正是所谓的"从听中学"。但遗憾的是，人们在倾听时总是以自己的好恶进行取舍，只愿意听自己感兴趣的，而对自己不感兴趣的往往是充耳不闻。事实上，在交谈过程中，"没有无趣的主题，只有无趣的人"，关键在于自己能否培养出兴趣。

2) 保持目光交流

眼睛是心灵的窗户。一位细心、敏感的倾听者会适当注视对方的眼睛，并保持与说话者的目光接触，而不是看窗外、看天花板。如果直视他人的眼睛很困难的话，也可以用弥漫性的目光注视对方的眼睛周围，如发际、嘴、前额、颈部等。目光接触是一种非语言信息，表示"我在全神贯注听你讲话"。试想一下，如果你在说话时对方却不看你，你的感觉会如何？很可能会认为对方冷漠或不感兴趣，即使有重要的话题也不愿意再继续下去。

3) 了解对方的看法

倾听时可以不同意对方的看法，但至少要认真接纳对方的话语，可以点头并不时说"原来如此"、"我本来不知道"等，鼓励对方继续说下去。说不定他说的是正确的，你或许也可从中获益。如果你不给对方机会，就永远也不知道对不对。

4) 采取开放式的姿势

人的身体姿势会暗示出对谈话的态度和兴趣。自然开放性的姿态代表着接受、容纳、尊重与信任。调查研究发现，攻击的、恳求的或不悦的声调以及弯腰驼背、手臂交叠、跷脚、眼神不定等肢体语言，都代表并传递着负面的信息，并影响沟通的效果。所以，在倾听过程中，使用深感兴趣的、真诚的、高昂的声调会使人自信十足；恰当的肢体语言，如用手托着下巴等，也会显示出倾听者的态度诚恳，这些都能让说话者感受到倾听者的支持和信任。

5) 及时用动作和表情给予呼应

有效的倾听者不仅会对听到的信息表现出兴趣，而且能够利用各种对方能理解的动作与表情及时给予呼应和反馈，如可以用赞许性的点头、恰当的面部表情与积极的目光接触相配合，向说话者表明你在认真倾听；也可以利用皱眉、迷惑不解等表情，给说话者提供准确的反馈信息以利于其及时调整。

6）学会复述

复述指用自己的话来重新表达说话者所说的内容。有效的倾听者常常使用这样的语言："我听你说的是……"、"你是否是这个意思……"、"就像你刚才所说……"。复述对方说过的话既表示了对说话者的尊重，同时又能够用对方的观点来说出自己的想法。这样，倾听者不仅能够赢得说话者的信任，而且还能够找到沟通语言，从而拉近彼此之间的距离。但是，需要注意的是，复述如果运用不当往往被看做对说话者的一种不信任。可见，复述需要掌握一定技巧，例如，运用表情、体态来说明你并非怀疑，而只是想证实一下自己倾听到的与说话者所要表达的是否相符合。

7）抑制争论的念头

沟通中难免会出现不同的认识和看法，当自己的意见和看法与说话者不一致的时候，倾听者一定要学会控制自己的情绪，尽量抑制内心争论的冲动，要有耐心，放松心情，一定要等着说话者把话说完，再来表达自己的看法和见解。有效的倾听者绝不会随意打断说话者的讲话，更不会轻易动怒或争论。要记住，倾听的关键是"多给别人耳朵，少给声音"，倾听的目的是了解而不是反对或争论。

2.3.2 倾听的注意事项

倾听是一项最值得重视的沟通技巧，但是很多人却不愿意在如何有效倾听上下工夫。实际上倾听能力是可以通过训练获得的，在倾听训练过程中要注意以下问题：

1）不要多说

大多数人乐于畅谈自己的想法而不是倾听他人所说。尽管说话可能更有乐趣，而沉默使人不舒服，但我们不可能同时做到听和说。一个好的倾听者是能够做到多听少说的。

2）不要中途打断说话者

打断别人说话，不仅是一种不礼貌的行为，而且不利于倾听。即使对方在反复说一件相同的事，你还是要耐心等候，这样做的收获会比插嘴说话的收获要多得多。倾听者一定要让说话者讲完自己的想法，当他说完时你就会知道他说的是否真有价值。

3）不要轻易下结论

对说话者的肢体语言、面部表情或音调所传递的信息，如果自己心存疑惑，最好开口问问；如果不好意思问，也可以用非语言方式表达出自己的想法。不能凭借自己听到的只言片语轻易下结论，一定要把说话者的真正目的和意图了解清楚后再做出判断。

4）不要心存偏见

人们在与别人沟通交流之前，总是以自己的主观印象或思维定式来推测对方的动机，戴着有色眼镜和带着偏见去看待别人，结果是对方还没有开口说话，自己就表现出了不想听、不耐烦或不感兴趣，从而错过了倾听一些有用的或重要的信息。因此，倾听时应尽量不心存偏见，要诚实地面对，承认自己的偏见，并且倾听对方的观点，容忍对方的偏见。

5）避免分心的举动或手势

在倾听时，注意不要进行下面几类活动：看表，心不在焉地翻阅文件，拿着笔乱写乱画等，这些会使说话者认为你很厌烦或不感兴趣。更重要的是，这也表明你并未集中精力，因而很可能会遗漏一些说话者想传递的重要信息。

6）不要臆测

臆测是指倾听者在倾听过程中凭着自己的主观臆断对说话者的话进行推测或猜想。臆测是沟通的障碍，它常常会使人产生曲解或误解。所以，倾听者要尽力避免对别人进行臆测，虽然有时候臆测也可能是正确的，但是最好尽可能避免臆测。

同步思考 2-4

主持人林克莱特犯了一个怎样的错误？

一天，美国知名主持人林克莱特采访一名小朋友，问他说："你长大后想要当什么呀？"

小朋友天真地回答："嗯……我要当飞机的驾驶员！"林克莱特接着问："如果有一天，你的飞机飞到了太平洋上空时，所有引擎都熄火了，你会怎么办？"小朋友想了想说："我会先告诉坐在飞机上的人绑好安全带，然后我挂上我的降落伞跳出去。"当在现场的观众笑得东倒西歪时，林克莱特继续注视着这孩子，想看他是不是自作聪明的家伙。没想到，接着孩子的两行热泪夺眶而出，这才使得林克莱特发觉这孩子的悲悯之情远非笔墨所能形容。于是林克莱特问他说："你为什么要这么做？"小孩的答案透露出一个孩子真挚的想法："我要去拿燃料，然后我还要回来！"

思考：主持人林克莱特犯了一个怎样的错误？

分析提示：当你听到别人说话时，你真地能听懂他说的意思吗？你懂吗？如果不懂，也不要凭着自己的主观臆断对说话者的话进行推测或猜想。主持人林克莱特就是没有等小朋友把话说完，就把自己的意思投射到他所说的话上去了。

2.4　倾听中的提问与反馈

2.4.1　倾听中的提问

提问能使倾听更具有含金量。在倾听过程中，恰当地提出问题，与对方交流思想、意见，往往有助于人们相互沟通。沟通的目的既是为了获得信息，也是为了知道彼此在想什么和要做什么。适时、适度地提问，不仅能够促进、鼓励说话者继续谈话，而且能够从对方谈话的内容、方式、态度、情绪等方面获得更多的信息，从而促进双方和谐关系的建立，因为这样的提问往往有尊重对方的意味。

提问应掌握一些必要的技巧。恰当的提问能够使倾听的效果锦上添花，而不适当的提问不仅使倾听的过程变得本末倒置，而且还有可能带来许多矛盾和问题，甚至引起别人的厌烦和不满。概括而言，要做到适时、适度的提问需要注意以下方法和技巧：

1）提出的问题要明确

进行有效的提问是沟通双方共同的责任，因为它可以使双方受益，即双方都能从提问和回答中获得对事物更深刻的认识。但不管谁来提问，提出的问题一定要做到明确具体。这里所说的明确具体，既包括表述问题的词义明确具体，便于理解，也包括问题的内容明确具体，便于回答。如果提出的问题含混不清或过于抽象，不仅回答者难以回答，还有可能造成曲解或误解。另外，在提问时还要尽量做到语言精炼、观点明确、抓住重点。在很多情况下，人们在提问之前总愿意加上一些过渡性的语言来引出自己所提的问题，这里需要说明的是，过渡性的语言一定要精炼、简短，不要过于啰嗦，否则的话，回答者可能还没有听到你的提问就对问题或你本人产生了反感。

2）提出的问题要少而精

恰当的提问有助于双方的交流，但太多的提问会打断说话者的思路，扰乱其情绪。至于提多少问题比较合适，不可一概而论，要根据谈话的内容、交谈双方的个人风格特点而定。如果你有爱问问题的习惯，在交谈时一定要控制自己提问的数量，最好做到少问问题或者不问问题；如果你从不愿意问问题，在与别人进行交流时最好预先设计一些问题，到时尽量把它提出来，以锻炼自己的胆量和勇气。但是，不管你具有什么样的个人风格和特点，在交谈时都必须牢记一点，那就是多听少问。

3）提出的问题应紧扣主题

提问是为了获得某种信息，问什么问题要在倾听者总目标的控制掌握之下，要能通过提问把说话者的讲话引入自己需要的信息范围。这就要求提出的问题要紧紧围绕讲话内容和主题，不应漫无边际提一些随意而不相关的问题，因为这既会浪费双方时间又会淡化讲话的主题。

4）提问应注意把握时机

提问的时机十分重要，交谈中如果遇到某种问题未能理解，应在双方充分表达的基础上再提出问题。过早的提问会打断对方思路，而且显得十分不礼貌；过晚的提问会被认为精神不集中或未能理解，也会产生误解。一般情况下，在对方将某个观点阐述完毕后应及时提问。及时提问往往有利于问题及时解决，但"及时提问"并不意味着反应越快越好，最佳的时机还需要倾听者灵活地捕捉。如果在不适当的时机提出问题，可能会带来意想不到的损失。

5）提问应采取委婉、礼貌的方式

提问时应讲究提问的方式，避免使用盘问式、审问式、命令式、通牒式等不友好、不礼貌的问话方式和语态、语气。如果交谈的气氛较为紧张，有些人会对他人的行为、语调或话语产生防卫性反应。解决方法之一就是用开放性的、友好的问句代替"为什么"型的问题，因为简单地问一问"为什么"易被看成是威胁性的提问。例如，为避免造成紧张的防卫气氛，我们最好不说："你为什么没准时到，让我们误车了呢？"而应说："由于你没能准时到场，我们误了车，以后如果再有类似情况，你事先通知我们一声，好吗？"

此外，提问还应适应对方的年龄、民族、身份、文化素养、性格等特点。有的人直率、热诚，你也应坦诚直言，否则他会不喜欢你的狡猾、不坦率；相反，有的人生性狡黠多疑，你最好旁敲侧击，迂回进攻，否则很可能当即碰钉子。

2.4.2 倾听中的反馈

反馈是有效倾听的一个重要组成部分，如果只是倾听而毫无反馈，对于信息提供者来说就好比是"对牛弹琴"。有效反馈是有效倾听的体现，在管理过程中，管理者应通过倾听获得大量信息，并及时做出有效反馈，这对于激发员工的工作热情、提升工作绩效具有重要作用。不仅如此，反馈还能把谣言减少到最低限度，因为谣言的产生往往是由于不能及时得到准确消息。另外，有效反馈还能够建立领导和员工之间的有力联系，更能防患于未然。

在倾听过程中，有效反馈可以起到激励和调节的作用，但要做到有效反馈，不仅需要沟通双方努力创造良好的沟通氛围，建立起相互信任的关系，而且还要注意以下几点：

1）反馈语言要明确具体

反馈要使用具体明确、不笼统、不抽象和不带有成见的语言。例如，"你的任务完成得很好啊"就不如"这次会展的组织工作完成得非常好，达到了我们预想的目的"，后者更明确具体。有时人们只顾把自己的结论反馈给对方，却忘记了有义务和责任提供更多的细节。如果人们接收到不明确的反馈，可以再对之反馈，以引导谈话向更有利于信息交流的方向发展。例如，当你听到对方"你的任务完成得很好"这样不太明确的评价时，可以这样反馈："你认为这次任务成功在哪里?有什么需要注意的吗?"进行这样的有效反馈是双方共同的责任，也可使双方受益，能使双方共同获得对事物的更深认识。

2）反馈的态度应是支持性的和坦诚的

这反映了反馈过程中人性化的一面，它有助于沟通双方建立起理解和信任的关系。反馈要明确具体，但不能不照顾对方的感受。真正的双向沟通和反馈，是一个分享信任、取得共识的过程，而不是其中一方试图主导交流或评审对方的过程。要达到沟通的目的，必须把对方置于与自己同等的地位，任何先入为主的、盛气凌人的做法都是不可能被接受的。例如，一位经理当着大家的面对一位下属的报告进行这样的反馈："你的报告提交得太晚了，不仅如此，字号还小得像小蚂蚁一样。重新打印一份马上交给我!"这样的反馈虽然具体明确，但却完全没有心理上的平等沟通，因而是无法与对方建立起信任和理解的关系的。

3）营造开放的氛围，避免引起防卫性的反馈

在沟通的过程中，开放、坦诚的氛围不仅有助于加深彼此之间的理解与交流，而且有助于调解矛盾和冲突，因为在建设性的、满意度较高的氛围中，尽管人们持有不同意见，但他们对事不对人，是在共同向需要解决的问题挑战。而防卫性氛围却没有积极作用，它往往将人们导向批判的、对立的价值体系中去。

4）把握适宜的反馈时机

一般情况下，应给予对方及时的反馈，及时反馈往往有利于问题的解决，否则矛盾逐渐积累，会越发不可收拾。但是及时反馈并不意味着立刻做出反应，还必须灵活地捕捉最佳时机。有时需要及时反馈，而有时反馈应在接收者准备接收时给予，如当一个人情绪激动、心烦意乱、对反馈持有抵触心理时，就应推迟反馈。反馈时机还与说话者言语中所表现出的感情有关。善于反馈的人应能识别对方言语中哪些是真情实感，哪些是表面情绪，并只对对方的真情实感进行反馈。

5）反馈必须要适度

尽管反馈在沟通中十分重要，但反馈也必须要适度，因为不适当的反馈会让对方感到窘迫，甚至产生反感。如果以判断方式作为反馈，这类判断最好能保持中立态度，不要简单地评论，例如，"这简直是大错特错!"另外，要记住的是，反馈只能是反馈，不能直接作为建议，除非对方有这样的要求。

● 知识题

一、选择题

多选　2.1　由于倾听者本人的因素引发的倾听障碍包括（　　）。

A.理解能力不足　　　　　　　　B.倾听习惯不良

C.心理定式　　　　　　　　　　D.心智时间差

单选　2.2　对于在倾听过程中的"提问"理解正确的是（　　）。

A.不停问　　　　　　　　　　　B.边听边问

C.多听少问　　　　　　　　　　D.只听不问

多选　2.3　倾听过程中做到有效反馈要注意（　　）。

A.反馈语言明确具体　　　　　　B.反馈态度坦诚

C.反馈时机适宜　　　　　　　　D.反馈氛围和谐

单选　2.4　下面（　　）与倾听的描述不相符合。

A.倾听是主动获取信息的行为　　B.倾听只有声音没有信息

C.倾听是积极的有意识的行为　　D.倾听需要专心关注

多选　2.5　有效倾听需要注意的问题包括（　　）。

A.不要轻易下结论　　　　　　　B.不要臆测

C.不要中途打断说话者　　　　　D.不要多说

二、简答题

2.1　什么是倾听?它有哪些作用?

2.2　倾听过程包括哪几个阶段?

2.3　倾听的障碍有哪些?如何克服?

● 实训题

实训项目2.1：倾听游戏

游戏题目：

1.我国法律是否规定成年男子不得娶兄弟的遗孀为妻?

2.如果你晚上8：00上床睡觉，设定闹钟在9：00将你闹醒，你能睡几个小时?

3.在我国，每年都庆祝10月1日的国庆节，在英国是否也有10月1日?

4.如果你只有一根火柴，当你走进一间冰冷的房间时，发现里面有一盏油灯、一个燃油取暖器、一个火炉，你会先点燃哪一个来获取最多的热量?

5.一个男子平均一生可以有几次生日?一个女子平均一生可以有几次生日?

6.据国际法的规定，如果一架飞机在两个国家的边境坠落失事，那些不明身份的幸存者应当被安葬在他们准备坐飞机前往的国家呢，还是出发的国家?

7.一位考古学者声称发现了一枚标有"公元前48年"字样的钱币,这可能吗?

8.有人造了一幢普通的四堵墙的房子,每面墙上都开着一个窗口,这时有只熊来敲门,猜猜这只熊的颜色是什么。

实训目的:通过倾听游戏活动,让学生充分认识到,倾听不是简单地用耳朵听的过程,而是积极主动搜寻信息的行为,一定要做到在听的过程中积极思考体会。

实训步骤:

1.老师宣布,接下来将提出一系列问题,每个问题都有一个很简短的答案,要求学生将自己的答案记在纸上。注意:每道题只念一遍。

2.老师将8道题一一念给学生听,学生在纸上写出答案。

3.老师逐一解释各题,学生将自己的答案与老师提供的答案进行比较。

4.展开相关讨论:

(1)你答对了多少道题,答错了多少道题?

(2)为什么你的成绩不理想?

(3)本次游戏的启示是什么?

5.教师总结点评。

实训项目 2.2:倾听情景模拟

实训目的:通过倾听情景模拟,学会运用倾听技巧,并能在倾听中有效地进行提问与反馈。

实训步骤:

1.确定分组。要求 3~4 人为一组。

2.确定角色和内容。1名小组成员扮演甲方,1名小组成员扮演乙方,其余成员扮演丙方(观察者),各角色安排如下:

甲方:谈论个人的一个实际问题,即使不重要也无妨;不要期望得到问题的解决方法。

乙方:倾听并提出建议。

丙方:观察,为乙方提供指导,并为双方提供反馈信息。

3.确定要求:

乙方注意倾听关键的句子,通常这些句子是随口说出的;使用短句插话或保持沉默;不提出劝告,既不表示同意也不表示反对,也不确信某事;使用甲方说过的术语;倾听对方的需要和有感情的语言。

丙方以观察为主,记录并说明哪些是切实可行的,陈述的哪些要点和行为举止需要纠正,如乙方使用了长句,应尽量使用短句;甲方表述不太明确,乙方应当进一步探查;乙方应总结听到的内容,以便继续倾听。

4.20分钟后,轮换角色重复进行。

5.选择一组或两组的同学,在班上分享。

6.学生互评,教师综合点评总结。

实训项目 2.3:倾听拓展训练

实训目的:学习人际沟通中倾听的技巧,学习团队中如何倾听的技巧。

实训要求:人数12人以上,时间30~45分钟。

实训步骤：

1.所有参加的学生分里外两圈面对面而坐或站立。

2.老师将事先设计好的第一个题目告诉学生，里圈的人先表述自己的想法或观点，外圈的人听；3分钟后，外圈的人就讨论的题目进行陈述，里圈的人听。

3.5分钟后，里圈的人按照顺时针移动3个（具体数字可以根据人数多少而定）位置，老师拿出事先设计好的第二个题目，按照上面的方式进行，直至题目讨论完毕。

4.游戏最后一个阶段，所有学生围坐成一个大圈，并就刚才讨论的内容发表各自的意见。

实训项目2.4：倾听能力测评

实训目的：通过倾听能力测评，明确自身目前的倾听水平状况，以便更好地进行倾听的学习和实践。

实训步骤：

1.对下面的问题一一做出回答。请选择一个最能表达你自己真实想法或做法的答案。

（1）努力回忆一下你最近一次倾听讲话或情况介绍时的情景，看看哪一点与你的情况最符合。

A.我拒绝浪费时间去倾听一次令人乏味的演讲

B.我很善于倾听，即使是位乏味的人也能讲一些东西

C.除非我觉得演讲实在不错，否则我将一边假装在听，一边去做些其他事

D.我努力总结出说话者真正想说些什么，这样就迫使我认真听

（2）你的下属或上司或者你的家人是如何评价你的倾听能力的？

A.我心不在焉

B.我没有听。我总要人重复他们刚说的话

C.我看起来没有听，实际上一个字也没听漏

D.我专心致志

（3）某人讲话口音很重，很难懂。你最可能怎么办？

A.请他重复一下

B.停止听讲

C.努力去听懂一些话，然后将其余的猜出来

D.非常仔细地听——也许做笔记或录音，因此我可以再听一遍

（4）在一次谈话中，某人说了如下的一些话，你最可能接受哪一句？

A.我并不害怕在大庭广众之下说话，只是有几次该我站起来讲话的时候，我的嗓子哑了，运气真不好

B.我想提升他是再合适不过了。如果我来决定的话，这就是我要提升的人

C.我真地不知道怎样回答那个问题，我从来没有费心去考虑过

D.你能用更简单的语言再将它解释一下吗？我对它了解不多

（5）某人说话声音很低，很可能这表明该人：

A.想努力掩饰他的一个错误

B.害羞

C.嗓门低

D.和附近一位大声说话者形成对比——这迫使人们仔细听

2.依据评分标准（见表2-1），计算自己的得分，并参考评价。

表2-1　　　　　　　　　　　　评分标准

选项题目	A	B	C	D
1	1	3	2	4
2	1	2	3	4
3	2	1	3	4
4	1	2	3	4
5	3	2	1	4

结果评价：

● 如果你的得分在16～20分之间，表明你很注意倾听那些明显的要点，也很注重了解其中的含意。你是位很好的倾听者，具有较强的倾听能力。

● 如果你的得分在10～15分之间，表明你的倾听能力一般。当他人告诉你一件事情时，你开始会显示出倾听的兴趣，但当你认为他人的讲话不重要时，你就有些心不在焉。

● 如果你的得分在5～9分之间，表明你是个糟糕的倾听者，你必须加强倾听能力的培养和训练。

● 案例题

案例2.1

倾听"高手"

刘老汉步行几十里，找局长告状。局长手里的笔在本子上不停地写着，鼻孔里还时不时地发出"嗯，嗯"。这是表示局长在认真听着，而不去打断刘老汉的谈话。刘老汉心里很是感激，到底是局长，和下边的站长就是不一样。

说到伤心处，刘老汉泣不成声，局长抬了抬头，皱了皱眉，长长地"噢"了一声。刘老汉看得出局长也有了几分激动，只是不便动容而已，局长嘛，当然是这样了。

刘老汉也不喝一口水，尽管往下说，把那个站长的胡作非为一股脑儿都说了。他没有料到局长这么有耐心，竟然听他说了两三个小时没有动身。相比之下，前两天张乡长3分钟没到就不耐烦了，下了逐客令。县干部到底是县干部！

局长写了好几张纸，停下了笔，两片嘴唇突然迸发出一声"呸"，声音很脆，也很响。刘老汉觉察到局长不是在吐什么，而是已经对那个站长很气愤了，脸上却很平静。

局长抬起头，伸了伸腰，拨了电话。很快秘书进了屋，局长递过那几张纸，说："立即打印，下午要开会述职。"

刘老汉十分感激：这上午告状，局长下午就开会处理！只是不知道"述职"是个啥处分，他就问局长。

"啊？哦——哈哈哈！"局长扬了扬手，就走出了办公室。

资料来源　肖建中.管理人员十项全能训练[M].北京：北京大学出版社，2006.

问题：局长是个倾听高手吗？

分析提示：在我们许多人身上都有一些不良的倾听习惯，要么假装在听，其实在想别的事情，要么忙于私活，还告诉别人说吧，听着呢！这位局长实则是一位倾听"高手"。两三个小时的时间，几乎没有听到对方在讲什么。这位局长是需要学习倾听，进行倾听训练的。事实上，有八成管理者都是不善于倾听的，因此善于倾听应当是一名成功的管理者应该具备的至关重要的素质。

案例2.2

乔·吉拉德为何推销失败

有一次，一位顾客到世界上最伟大的推销员乔·吉拉德那里去买车。乔·吉拉德为他推荐了一种最好的车型，顾客对车很满意，并掏出一万美元打算作为定金，眼看生意就要成交了，对方却突然变卦，掉头离去。

对方明明很中意那辆车，为什么突然改变了态度呢？乔·吉拉德为此事懊恼了一下午，百思不得其解，到了晚上11点他忍不住按照联系簿上的电话号码打电话给那位顾客。

"您好！我是乔·吉拉德，今天下午曾经向您介绍一辆新车，眼看您就要买下了，为什么却突然走了呢？"

"喂，你知道现在是什么时候吗？"

"非常抱歉！我知道现在已经是晚上11点钟了，但是我检讨了一下午，实在想不出自己错在哪里，因此特地打电话向您请教。"

"真的吗？"

"肺腑之言。"

"很好！你在用心听我说话吗？"

"非常用心。"

"可是今天下午你根本没有用心地听我讲话。就在签字之前，我和你提到我小儿子的学习成绩、运动能力以及他将来的抱负，我以他为荣，但是你却毫无反应。"

乔·吉拉德确实不记得对方说过这些事情，因为当时他认为已经谈妥了那笔生意，根本没有在意对方还在说什么，而是专心地听一个同事讲笑话。

乔·吉拉德失败的原因在于没有倾听顾客的谈话，那位顾客除了买车，更需要被人称赞他有个优秀的儿子，而乔·吉拉德却忽略了这一点，因此买卖没有成功。

资料来源　肖建中.管理人员十项全能训练[M].北京：北京大学出版社，2006.

问题：乔·吉拉德的生意为什么失败了？

分析提示：倾听不仅是耳朵听到相应的声音的过程，而且是一种情感活动，需要通过面部表情、肢体语言和话语的回应，向对方传递一种信息，即我很想听你说话，我尊重和关心你。乔·吉拉德明白了，这次生意失败的根本原因是自己没有认真倾听客户谈论其最得意的儿子。

非语言沟通技能

学习目标

★知识目标

了解非语言沟通的含义及特点

认识非语言沟通与语言沟通之间的关系

熟知各种非语言沟通的表现方式

★能力目标

能正确运用身体动作表情达意

学会面部表情的表达和解读

恰当运用副语言增强沟通效果

★素质目标

灵活运用非语言沟通方式，提高沟通的影响力、感染力，做一个高效的沟通者

引例

你的心思他永远不懂

星期五下午3：30。

宏达公司经理办公室。

经理助理李明正在起草公司上半年的营销业绩报告。这时公司销售部副经理王德全带着公司销售统计材料走了进来。

"经理不在?"王德全问。

"经理开会去了。"李明起身让座，"请坐"。

"这是经理要的材料，公司上半年的销售统计资料全在这里。"王德全边说边把手里的资料递给李明。

"谢谢，我正等着这份材料哩。"李明拿到材料后仔细地翻阅着。

　　"老李，最近忙吗？"王德全点燃一支烟，问道。

　　"忙，忙得团团转！现在正忙着起草这份报告，今晚大概又要开夜车了。"李明指着桌上的文稿回答道。

　　"老李，我说你呀应该学学太极拳。"王德全从口中吐出一个烟圈说道："人过40，应该多多注意身体。"李明闻到一股烟味，鼻翼微微动了一下，心里想："老王大概要等这支烟抽完了才离开，可我还得赶紧写这篇报告。"

　　"最近，我从报上看到一篇短文，说无绳跳动能治颈椎病。像我们这些长期坐办公室的人，多数都患有颈椎病。你知道什么是无绳跳动吗？"王德全自问自答地往下说："其实很简单……"

　　李明心里有些烦，可是碍于情面不便逐客，他瞥了一眼墙壁上的挂钟，已经4：00了，李明把座椅往后挪了一下，站起来伸了个懒腰说："累死我了。"李明开始动手整理桌上的文稿。

　　"无绳跳动与有绳跳动十分相似……"王德全抽着烟，继续着自己的话题……

　　资料来源　康青.管理沟通[M].北京：中国人民大学出版社，2006.

　　这一案例表明：非语言沟通在人际沟通过程中十分常见，它可以直接影响语言沟通的过程和结果。当王德全在经理办公室抽烟时，李明的鼻翼微微翕动，这表明李明对烟味比较敏感，或许李明讨厌烟味。如果王德全注意到这种非语言信息，就应该知趣地把烟灭掉。另外，李明抬头看墙上的钟，起身整理办公桌，这些举动都传递出一种暗示：王德全应该离开这里了，我正忙着呢。如果王德全感受到这种暗示，那么他就该起身告辞了。如果不能很好地把握非语言沟通，会使沟通效果大打折扣。

3.1　认识非语言沟通

3.1.1　非语言沟通的含义及特点

　　所谓非语言沟通，就是使用除语言沟通以外的其他各种沟通方式来传递信息的过程。非语言沟通的形式有很多，包括身体语言、副语言、空间语言以及环境语言等，甚至没有表情的表情、没有动作的动作都是非语言沟通的有效途径。非语言沟通在实际沟通活动中起着非常重要的作用，甚至比通过语言表达的信息更为重要。事实上，根据国外心理学家的调查研究表明，在信息传递的全部效果中，语言只占7%，而非语言沟通所起到的效果最为明显，占到93%。概括起来非语言沟通的特点主要表现在以下个几方面：

1）非语言沟通隐藏着丰富的文化内涵

　　一般来说，人们的大多数非语言行为是在孩童时期学到的，是由其父母和其他相关群体传给的。因此，这些行为不可避免地要受到文化环境、风俗习惯、思维方式、价值观念以及宗教信仰的影响。在西方国家，那些有许多窗户和最好风景的办公室都是特意留给地位比较高的人的，而在日本却恰好相反，"坐在窗户旁边"暗示你已经从主要工作中被排除出来了，或者是已经被放在一边了。在德国，办公室是单独的、分开的，并且在紧闭的办公室门上写着主人的名字。德国人不愿在一个敞开的大办公室里工作，因为自己的谈话能被别人听到显然是一种缺乏隐私权的表现。而在日本，办公室一般是敞开的，公司经常会使用一个很大的、开放的并且很拥挤的办公室，包括老板在内的所有人都坐在这里，他们认为这样有助于消除那些阻止非正式交流的隔阂。

知识链接3-1

非语言沟通与文化

美国人每天用于交谈的时间是日本人的两倍；

北美人喜欢用谈话来打破沉默，而日本人常常听任沉默的局面保持下去，他们相信他们能更好地了解别人，而且日本人通常认为如果两人必须通过交谈才能达到沟通，那就意味着双方相互了解得还不够；

美国人经常用拇指和食指合成圆圈表示"OK"，而这在巴西、新加坡、俄罗斯和巴拉圭则是一种粗俗的举动；

在佛教国家，头是神圣不可侵犯的，你绝对不可以去摸别人的头；

在穆斯林文化中，不能用左手碰食物或用左手拿东西吃，这会被认为不干净；

将脚踝交叠在一起，在印度尼西亚、泰国和叙利亚是举止粗鲁的表现；

在德国，用手指指自己脑袋是侮辱他人的行为；

希腊人听到夸奖时会用嘴吹气；

洪都拉斯人把手指放在眼睛下面表示他们不相信；

日本人在受窘或表示反对时会发出嘶嘶的吸气声；

越南人低下眼睛看着地面表示尊敬；

地中海和拉丁文化的人际沟通中更多的用手势，身体接触也比较多；

巴西人比美国人更喜欢插话，阿拉伯人说话声音大，东亚人则喜欢沉默。

资料来源　南志珍.管理沟通[M].北京：中国市场出版社，2006.

2）非语言沟通所包含的信息远远超出语言沟通所提供的信息

有关研究表明，非语言沟通所显示的含义要比语言沟通丰富得多，因为语言沟通有时会把所要表达的意思的大部分甚至是绝大部分隐藏起来。所以，要了解说话人的深层心理，即无意识领域，单凭语言是不够的，人的动作比语言更能表现出人的情感和欲望。人类语言传达的意思大多数属于理性层面。这种经过理性加工表达出来的语言往往不能真实地表露一个人的真正意向，甚至还会出现"口是心非"的现象。这就表明，当一个人在谈话时，他可能戴上某种面具，讲的话可能是虚假的，而其身体语言的掩饰就不会那么有效了。正如人们常说的"不仅要听你说什么，更重要的是看你怎么说"。由此可见，非语言沟通在沟通中所表现出的真实性和可靠性要比语言沟通强得多，特别是在情感的表达、态度的显示、气质的表现等方面，非语言沟通更能显示出它所独有的特性和作用。所以，在管理沟通过程中，尤其在需要准确表达丰富的情感、增强表达效果、提供可靠的活动信息时，都必须运用准确的非语言表达方式。

3）非语言沟通能够影响并调控语言沟通

在沟通过程中，非语言沟通不仅起着配合、辅助和加强语言沟通的作用，而且能够影响并调控语言沟通的方向和内容。例如，在交谈过程中，讲话者应把目光集中在听话者身上，尤其是面部，意思是"我在跟你说话"。而听话者也应不时地注视一下讲话者，表示"我在听着呢"。讲话者在快讲完时，总是抬起眼望着对方，示意对方"该你讲了"。这时对方会接受这一信号，将目光移向别处，表示"我已经准备接话了"。然后，听话者转为讲话者，重复刚才的一幕，谈话继续进行。如果在讲话者喋喋不休时，听话者东张西望，那就表示"够了，别讲了"，这时讲话者应及时做出调整。这种目光信号的交换伴随着整个谈话过程，调节着谈话的结构和内容。

不仅如此，非语言沟通还能验证和表达语言沟通所要传递的信息。例如，在一些娱乐节目中，我们会看到一种大众游戏，就是表演者不可以说话，但可以通过动作或者表情来表明一个成语或是一句话，让另外的参与者来猜。有时表演者做得很传神，参与者便能回答准确；而有时表演者做得不是很到位，参与者便会错误地理解表演者的意图而说出了毫不相干的意思，令观众忍俊不禁。这就说明非语言沟通在表达准确的时候可以真实地传递信息，而这个信息传递的过程又会受到动作、表情、理解等众多因素的影响。

4）非语言沟通能表明情感和态度

非语言沟通在很大程度上是无意识的，因而它能更真实地表明人的情感和态度。当你与他人交谈后，你会很清楚地记得谈话的内容，因为这些话是通过你的思考、选择有意识地表达出来的。但在谈话时你做了哪些动作、用过什么样的姿势却难以说清，因为它们是自然而然地流露，你并没有刻意地去选择在说哪些话时采取哪些姿势。例如，我们会不自觉地接近自己喜欢的人，而与自己不喜欢的人谈话时则离得远些；当反对某些意见时，可能会把双臂交叉在胸前；而对某些话题感兴趣时，会把身体倾向对方。面部表情、手势、形体动作和使用目光的方式，都向他人传递了我们的情感和情绪，别人能从我们的面部表情上发现愉快、悲哀、恐惧、愤怒和是否有兴趣。绝大多数人也能通过说话的速度、音调等准确地识别说话者的情绪。

3.1.2　非语言沟通与语言沟通的关系

英国学者阿盖尔（Argylls）提出，非语言沟通有三个基本用途：一是处理、操纵直接的社会情境；二是辅助语言沟通；三是代替语言沟通。由此说明，语言和非语言沟通各有其作用，它们相互作用、相互影响。有时语言沟通起主要作用，有时非语言沟通起主要作用。这就要求人们必须全面认识非语言沟通与语言沟通的关系，不能顾此失彼，不能因强调语言沟通而忽视非语言沟通的作用，也不能因强调非语言沟通而忽视语言沟通的作用。事实上，在沟通过程中，非语言沟通与语言沟通常常是伴随进行的。可以想象，脱离非语言沟通的配合，语言沟通往往难以达到应有的效果；同样，脱离语言沟通的语意环境，独立地理解某一非语言行为的含义也是很困难的。概括而言，非语言沟通与语言沟通的关系主要表现在以下几个方面：

1）非语言沟通能够强化语言沟通的信息

非语言行为在许多场合能起到强化语言信息的作用。例如，在表达"我们一定要实现这个目标"时，要有力地挥动拳头；在表达"我们的明天会更好"时，要提高语调，同时右手向前有力地伸展等。这些非语言行为大大增强了语言的分量，体现出决策者的郑重和决心。在现实生活中，我们常用手势与语言相结合的方法来强调事物的重要性、紧迫性和真实性。例如，有时为了强调一个人、一件事物和某个地点，人们会一边指着一边说"就是他"、"就是这个"、"就是这儿"。人们在生气的时候常常提高声音强度，并以一些动作来表达自己十分生气。例如，一名顾客眉头紧锁、表情严肃地向经理诉说着自己的不满，并不时地挥舞着双臂表示愤怒；上司拍打着桌子对下属的失职表示愤怒等。上述这些都是利用非语言沟通来强化语言沟通的信息。

2）非语言沟通能够代替语言沟通的信息

非语言行为作为一种特定的形象语言，可以产生有声语言所不能达到的交际效果。许多用有声语言不能传递的信息，非语言行为却可以有效地传递。在日常工作中，人们都在自觉或不自觉地使用各种非语言行为来代替有声语言，进行信息的传递和交流。利用非语言行为进行沟通有时能够省去过多的"颇费言辞"的解释而达到"只可意会，不可言传"的效果。这正像人们所说的"此时无声胜有声"。例如，老师在课堂上提出问题，学生们举手表示"我想回答"；如果学生面对老师的提问一再摇头，虽然没有说"不知道"，但同样传递了"我不知道"或"我不会"的信息。需要指出的是，在管理沟通中运用非语言行为，要尽量生活化，与当时的环境、心情、气氛相协调。如果运用非语言行为过分矫揉造作，只会给别人造成虚情假意的印象，影响沟通的质量，甚至会起到反作用。

📊 知识链接3-2

挥手之间

　　机场上人群静静地站立着，千百双眼睛随着主席高大的身影移动。人们不知道怎么样表达自己的心情，只是拼命挥着手。这时，主席也举起手来，举起他那顶深灰色的盔式帽，举得很慢，很慢，像是在举一件十分沉重的东西，一点一点地，一点一点地，等举过头顶，忽然用力一挥，便在空中一动不动了。（选自散文《挥手之间》，作者方纪）

3）非语言沟通能够补充语言沟通的信息

非语言行为可以在语言信息之外增加信息。以"道别"为例，在多数情况下，非语言行为与语言二者并用，互为补充。例如，如果人们言谈甚欢，在一方站起身来说"我得走了"的时候，同时对方也会起身相送，双方告别时还会增加目光的接触，表示"我们的谈话很有趣，有机会我们再聊好吗"。但是，如果此前的谈话很不顺利，那双方的表情会显得冷淡，尽管也会说"再见"，但非语言行为（如移开目光、坐着不起身相送等）却可能暗示着"再也不想和你谈了"、"天哪，总算完了"等不同的含义。

4）非语言沟通能够重复语言沟通的信息

在交流过程中，人们为了使语言所表达的信息更容易被理解和接受，往往在说话的同时还伴随着与意思相同的非语言行为。例如，当幼儿园老师叫小朋友们上课时要专心听讲，不可以跟同桌小朋友说话的时候，会朝小朋友摇摇手，强调千万不可以。

5）非语言沟通能够否定语言沟通的信息

当人们对语言沟通所传递的信息表示不满或意见有分歧时，人们可以通过非语言行为给予否定或拒绝。例如，两个人发生了冲突，其中一个说："我真希望您没生气。"另一个立即回答："我才不生气呢!"不过声音是高调的，带着不屑的眼神，或者嘴角紧绷，握着拳头。虽然嘴里说"不生气"，其实是真生气了，因为他的语气、声调及面部表情已经表明了这一点。再如，当某人在争吵中处于劣势时，却颤抖地说道："我怕他?笑话!"事实上，从说话者颤抖的嘴唇上不难看出，他的确感到恐惧和害怕。这些例子都充分说明，当语言信息与非语言信息发生冲突时，最常被接受的是非语言信息的含义，或者说非语言信息揭露了真相。

6）非语言沟通能够验证语言沟通信息的真实性

非语言行为所包含的信息常常是在不知不觉中反映出来的，是人们内心情感的自然流露，它所传递的信息更具有真实性。正因为非语言行为具有这个特点，因而非语言行为所传递的信息常常可以印证有声语言所传递信息的真实与否。在实际交流过程中，常会出现"言行不一"的现象。正确判断一个人的真实思想和心理活动，要通过观察他的非语言行为，而不只是听他的有声语言，因为有声语言往往会掩饰真实情况。例如，在日常工作中，同事之间的一个很小的助人动作，就能验证谁是你的真心朋友。再如，在商务谈判中，可以通过观察对方的言行举止，判断出对方的合作诚意和所关心的目标等。

▶ 3.2　身体动作

3.2.1　肢体动作

肢体动作主要包括手、头、肩以及脚等的动作。通过对肢体动作的分析，可以判断人的心理活动或心理状态。

1）手的动作

手的动作是身体动作中最重要也最明显的部分。由于手部动作比较灵活，因此运用起来更加自如，许多演员、政治家和演说家通常会通过训练使自己有意识地利用一些手势来加强语气。一般来说，手势都是无意识地运用的，由于个人的习惯不同，讲话的具体情况不同，沟通双方的情绪不同，手势动作也就不同。采用何种手势，因人、因物、因事而异。总的来说，不同的手势有不同的含义。

（1）手指。双手插在上衣、裤子口袋里，伸出两拇指，是显示高傲态度的手势；将双臂交叉胸前，双拇指翘向上方，这既显示防卫和敌对的情绪，又显示十足的优越感，这种人极难接近；若在谈话中将拇指指向他人，这是嘲弄和藐视的信号；若伸出食指，其余的指头紧握，指着对方，表示因不满对方的所作所为而教训对方，带有很大的威胁性；如果将双手手指架成耸立的塔形，表示有发号施令和发表意见的欲望；如成水平的尖塔形则表示愿意听取别人的意见。

当我们把拇指和食指做成一个圆形时，它的意思是"好"；拇指与食指、中指相撬，则是一种"谈钱"的手势；当我们分开食指和中指做成V字形，并将手掌朝向他人时，则意味着"胜利"（这个手势原来是被英国首相丘吉尔先生所用，很快便传遍了全球）；把食指垂直放在嘴边意味着"嘘"（别出声）等。

（2）手掌。判断一个人是否诚实，有效的途径之一就是观察他讲话时手掌的活动。一般认为，敞开手掌象征着坦率、真挚和诚恳。小孩子撒谎时，手掌藏在背后；成人撒谎时，往往将双手插在兜内，或者双臂交叉，不露手掌。常见的手掌语言有两种：掌心向上和掌心向下。掌心向上，摊开双手，表示真诚、坦率，不带任何威胁性；而掌心向下，表明压抑、控制，带有强制性和支配性，容易使人们产生抵触情绪。比如，当会议进行得很激烈时，有人为了使大家情绪稳定下来，做出两手掌心向下按的动作，意思是说"镇静下来，不要为一点小事争执了"。

（3）背手。有地位的人都有背手的习惯，当他们站立或走路时，双臂背在背后并用一只手握住另一只手，表示的往往是一种优越感和自信。不仅如此，背手还可以起到镇定作用，双臂背在身后，表现出自己的胆略。学生背书，双手往后一背，的确能缓和紧张的情绪。但要注意的是，若双手背在身后，不是手握手，而是一手握另一手的腕、肘、臂，则成为一种表示沮丧、不安并竭力进行自我控制的动作语言，暗示了当事者心绪不宁的被动状态，而且握的部位越高，沮丧的程度也越高。

（4）搓手。冬天搓手掌，是防冷御寒。平时搓手掌，正如成语"摩拳擦掌"所形容的跃跃欲试的心态，是人们表示对某一事情的急切期待的心情。运动员起跑前搓搓手掌，表示期待胜利；国外的餐馆服务员在你桌前搓搓手掌，问："先生，还要点什么？"这实际上是对小费的期待和对赞赏的期待；在商务谈判中这种手势可以告诉对手或对手告诉你在期待着什么。

（5）双手搂头。将双手交叉搂在脑后，这是有权威、占优势地位或对某事抱有信心的人经常使用的一种典型的表示高傲的动作。这也是一种暗示拥有权力的手势，表明当事者对某地、某物拥有所有权。如若双手支撑着脑袋，或是双手握拳支撑在太阳穴部位，双眼凝视，这是脑力劳动者惯用的一种帮助思考的手势。

（6）握手。握手是现代社会习以为常的见面礼，然而握手的方式却千差万别。握手的力量、姿势和时间的长短都能传递不同的信息。根据握手的力量、姿势和时间的长短不同，可将握手分为以下几种类型：

支配性与谦恭性握手。握手时手心向下，传递给对方的是支配性的态度。研究证明，地位显赫的人习惯于采用这种握手方式。掌心向上与人握手，传递着一种顺从性的态度，表示愿意接受对方支配，谦虚恭敬。若握手双方都想处于支配地位，握手则是异常象征性的竞争，其结果是双方的手掌都处于垂直状态。研究表明，同事之间、朋友之间、社会地位相等的人之间往往采取这种形式的握手。

直臂式握手。直臂式握手即握手时猛地伸出一条僵硬挺直的手臂，掌心向下。事实证明，这种形式的握手是最粗鲁、最放肆、最令人讨厌的握手形式之一，所以在日常生活中应避免使用这种握手方式。

死鱼式握手。一方伸出软弱迟钝的手，有气无力地让对方去握，像一条死鱼，给人一种很不情愿的感觉。这种握手方式使人感到无情无义，受到冷落，还不如不握。

双握式握手。采用这种方式握手的人是想向对方传递友好的情感，常常是先用右手握住对方的右手，再用左手握住对方的手背，双手夹握。西方亦称之为"政客式握手"。这种握手包括两种形式：一是"手握式握手"，即用两只手紧紧握住对方的一只手并上下用力摇动；另一种形式是用右手抓住别人的右手不放，左手同时做出各种"亲密"动作，例如，抓住别人的手腕、手臂、肩头等，左手触及别人身体的位置越高，就表示越热情，越亲密。

折骨式握手。这是一种用力过猛的握手形式。握手时用拇指和食指紧紧抓住对方的四指关节处，像老虎钳一样夹住对方双手，让别人感到疼痛难忍。很显然，这种握手方式会让人感觉到畏惧和厌恶。

蜻蜓点水式握手。这种握手方式不是满手张开去握住对方的整个手掌，而是轻轻地捏住对方的几个指尖，给人十分冷淡的感觉，其用意是要与对方保持距离。女士同男士握手时往往会采用这种方式。

知识链接3-3

教你如何握手

握手是陌生者之间第一次的身体接触，只有几秒钟的时间，但正是这短短的几秒钟，它如此之关键，立刻决定了别人对你的喜欢程度。握手的方式、用力的轻重、手掌的湿度等，像哑剧一样无声地向对方描述你的性格、可信程度、心理状态。握手的质量表现了你对别人的态度是热情还是冷淡，积极还是消极，是尊重别人、诚恳相待还是居高临下、屈尊地敷衍了事。一个积极的、有力度的、正确的握手，表达了你友好的态度和可信度，也表现了你对别人的重视和尊重。一个无力的、漫不经心的、错误的握手，立刻传送出了不利于你的信息，让你无法用语言来弥补，它在对方的心里留下了对你非常不利的第一印象。因此，在与人握手时需要掌握以下技巧：

- 先自我介绍，再伸出你的手。通常是高职位的人或者女人、长者先伸手，表示愿意与对方握手。如果对方没伸手，你应该等待。若是对方非常积极地先伸出手来，你一定要去回握，否则不但让对方感到窘迫，也显得你不懂礼仪。

- 握手时，要与对方目光接触，面带笑容。目光接触既显示了你对别人的重视和兴趣，也表现了自信和坦然，同时还可以观察对方的表情。

- 当你伸出手时，手掌和拇指应该成一个角度，一旦你的手与别人的手握在一起，你的四指与拇指应该全部与对方的手握在一起。死鱼式握手的特征之一就是不用拇指。

- 握手要有一定的力度，这表示了你坚定、有力的性格和热情的态度。没有力度的握手就是死鱼式的握手。但又不要握得太紧，好像要把对方的骨头都捏碎，显得你居心不良。

- 握手时间约为5秒，若少于5秒显得仓促，如果握得太久显得过于热情，尤其是男人握着女人的手，握得太久，容易引起对方的防范之心。

- 如果你的手容易出汗，千万要在握手前悄悄把汗擦干。

资料来源　英格丽·张.你的形象价值百万[M].北京：中国青年出版社，2005.

课堂互动3-1

同学两人一组，进行握手练习，并交流握手感受。

2）头的动作

头的动作也是运用较多的身体语言，而且头的动作所表示的含义十分细腻，需根据头的动作的程度并结合具体的条件来对头的动作传递的信息进行判断。

（1）点头。点头这一动作可以表示多种含义，有表示赞成、肯定的意思，也有表示理解、承认的意思，还可表示事先约好的特定暗号等。在某些场合，点头还表示礼貌、问候，是一种幽雅的社交动作语言。

（2）摇头。摇头一般表示拒绝、否定的意思。在一些特定背景条件下，轻微摇头还带有沉思的含义和不可以、不行的暗示。另外，头朝对方略微侧转表示注意；单手或双手抱头表示沉思、沮丧或懊恼。

3）肩的动作

耸肩膀这一动作外国人使用较普遍。由于受到惊吓，一个人会紧张地耸肩膀，这是一种生理上的动作。另外，耸肩膀还表达"随你便"、无可奈何、放弃、不理解等含义。

4）脚的动作

脚的动作虽然不易观察，但是能更直接地揭示对方的心理。抖脚可表示轻松、愉快，也可表示焦急不安；跺脚表明兴奋，但在愤怒时也会跺脚；脚步轻快表明心情舒畅；脚步沉重说明疲乏，心中有压力等；双脚呈僵硬的姿势，表示紧张、焦虑；脚尖点地表示轻松或无拘束；坐着时脚尖来回摆动表示轻松或悠闲。

同步思考3-1

请思考以下有关身体语言的描述问题并回答：

1.你与你的老板谈到加薪的事，当你解释加薪的理由时，你的老板歪着头，两眼注视着你，两手托腮。他在告诉你什么信息？

　A.他赞成加薪

　B.他不会给你加薪

　C.他正在左右为难，难下决定

2.你在公司向管理层汇报工作，其中一位委员心不在焉地听着，她的脚不断地打着拍子，眼睛看着她的手表。她正在告诉你什么？

　A.她不相信你所说的

　B.她对你所说的内容兴奋不已

　C.她不耐烦了

3.你被安排与一家公司的董事长会面，你希望能在该公司工作。当你进入他的办公室时，他抓住你的手，用双手与你握手，请你坐下，然后拍你的肩膀。这位董事长在告诉你什么？

A.他嘉许你的机敏

B.他想雇用你

C.他正在强调他的身份和地位

分析提示：这些问题的确切答案都是C。第一例中老板可能对你所表达的事实有些迷惑，但是他想仔细地听你解释；第二例中的委员或许有另一个约会，她需要离开去参加另一个约会，另一个约会的压力导致她那些身体动作；最后一例中，公司的董事长可能是个非常谦和的人，他这样做只是想让你觉得放松些。

3.2.2　身体姿势

一个人的身体姿势能够表达出他是否有信心、是否精力充沛，具体可以通过一个人的走姿、站姿、坐姿表现出来。通常人们想象中精力充沛的姿势是收腹、肩膀平而挺直、胸肌发达、下巴上提、面带微笑、眼睛里充满着必胜的信心。

1）走姿

一个人的走姿最能体现他是否有信心。走路时，身体应当保持正直，不要过分摇摆，也不要左顾右盼，两眼应平视前方，两腿要有节奏地交替向前，步履轻捷不要拖拉，两臂应在身体两侧自然摆动。正确的走路姿势要做到轻、灵、巧。男士要稳定、矫健；女士要轻盈、优雅。

2）站姿

一个人的站姿体现了这个人的道德修养、文化水平以及与他人交往是否有诚意。站立时，身躯要正直，头、颈、腿要与地面垂直，眼要平视前方，挺胸收腹，整个姿态应显得庄重、平稳，切忌东倒西歪、耸肩驼背。站立交谈时，双手应随说话内容做一些手势，但不要动作过大，以免显得粗鲁。在正式场合站立时，不要将手插入裤袋里或交叉在胸前，更要避免一些下意识的小动作，如摆弄手中的笔、打火机和玩弄衣带、发辫等，这样不仅显得拘谨，给人一种缺乏自信、缺乏经验的感觉，而且也有失仪表的庄重。良好的站姿应该给人以挺、直、高的感觉，像松树一样舒展、挺拔、俊秀。

3）坐姿

坐姿要尽可能做到舒服地坐着，但不能降低自己的身份，影响正常的交流。如果笔直地坐在一张直靠背椅上，你的坐姿会显得僵硬。最好的方式是将身体的某一部位靠在靠背上，使身体稍微有些倾斜。当你听对面或旁边的人谈话时，你可以摆出一种轻松的而不是紧张的坐姿。你在听别人讲话时，可以通过微笑、点头或者轻轻移动位置，以便清楚地注意到对方的言辞方式，来表明你的兴趣与欣赏。当轮到你说话时，你可以先通过手势来吸引对方的注意力，强调你谈话内容的重要性，然后，身体前倾，变化语调，配合适当的手势来强调你想强调的论点。面试时，应聘者如果弓着背坐着，两臂僵硬地紧夹着上身，两腿和两只脚紧靠在一起，就等于对面试者说我很紧张。同样，如果应聘者懒散地、两脚撒开地坐着，表明他过分自信或随便，也会令人不舒服。

3.3　面部表情

面部表情语言就是通过面部器官（包括眼、嘴、舌、鼻、脸等）的动作、姿态所传递的信息。在交际过程中，交际双方最易被观察的"区域"莫过于面部，因为它是最能表达情绪的地方，同时也是最复杂、最难辨别的区域。美国学者巴克经过研究发现，光是人的脸，就能够做出大约 25 万种不同的表情。由于脸上的神色是心灵的反映，面部表情是人的心理状态的体现，因此人的基本情感及各种复杂的内心世界都能够从面部真实地表现出来。我们在日常生活中时时都在使用面部表情这一身体语言。求人办事，请人帮忙，无一不需要注意对方的"晴雨表"——脸色。由此可见，面部表情对于有效沟通起着重要作用。

1）眼睛

在面部的各器官中眼睛最富于表现力。眼神是内心世界，即修养、道德、情操的自然流露，是外部世界与个人内心世界的交汇点。一个人的眼神既可以表现他的喜、怒、哀、乐，也可以反映他心灵中蕴涵的一切内容。有经验的说话者都很注意恰当而巧妙地运用自己的眼神，借以充分发挥口才的作用。如果一名管理者说话不善于用眼神传情，总是呈现出一双无表情的眼睛，就会给听众一种呆滞麻木的感觉，无法引起倾听者的注意，有损于语言的表达。

（1）注视。行为科学家断言，只有在相互注视到对方的眼睛时，彼此的沟通才能建立。沟通中的目光接触非常重要，甚至有的民族对目光接触的重视程度远远超过对语言沟通的信赖。在阿拉伯国家，阿拉伯人告诫其同胞"永远不要与那些不敢和您正视的人做生意"。在美国，如果你应聘时忘记看着主考官的眼睛的话，就别想找到一份好工作。一般来讲，管理者说话时，目光要朝向对方，适度地注视对方的眼和脸，不要仰视天上，也不要俯视地面，不要斜视对方，也不要不停地眨眼。

沟通中注视的方式和时间对双方交流的影响十分重要，具体来说：①注视的方式。眨眼是人的一种注视方式。眨眼一般每分钟 5～8 次，若眨眼时间超过一秒钟就变成了闭眼。在一秒钟之内连眨几次眼，是神情活跃，对某事物感兴趣的意思；时间超过一秒钟的闭眼则表示厌恶、不感兴趣，或表示自己比对方优越，有蔑视或藐视的意思。②注视的时间。有时，我们和有些人谈话感到舒服，有些人则令我们不自在，甚至看起来不值得信任，这主要与对方注视我们的时间长短有关。当一个人不诚实或企图撒谎时，他的目光与你的目光相接往往不足全部谈话时间的 1/3。如果某个人的目光与你的目光相接超过 2/3，可以说明两个问题：第一，对你或说话的内容感兴趣，这时他的瞳孔是放大的；第二，对你怀有敌意，向你表示无声的挑战，这时他的瞳孔会缩小。总的来说，若想和别人建立良好的关系，在整个谈话时间里，你和对方的目光相接累计应达到 50%～70% 的时间，只有这样才能得到对方的信赖和喜欢。

（2）扫视与侧视。扫视常用来表示好奇的态度，侧视则表示轻蔑的态度。在交际过程中过多地使用扫视，会让对方觉得你心不在焉，对讨论的问题没兴趣，而过多地使用侧视会造成对方的敌意。

（3）闭眼。长时间的闭眼会给对方以孤傲自居的感觉。如果闭眼的同时，还伴有双臂交叉、仰头等动作，就会给对方以故意拉长脸、目中无人的感觉。

课堂互动3-2

1.说出与眼睛有关的成语或词语，并体会它们表达出的不同的情感和含义。

2.讨论为什么说"眼睛是心灵的窗户"。

2）眉毛

俗话说"眉目传情"，眉和目总是相连在一起来传递信息的，眉毛的运动可以帮助眼神的传递，可以传递像问候、惊讶、恐惧等信息。如果你眯起双眼，眉毛稍稍向下，可能表示你已陷入沉思当中；如果你眉毛扬起，可能是一种怀疑的表情，也可能是心情兴奋；如果紧锁眉头，则表示焦虑等。一般来说，西方人比东方人更会运用眉毛来传递信息。据报道，西方人能用眉毛来传递28种不同的信息。

3）鼻子

虽然鼻子很少用来表现感情，而且大都用来表现厌恶、戏谑之情，但若运用得当也能使话语生辉。比如，愤怒时，鼻孔张大、鼻翼翕动，感情会表达得更为强烈。在管理活动中，当你内心对某事不满时，应理智地处理，或委婉地说出来，千万不能向对方皱鼻子。

4）嘴

嘴的动作也能从各方面反映人的内心。嘴的表情是通过口型变化来体现的：鄙视时嘴巴一撇；惊愕时张口结舌；忍耐时紧咬下唇；微笑时嘴角上翘；气急时嘴唇发抖等。当然，嘴还可和身体的其他部位配合以表示不同的含义。

5）微笑

微笑是没有国界的语言，对每一个人来说又是均等的。把它运用到日常工作中去，会给我们带来意想不到的成功。正是因为如此，不少企业，特别是在服务性企业，会对其员工进行微笑培训，让他们学会微笑。

善于交际的人在人际交往中的通常第一个行为就是面带微笑。一个友好、真诚的微笑会传递给别人许多信息。微笑能够使沟通在一个轻松的氛围中展开，可以消除由于陌生、紧张带来的障碍。同时，微笑也显示出你的自信心，表示你希望能够通过良好的沟通达到预定的目标。

作为一名管理者，要非常清楚地知道微笑对你处理客户、上下级关系的重要性。为了赢得客户的好感和融洽上下级关系，就要让他们在潜意识里了解你内心的感情，而不是你的简单表情。真诚的微笑能够在对方心中产生轻松、愉快、可信的感觉，而仅仅停留在表面的微笑，只会给别人以做作的印象，甚至会弄巧成拙。

▶ 3.4 服饰仪态

在现代生活中，人们的着装打扮已远远超越了最基本的遮羞避寒的功能，其更重要的功能是向别人传递属于个人风格的信息。服装、饰物及化妆等非语言方式都作为沟通的手段而发挥着重要的作用。

1）服装

服装对非语言沟通极为重要。衣服的颜色、款式和风格等能够传递许多信息，其不仅可以表示一个人的社会地位、身份和职业性质，而且能够反映一个人的心理特点和性格。服装能够透露人的感情信息，常常是如何感觉的就会如何穿着，而穿着如何又会影响着一个人的感觉。

（1）服装的种类。一般来说，服装可以分成制服、职业装和休闲装几类。制服是最专业化的服装形式，表明穿着者属于一个特定的组织。最常见的制服是军装。军装告诉人们着装者在军队中所处的地位以及与他人的关系。职业装是企事业单位为员工提供的服装，是企事业单位形象识别系统的组成部分，如公司为员工提供的职业装和学校为教职工提供的职业装等。休闲装是工作之余的穿着，这种服装的选择权在个人，所以休闲装能够表现人的个性。

（2）服装的颜色。关于服装的颜色非常值得注意。在西方，黑色指丧服的颜色，白色为婚庆礼服的颜色，但在东方，丧服往往用白色，婚庆用红色。在古代欧洲，紫色一般是权力的象征，而在古代中国，黄色才是不可侵犯的权贵颜色。皇帝的龙袍是黄色的，唐朝以后甚至规定非天子不得穿黄袍，不过紫色在古代中国也代表权贵。在正式的工作场合，最佳颜色为黑和白，其次是灰色、褐色系列。

（3）着装的要求。首先，着装要符合一个人的年龄、职业和身份，尤其是管理者的着装要体现自己的身份，并且要让自己的着装能给人留下美好的印象。服装的穿着能表明管理者大概是什么样性格特点的人。在社交场合中，人们对新来者的第一印象就是看他的穿着如何，并根据第一印象对新来者做出某种初步的判断。

职业装最能显示一个人的工作性质以及他的从属关系。以某一饭店中的管理人员、各种性质的服务员着装为例。饭店员工的制服首先有一个整体的特色，以区别于其他饭店。在饭店内部，又以不同的样式、标志或颜色显示出各自不同的身份、职责范围。当顾客来到某一饭店，一定希望接待自己的是一位穿着美观、整洁、态度和蔼的服务员，而不是衣着不整、无精打采的服务员。职业装明确表明了人们的身份，促使每一个人自觉维护集体的荣誉、热爱本职工作、增强责任心，同时树立起良好的企业形象，使人们产生信任感。

其次，着装要符合一个人的脸型、肤色和身材。人的个子有高矮、体型有胖瘦、肤色有深浅，穿着应考虑到这些差异，扬长避短。一般来说，个子较高的人，上衣应适当加长，衣服颜色最好选择深色、单色或柔和的颜色；个子较矮的人，上衣应稍短一些，服装款式以简单直线为宜，上下颜色应保持一致，不宜穿大花图案或宽格条纹的服装，最好选择浅色套装；体型较胖的人，衣服款式应力求简洁、中腰略收，宜选择小花纹、直条纹的衣料，最好是冷色调，以达到显"瘦"的效果；体型较瘦的人应选择色彩鲜明、大花图案以及方格、横格的衣料，给人以宽阔、健壮的视觉效果。另外，肤色较深的人穿浅色服装，会获得健美的色彩效果；肤色较白的人穿深色服装，更能显出皮肤的细腻柔嫩。每个管理者在决定自己的服饰穿戴上，要根据自己的具体情况而定，不必墨守成规。

知识链接3-4

约翰·摩洛埃的实验

　　美国著名的服饰工程师约翰·摩洛埃曾做过一项多元性研究。他派一位中下层社会出身的大学毕业生去拜访100家公司，去其中50家公司时让他穿着普通服装，去另外50家公司时则让他穿着高档服装。每家公司的经理，摩洛埃都事先打过招呼，让他们通知自己的秘书，这个年轻人是他刚刚聘任的助理，并要求秘书听从他的吩咐。结果这位年轻人穿着高档服装去拜访时，秘书几乎都是有求必应，而穿着普通服装时，就至少有1/3的秘书对他表示冷淡，或颇有微词。当他要求调3份职员档案时，身着高档服装时有42次在10分钟内收到，而在身着普通服装时只有12次。这个实验的统计显示，身着高档服装时，在50次会面中得到的积极反应和合作是30次，而身着普通服装时却只有4次。可见，服装在沟通中也会产生很大的影响。借助服饰既可以美化形象，增强人际吸引力，又可以达到良好的沟通效果。

2）饰物

　　饰物在人的整体装饰中至关重要，一件用得适当的饰物好似画龙点睛，能使你气质出众。佩戴饰物有三点要求：与服装相协调；与人相协调；与环境相协调。不要在正式场合询问对方所佩戴饰物的新旧、价格及购自何方，更不能动手去触摸对方的饰物，这样会使对方感到恼火。任何时候男士在室内都不得戴帽子、手套。女士的纱手套、帽子、披肩、短外套等，作为服装的一部分，则可在室内穿戴。在他人办公室或居室里，不要乱放自己的衣帽，当主人允许后，才可以按照要求放好。领带和领结被称为西装的灵魂，选择上应下一番工夫。在正式场合穿礼服时，可配以黑色或白色领结。蝴蝶结在运动场上或比较轻松的场合里大受欢迎，但打上蝴蝶结参加社交活动给人感觉就不太严肃了。

　　男士的腰带分工作和休闲两大类。工作中应以黑色和棕色的皮革制品为佳，而配休闲服装的腰带，只要漂亮就可以。腰带的颜色和式样不宜太醒目。女士系腰带应考虑同服装相配套，还要注意体型问题，如是纤细柳腰，系上一条宽腰带会楚楚动人；如腰围太粗，可系一条环扣粗大的腰带，使腰带的环扣成为瞩目的焦点。

　　纽扣在服装上的作用也是很大的。女士服装上的纽扣式样可以千姿百态，而男士的纽扣则不宜追求新潮。西装上衣为双排扣的，穿着时一定要把扣全系上。如果是单排扣的，还有两粒与三粒纽扣之分。前者应系上面那一粒纽扣，后者应系中间那一粒纽扣。

　　眼镜选配得好，可使人显得儒雅端庄。方脸的人要选大圆框、粗线条的镜框，圆脸的人宜选四方宽阔的镜框，而椭圆形脸最适合选框型宽阔的眼镜。在室内不要戴黑色等有色眼镜，如遇眼疾不得已而为之，应向主人说明缘由。

　　女士手提包应套在手上，不要拎在手里，手提包的大小应与体型相适应。男士在公务活动中携带的公文包应以黑色、棕色的上等皮革制品为佳。女士用的钱夹可以随手携带，或放在提包里。男士的皮夹只能放在西装的上衣内侧口袋里。

3）化妆

化妆跟衣服一样，是皮肤的延伸。常见的化妆品有眉笔、胭脂、粉、唇膏、眼影等。化妆的目的在于重整面部焦点的特征，例如，单眼皮变双眼皮、细小的眼睛变大的眼睛、扁平的鼻子显得高耸、青白的面色变得红润等。化妆是一种身体语言，一位女士精心打扮，除了令自己更好看，还可能"告诉"你3件事：第一，我肯花时间在化妆上，而时间就是金钱，所以我的社会地位并不低；第二，我的化妆品是贵重的，这反映了我的财富；第三，我与其他同样精心化妆的人是特别的一群人，与你们不同。

4）仪态

在不同的场合，管理者要具有大方、得体的仪态，才能显示出自己的修养和交际技巧。

（1）办公室。无论你是主人还是访客，在公务交际中最重要的是随时保持优雅、警觉以及有条不紊的态度。在接待访客时，如果没有接待人员引导访客到你的办公室，你应该亲自出去迎接，问候来客，并且带他到你的办公室；当接待人员将访客带到你的办公室时，你应马上站起来，快步走出，热情握手，寒暄问候，表达出你很高兴见到对方，并视他为一个重要访客。当由于一些突如其来的事情打乱了你的接待时间，如果你必须让客人等待超过10分钟，则应抽出一两分钟，到办公室外面问候客人，表明你的歉意，安抚访客的情绪。约定的人到达时，如果你正在打电话，应该马上结束，并告诉对方处理完事情后给对方回电话。等客人在安排好的座位上落座后，你再坐下，请客人喝茶，然后进入谈话的正题。

当你较忙，工作安排很紧凑，而来访的人逗留时间过久，或者后面另有一位重要客人来了，而你必须给予特别的接待，你可以看着你的手表说："我很抱歉，下面还有一个重要的会议，几分钟前就开始了。"同时，给对方留一点时间说最后一两句话。

（2）商业拜访。在进行商业拜访时，应当按约定时间准时到达。在等待期间，尽量不要向接待人员提任何要求，避免干扰对方正常工作。如果等待时间较长，可向接待人员询问还需要等多久，但不要不停地问，抱怨你等了很久，要保持安静、有礼貌。当离开接待室时，应记得道谢。

（3）谈判。谈判一般是一种正式的活动，必须注重仪表，给人一种良好的印象。自我介绍时要自然、大方，不必过分拘泥礼节，一般应姓、名并提，讲清自己的单位、所担任的职务等。介绍他人时，社会地位较低的人总是被介绍给社会地位较高的人。

在谈判过程中，讲话语气要平和、友好，不生硬，不咄咄逼人，不强加于对方。在对方发言时要仔细倾听，不能漫不经心，眼睛四下张望，流露出轻视对方的神情，可以用点头同意或简单的"嗯"、"对"、"我明白"等语言，鼓励对方继续讲下去，并以积极、友好的手势或微笑做出反应。若谈判中出现分歧，双方也应平静地坐下来，找出观点相左之处，态度应诚恳、实事求是，即使谈判未成功，也不应记恨对方，挖苦对方，要保持双方的友谊。

（4）宴请。管理者在餐桌上的仪态最能体现他的风度。在宴请时，如果你是客人，等主人示意你坐下时才能坐下；如果你是主人，则应以缓和的手势，示意客人落座。在客人开始用餐后，你才可以开始用餐，这个规矩对于上每一道菜都适用。

用餐时应把餐巾放在你的腿上，如果用餐途中你必须离开餐桌，则应把它放在你的座椅上，千万不要放在桌上。唯有用餐完毕，大家都已站起来准备离去时，才可把餐巾放在桌上。用餐的坐姿应该笔直、有精神，一副懒洋洋、没精神的姿态，给人一种没活力、懒慵无力的印象，不利于良好的沟通。

3.5　副语言

心理学家研究发现，人与人之间的交流 55% 是通过视觉，38% 是通过听觉来实现的，只有 7% 是我们实际的语言。38% 的听觉交流是通过"如何来表达语言"实现的，它包括音质、音调、音高、讲话的速度、语气以及停顿、叹息或嘟囔的声音等，这些被称为副语言，也叫辅助语言。副语言虽然有声音但却是非语言的。例如，各种笑声、叹息、呻吟以及各种叫声。哈哈大笑、爽朗的笑、傻笑、苦笑、冷笑、假笑、讨好上司的笑、无可奈何的笑，诸如此类，都等于在说话，有时甚至胜似说话，不过它是不分音节的语言。

讲话的辅助语言特征提供了另一种理解他人感情的有效方式。我们可以将辅助语言看做沟通的声音，来观察一个人的声音在困难的时候是如何变得生硬或中止，在情绪高涨的时候又是如何变得流畅和激昂。虽然没有可视信息，但一个人应经常能够仔细地去倾听另一个人的声音。一位名叫阿尔波特·莫哈拉宾的非语言沟通研究者估计，在使用英语沟通时，39% 的含义受声音暗示的影响，即不是词语本身，而是对词语的表达方式在起作用。在其他语言中，这个百分比甚至更高。

1）语速

人们说话的速度影响着倾听者对信息的接收和理解。人们说话的速度通常在每分钟 120～261 个音节之间。研究发现，当说话者使用较快的语速时，被视为是更有能力的表现。当然，如果说话速度太快，人们跟不上，其语言的清晰度也可能受到影响。

2）音调

音调指声音的高低，它决定了一种声音是否悦耳。有些人认为，高音没有低音悦耳，然而研究音调的人发现，如果说话者使用较高且有变化的音调，则被视为更有能力；用低音说话的人似乎是气量不足，可能被认为对所说的话没有把握或者害羞。但是，也有研究证明，当人们撒谎时会比平时的音调要高。

3）音量

音量即说得多么响亮。如果合乎说话者的目的，并不是不分场合地在任何时候都使用很大的音量就好。柔和的声音往往具有同样甚至更好的效果。

4）声音补白

这是在搜寻要用的词语时，用于填充句子或做掩饰的声音。像"啊"、"呀"、"这个"、"你知道"等这样的短语，都是表明停顿以及正在搜寻正确词语的非语言方式。声音补白其实也是一种信号，事实上它能保护讲话者讲话的权力，因为它有效地表明"不要打断，我仍在讲话"。我们都在使用声音补白，但是如果不停地使用，或者它们已经分散倾听者的注意力了，那就会产生沟通问题。

5）音质

一个人的音质是由其他所有声音的特点，即速度、节奏、发音特征等构成的。声音质量是非常重要的，因为研究人员发现，有吸引力的声音的人更容易被人们认为有影响力、有能力和更为诚实。许多人对自己说话的声音没有一个明确的概念，当有些人在录像中看到自己和听到自己的声音时，总是对自己听到的声音不甚满意。当然，声音是可以通过自己的努力和专业人员的帮助来改变的。

6）暂停和沉默

暂停和沉默同讲话的速度一样值得注意。沉默可能有很广泛的含义。在一种极端的情况下，人们用沉默作为一种武器或者策略来结束沟通活动或寻求某种赞同。在谈话中暂停一下也是一种有价值的能力，这种能力给他人以时间来仔细考虑自己的想法和感受。

非语言沟通在人类社会的沟通中占有很重要的地位。当一个人具有良好的沟通能力时，他的非语言与语言沟通一致地、合理地、可信地进行着变化。比如，低头、放下手或者眼睛凝视，它们可能象征着一种暂停，强调一种观点，或者表明一个人讲话中的疑问或讽刺。也许为了表明更大的思想转换，讲话者会改变他身体的整个姿势。总之，非语言行为是语言信息的标点符号。

课堂互动3-3

两个同学为一组，根据以下情景资料，先体会其意义，再配合语气、语调、声音等读出来。

情景1：你没骗我吧？这是真的吗？我居然被选为留学代表，可以到美国去了？这简直是太棒了！不过我的英文实在是太差了，这该怎么办呢？如果到了美国像个哑巴一样，那还有什么意思呢？

情景2：都毕业快三年了，我至今还一事无成，不是我不愿意努力，而是没有遇到好的机会，就我曾经的工作，不是工作太乏味，就是老板太刻薄。昨天的同学会，看着同学们一个个得意地谈着自己的工作和事业，我真地好羡慕，真希望我也能和他们一样啊！

3.6　环境沟通

环境也会对沟通造成一定的影响。在人们周围有各种各样的环境，但不同的人从不同的环境中接收到的信息是不一样的，有些环境比较舒适宜人，有些则让人感到不自在。每一种活动领域都传达着其使用者的信息。通常研究环境对沟通的影响主要表现为空间、距离和环境布置等方面。

1）空间与距离

有关空间和距离的研究，也称为空间关系学，涉及使用周围空间的方式及坐或站时与他人保持的距离。一进教室，你就面对着一个有关怎样使用空间的决策，即你必须决定坐在哪里。如图3-1中看到的那样，你对坐在哪里的选择取决于你打算与老师发生多大程度的相互影响。如果你在"行动圈"里，这可以表明你要参与到课堂中。坐在深色座位上的学生可能与老师有一些交流。然而，如果你坐在后面或角落里，你可能在向老师传递不想被牵扯进去的信息。可以说，人们通过对场所的空间和距离的利用，表达着自己的愿望。通常，人们把通过控制双方的空间和距离而进行的沟通称为空间沟通。

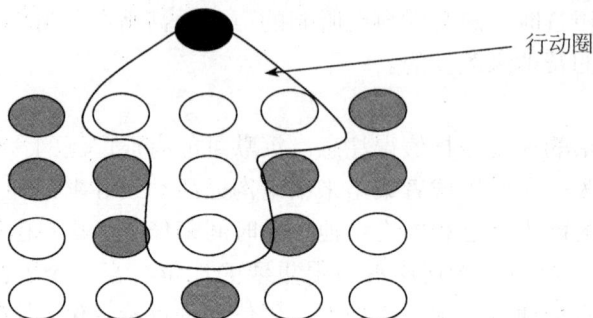

图3-1　教室排列关系示意图

（1）空间位置。位置在沟通中所表示的最主要的信息就是身份。你去拜访一位客户，在他的办公室会谈，你坐在他办公桌的前面，表示他是主人，他拥有控制权，你是客人，你要照他的安排去做。在开会时，积极地坐在最显眼位置的人，表明他希望向其他人（包括领导）显示自己的存在和重要性。宴请的位置也很讲究主宾之分，东道主坐在正中，面对上菜方向，他的右侧的第一个位置为最重要的客人，他的左侧的第一个位置留给第二重要的客人，其他客人、陪同人员以东道主为中心，按职务、辈分依次落座。由此可见，位置对于沟通双方的心理影响是非常明显的。

（2）距离。观察人们在自己与他人之间保持的距离，可以发现哪些人处于密切的关系中，哪些人处于更为正式的关系中。如果你走进总经理的办公室，他继续坐在自己的办公桌前，可以预见你们的谈话将是正式的；如果他请你在房间一角舒适的椅子上与他并肩而坐，他则安排了一种更为亲切的情境，那么谈话将会是非正式的。爱德华·霍尔（Edward Hall）通过观察和访谈，发现北美人在与他人沟通时有4个层次的空间距离：亲密距离、人际距离、社会距离和公共距离，如图3-2所示。

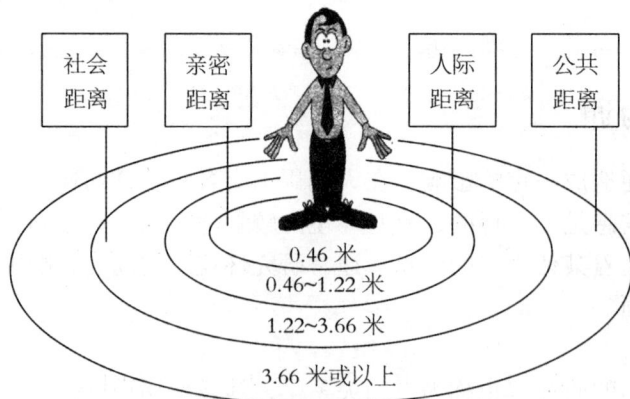

图3-2　空间距离关系示意图

这些距离以文化为导向，并由个人的态度、感受、关系所决定。亲密距离用于我们感觉非常亲近的人，这种空间始于身体接触，向外延伸约0.46米（18英寸），用于情侣和挚友之间。在商务活动和工作场所，很少使用这种距离。虽然某些时候，一个人向另一个人耳语、握手、拥抱也很常见，但这样的接触通常在数秒内结束，当事人会立即恢复到人际距离或社会距离。

相距0.46~1.22米（18英寸~4英尺）之间，是人们在进行非正式的个人交谈时最经常保持的距离，即人际距离。这个距离近到足以看清对方的反应，远到足以不侵犯亲密距离。这一空间通常被说成是看不见的气泡，将每个人团团围住，它的大小可根据交流情形膨胀或缩小。

当对别人不很熟悉时，最有可能保持一种1.22~3.66米（4~12英尺）的社会距离。非个人事务、社交性聚会和工作访谈等都是利用社会距离的例子。在一个有许多工作人员的大办公室里，办公桌是按社会距离摆放的，这种距离使每个人都可能把精力集中在自己的工作上。在一些重要人物的办公室，办公桌也大到足以使来访者保持恰当的社会距离。

公共距离由3.66米（12英尺）延伸至听觉距离，这一距离大多用于公众演讲中，因为它不适合人与人之间的沟通。在公共距离下，人们说话声音更大，手势更夸张，同时人们相互影响的机会也更少。

（3）影响空间和距离的因素。人们谈话时应保持什么样的距离、办公室应该多大及该如何装修、会议室应安放什么样的会议桌（圆形的、椭圆形的或其他形状的），所有这些都与空间有关，而空间的构成则完全根据个人的地位及彼此间的关系不同来决定。管理者必须知道，在不同场合中什么样的空间行为是合适的、什么样的空间行为是不合适的，这些行为对沟通都有一定的影响。①地位的影响。空间的利用通常表现出地位上的差异，只要看一看办公室的大小就能发现。比如，在美国以及一些亚洲国家，办公室越大，显示出主人在企业中所处的地位越高。当地位差距拉大时，通常人们之间的沟通距离也会随之增加。一些办公室还经常安放着大办公桌，不仅看上去很气派，而且形成了缓冲带，即与来访者保持距离。许多企业在认识到距离因素扩大了地位所产生的影响时，会尽力去缩小它。例如，管理者开始主动迎接来到办公室的来访者，甚至主动到一线工人那里讨论某一问题的解决办法等，进一步改善了上下级之间的沟通关系。②个性的因素。与性格内向的人相比，性格外向的人在与他人接触时能保持较近的沟通距离；与缺乏自信心的人相比，自信心强的人在与别人接触时，沟通距离也较近。③人与人之间的亲密程度。通常，人们总希望与自己熟悉的同伴或好朋友保持较近的距离，而尽量远离陌生人，因此空间距离也成为亲密程度的一种标志。当与他人初次见面时，我们会保持社交甚至公共距离；只有在比较熟悉后，才会被允许进入他人的私人空间。当然，即使是成为了亲密的朋友，如果在正式场合，也不能保持亲密距离，而应该保持社会或人际距离。

2）办公室布置

人们常常受到设计和陈设的影响而浑然不知，管理者应了解三个有关环境布置的因素：办公室空间的设计、房间颜色和办公室陈设。

（1）办公室空间的设计。当你凝视着某个写字楼或者正在施工的现代化的建筑时，可能你没有想到，关于办公室空间设计的传统观点和开放式观点一直争论不休。在美国，传统的办公室通常是具有四角的空间，在四周有若干办公室，中间是大厅。中间的公共部分被称做"牛栏"（bullpen）。波斯纳（Posner）曾描述传统的办公室有如下特点：周边的大办公室供老板使用，有两扇窗户的办公室是资深主管的视力范围，而转角办公室，即两面墙上带有窗花的房间，通常是高级主管或合伙人的办公室。建筑物内侧的办公室属于资力较浅的主管，那里没有窗户，但有一扇门，一个可以称为自己小天地的地方。而"牛栏"是属于低层员工和临时工的地方，这里就好像把你的桌子放在楼道里，没有隐私，要在那里咒骂或抱怨实在困难，因为你被置于众目睽睽之下。

开放式办公室的概念源自德国，于20世纪60年代传到美国。开放式办公室包括自由形式的工作群。拥护者声称，开放式的观念创建了民主的气氛，增加了同事之间的沟通和弹性，甚至有研究认为，开放式的办公环境提高了员工的生产力。

开放式办公室的概念已获得大部分公司的青睐。20世纪90年代，半数以上的美国公司都采用开放式这种大部分空间为员工而非经理所用的办公室。近年来，随着办公室功能的整合，办公室变得更为简单和方便，以符合不断进步的科技要求。流线型的办公桌吸引着员工，而且员工们越来越多地掌握着他们自己的工作场所，如办公桌下的暖气、小型的个人空气供应设备、个性化的工作灯和音乐等。

（2）房间颜色。研究显示，办公环境的颜色影响着员工与顾客的心理和感情。颜色能被看见，也能被感受到。红色、橙色、黄色容易使人产生侵略性的激动和刺激。人们所处房间的地板、墙壁、天花板和家具如果是鲜艳的色彩，会使人血压增高，有较快的心跳，并增加脑部活动。在清凉的颜色中，人的生理功能会正常活动，如蓝色是冷色，它清晰而有尊严，具有镇静的效果，而淡绿色则使人安详、平和。

（3）办公室陈设。某些家具能决定你将在此停留的时间。比如，有一种专为餐馆老板设计的椅子，它设计成不舒服的样子，使坐在上面的人的后背能感觉到压力，使人不能坐得太久，从而"迫使"餐馆老板进行走动管理。而高级轿车的座位设计则正好相反，按照驾驶人的背部曲线，甚至有腰部的特殊设计，以防止长途开车所导致的疲劳。

办公桌的大小、外形以及摆放位置，都在影响着主人给来访者的印象，而且能决定这个办公室开放性的沟通程度如何。

有四种桌子的摆放方式都能表现出参与者互动的情形（如图3-3所示）。

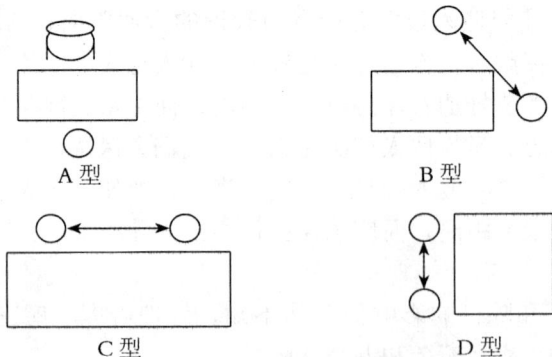

图3-3 办公桌的摆放形式示意图

A型：这是一种标准的陈设，房间主人坐在桌后，控制着整个办公室的空间。这种位置强调权力，给来访者很少的自主性。一个下属很可能感到在这里老板占有绝对的主场优势。这是建立秩序和纪律时不可或缺的陈设。

B型：椅子放在较为接近的位置，把成为障碍的桌子移开，使双方有更多的个人沟通。但互动关系仍是社交性的，房间拥有者仍掌握着全局。

C型：桌背型摆设，它完全去除障碍，将来访者和房间主人置于相同的地位，通常这样的安排是给那些关系比较密切的人用的。

D型：办公室的中立位置。这是办公室中非正式的地方，可能是长沙发、长椅，或围绕咖啡桌，或者以适当的角度来摆放椅子。这种位置表达了一种不看重等级的意图，鼓励更为自由的交流和更为友善的会谈。

恰当的陈设和选择要与沟通的目的相呼应，比如，在给员工提供好消息时，使用标准陈设或许不适合，但在告诫、批评员工时，则相当适宜。中立位置很有利于设定目标和获得对方对目标的认同，任何有关个人问题的商讨也适合用中立位置。如果你希望很快拉近与陌生来访者的距离，那么就采用B型的位置。C型很适合于同事间对工作问题的探讨以及一般性的谈话。当然，作为管理者，如果希望了解下属或想以其他方式进行谈话，就应该考虑把谈话安排在下属的办公室，因为这能体现出对下属的认同，即不强调等级和权力，鼓励不同层级间的沟通。

● 知识题

一、选择题

单选　3.1　心理学研究表明，语言对沟通效果的影响仅占（　　）。

A.55%　　　　　　　　　　B.38%

C.7%　　　　　　　　　　D.39%

多选　3.2　副语言又叫辅助语言，对沟通效果的影响非常大，主要包括（　　）。

A.一个人的音质　　　　　　B.说话的音量

C.讲话的速度　　　　　　　D.叹息或嘟囔

单选　3.3　位置在沟通过程中表示的最主要的信息就是身份，宴请中东道主应该坐在（　　）。

A.正中，面对上菜的方向　　B.正中偏右

C.正中偏左　　　　　　　　D.无所谓

多选　3.4　距离可以表示人们之间关系的亲密程度，据此可以把沟通中人与人之间的距离分为（　　）。

A.亲密距离　　　　　　　　B.人际距离

C.社会距离　　　　　　　　D.公共距离

多选　3.5　握手是中国文化中现代社会人们习以为常的见面礼，然而握手的方式千差万别，根据握手的力量、姿势和时间的长短，可将握手分为（　　）。

A.直臂式握手　　　　　　　B.双握式握手

C.支配式握手　　　　　　　D.死鱼式握手

二、简答题

3.1 什么是非语言沟通?它有哪些特点?

3.2 非语言沟通和语言沟通之间有什么关系?

●实训题

实训项目3.1:情景演练

实训目的:通过情景演练,掌握各种不同的非语言表现方式对沟通效果的影响。

实训步骤:

1.把同学分成为两人一组,根据以下提供的非语言动作,其中一名同学表演,另一名同学根据题后的选项判断,然后互换角色。

2.按照以下内容逐一演练

(1)轻轻一瞥(眼睛停留时间约一秒钟,开合程度中等,瞳孔放大程度中等),眉毛轻扬,微笑(嘴角向上,鼻孔开合程度正常)。

(2)轻轻一瞥(眼睛停留时间不足一秒钟,开合程度与瞳孔放大程度中或小),皱眉(有时鼻部肌肉皱起),嘴角向下或平。

(3)社交的注视方式(视线停留在双目与嘴之间"▽"区域),眉毛平,嘴角平或微笑。

(4)严肃的注视方式(视线停留在对方前额的一个假设"△"区域),眉毛平,嘴角平或微笑向下。

(5)平视方式,眉毛、嘴角与鼻子基本上采取平位,但我们可以从瞳孔的大小、瞳孔闪动的频率以及嘴角、眉毛的角度变化辨认出主体感情活动的倾向性。

(6)平视,微笑,眉毛平。

(7)平视或视角向下,眉毛平,微笑。

(8)眼睁大,下拉型眉(眉毛倒竖),嘴角向两边拉开,其强度决定于瞳孔缩小的程度与嘴、鼻部肌肉紧张的程度。

(9)眼睁大,瞳孔闪动频率加快,嘴张开,眉毛上扬。

(10)眼睁大,瞳孔闪动频率加快,眉毛上扬,嘴角平或微微向上。

(可供选择的答案:a.表示兴奋、幸福、心中暗喜的表情;b.表示快乐、高兴,呈现笑的表情;c.发怒、生气或气愤的表情;d.与对方保持距离或冷静观察的表情;e."不置可否"、"无所谓"的表情;f."喜怒不形于色"的表情;g.呈现出一种严肃的表情,即所谓的正色;h.交际应酬时的常用表情;i.表示对对方感兴趣;j.表示疑虑、批评甚至敌意;k.表示有兴趣)

实训项目3.2:非语言方式自我介绍

实训目的:证明沟通有时完全可以通过肢体动作来完成,而且同样行之有效;证明通过手势和其他的方法完全能够实现人与人之间的沟通。

实训步骤:

1.学生分组：全体学生，两人为一组。

2.按要求进行：

（1）向对方介绍自己，一方先通过非言语的方式介绍自己，3分钟后双方互换。

（2）在向对方进行自我介绍时，双方都不准说话，整个介绍必须全部用动作来完成。大家可以通过图片、标志、手势、目光、表情等非语言手段进行沟通。

（3）请大家通过口头沟通的方式，说明刚才通过肢体语言所表达的意思，并与对方的理解进行对照。

3.讨论并回答：

（1）你用肢体语言介绍自己时，表达得是否正确？

（2）你读懂了多少对方用肢体语言表达的内容？

（3）对方给了你哪些很好的线索使你了解他？

（4）我们在进行非语言沟通时存在哪些障碍？

（5）我们怎样才能消除或削弱这些障碍？

实训项目3.3：非语言"爱心传递"

2008年5月12日，在四川汶川地区发生了里氏8.0级大地震，灾害造成的损失空前巨大，牵动了全国人民的心，各地纷纷自觉发起爱心捐助活动。我们收到了来自企业职工和党员干部的两笔捐款，这两笔捐款承载着全体员工对灾区人民的关爱和帮助。通过非语言沟通的方式，把它送到灾区。

实训目的：通过训练，熟练运用非语言方式进行沟通。

实训步骤：

1.分组：10人为一组。

2.所有参赛的组员列纵队排好。

3.每组排在最后的组员到讲台上，抽取一张数字卡片。

4.将卡片上的数字通过肢体语言让自己所在小组的倒数第二位组员知道，并且通过层层信息传递，最后让小组的第一个组员将这个数字写到讲台前的白纸上，看哪个小组的速度最快、信息最准确。

5.在游戏进行过程中，任何团队成员都是不可以说话的，在一个组员向另外一个组员传递信息的时候，其他组员不可以观看。

●案例题

他为何频频更换律师

2011年，在纽约一家律师行里，中国的一位富豪钱先生穿着登喜路西服，打着考究的法国朗万领带，脚蹬闪亮的英国彻切斯皮鞋，他的全身被昂贵的世界一流名牌包装着。他正在与自己的律师商谈对美国的合作伙伴所进行的诉讼。

钱先生瞪着眼睛，用手指着翻译大声地嚷着："你让他给我起诉狗娘养的史密斯，我限他在半年内给我打赢这场官司，否则我可不养这群废物！"半年之后，他的律师丝毫不少地收取了昂贵的律师费用，但钱先生的官司进程几乎为零。在更换的另一家律师行里，暴躁的钱先生气急败坏地对翻译说："你给我一字一句翻译，他们要还像前面的那个饭桶一样达不到我的要求，我他妈的随时更换律师！"

在双方都出场的听证会上，钱先生时常破口大骂，拍案而起，甚至要跳过桌子与对方搏斗，以至于他的律师和助手必须按压住他，否则正常的程序无法进行下去。几个月之后，钱先生再次失去了律师。这一次是律师解雇了钱先生，让他另请高明。愤怒的钱先生强烈地谴责"愚昧无能"的美国律师："都说美国律师最能干，我怎么遇上的全是笨蛋、蠢材！"

他的翻译在离开他以后无可奈何地说："我们先后换了3个律师行，经历了两年的持久战，公司花费了一百多万美金的律师费，可是我们的官司仍然以全面的失败而告终。每一次，他的出言不逊和粗暴无礼都会给我们带来巨大的经济损失，骄傲的美国律师们用消极的态度来报复他的粗暴。律师们是按小时收费，我们官司的输赢，对他们并无致命的伤害。在很多需要理性和修养的小节上，我们的老总不能展示给律师一个有成就的、卓越的中国企业家的形象，以至于我们自己的律师都怀疑我们提供证据的可信度。"

资料来源　英格丽·张.你的形象价值百万[M].北京：中国友谊出版社，2013.

问题：钱先生为何付出了高昂的律师费却最终以失败告终?他的非语言表现方式给了你怎样的警示?

分析提示：钱先生的外表包装是世界一流的，可是他在与人沟通中的语言和非语言表现都不尽如人意，一方面经常出言不逊，而且无礼，另一方面行为举止也很没有修养和风度，致使他付出了高昂的律师费却最终以失败告终。这可以警示我们，作为一名管理者不仅要注重自己的外在形象，也要注重自己的内在修养；不仅要注重语言，也要注重非语言方式给自己造成的无形影响。

口头沟通技能

学习目标

★知识目标

认识口头沟通的特点和原则

了解谈判的一般过程

了解会议组织基本程序

熟悉演讲的一般结构

★能力目标

学会谈判的技巧

能够熟练运用演讲的方法和技巧，学会演讲

能够组织简单的会议

★素质目标

能够把握口头沟通活动的原则，在工作、学习和生活中，提高口头沟通能力

引 例

谈判天才卡索吉

沙特商人阿德南·卡索吉是一位富有传奇色彩的世界级富豪，同时也是一个谈判天才。他经常同时应付6个谈判，而且大多还是与西方著名公司的最高决策人以及智囊团谈判。通常他从一个谈判桌走到另一个谈判桌，挨个交谈，当回到起始的那个谈判桌时，他还能准确地拾起离开前的话题，不会忘记和重复先前说过的任何一句话。

不少与他谈判过的西方商人这样评价他：卡索吉始终全神贯注，但却不会让人感到咄咄逼人。他在谈判时两眼总是盯着对方，捕捉对方眼神和面部表情的细微变化。有时双方意见出现分歧，他会一字一顿地重复自己的观点并用眼睛向对方示意，或者拍拍对方的肩膀，显示出真诚友好的态度。卡索吉总是在适当的时机毫无保留地亮出自己的底牌，讲明佣金的数量，始终掌握着谈判的节奏和主动权。

在谈判中，他悉心观察谈判对手的种种细节，甚至以此为乐趣。他会在谈判结束后突然问助手："为什么他会在那个时候微笑?为什么他回答问题的方式是那样的?你注意到了吗，在我提佣金的时候，他没能把我递给他的香蕉吃完，他只吃了半个香蕉!你知道那意味着什么吗?"

他喜欢邀请谈判对手来他的私家跑马场谈判，因为他明白：一方面，这里环境迷人，可以分散对手的注意力；另一方面，开阔怡人的自然环境也可以软化对手提出苛刻条件的信心。他相信，如果彼此正襟危坐在会议室里，就会主观地给对手强加一种"谈判心理定式"，仿佛残酷的大战即将开始。

资料来源　顾晓鸣，黎瑞刚.阿拉伯商人[M].南昌：江西人民出版社，1995.

这一案例表明：谈判是一种典型的口头沟通方式。谈判中要注重语言和非语言策略的运用。案例中卡索吉是一位谈判天才，他有很高的谈判技巧，面对谈判对手，沉着冷静，不仅注重口头语言的运用，也注重对手非语言信息的把握。他甚至很讲究谈判的环境和气氛，这些都会影响到谈判能否获得成功。

4.1　认识口头沟通

4.1.1　口头沟通的特点

所谓口头沟通，就是为了实现沟通目标而运用口头语言进行表情达意的活动。其沟通方式灵活多样，可以是组织之间的谈判磋商，也可以是发表演讲，或者是召开会议，或者是非正式的聊天、面对面的交谈等。

口头沟通是所有沟通形式中最直接的方式。它的优点是传递快速和即时性，在这种方式下，信息可以在最短的时间内被传送，并在最短的时间内得到对方的回复。但是，口头沟通也有缺陷，信息在发送者一段段接力式的传送过程中，存在着巨大的失真性。口头沟通具有以下特点：

1）有声性

口头沟通主要依靠声音，依靠每个字的字音和整句话的节奏快慢及各种特殊的语调表情达意。因此，口头沟通是由语音表现的音节、词、句等构成的语言沟通系统。

2）即时性

口头沟通的即时性特点表现在三个方面：一是口头沟通的突发性较强，想说就说，对话语的组织往往缺少仔细考虑，因而句子短，结构简单甚至不太完整，有重复，有脱节，有补充，有冗余；二是传递速度快，话语一旦说出就难以收回；三是反馈及时，如果接收者对信息有疑问，可以进行迅速反馈，使说话者及时检查表达中不够明确的地方，并加以解释或更正。

3）情景性

口头沟通是面对面的交流，有其特定的情景性。在交流过程中，许多意思不仅可以言传，而且可以借助情景意会，有时说话者只要说出个别词语就能替代全句，甚至一种面部表情或沉默不语都能使接收者理解说话者的思想和感情。

4）多变性

口头沟通要受到环境、气氛、场合、心理等众多因素的影响，因此在对话、磋商以及演讲中常有可能出现意想不到的情况，这就要求讲话者必须善于随机应变。

5）复合性

口头沟通是一种同时使用语言因素和非语言因素的复合行为，说话者在表达中不但要借助手势、表情等非语言的帮助，还要察言观色，观察对方的动作和表情。对于接收者来说，倾听别人口头表达也是一种眼耳并用的复合行为。

6）失真可能性

口头沟通在传递信息的过程中存在着较大的失真可能性。每个人都以自己的偏好接收和理解信息，并以自己的方式解释信息，当信息传递到终点时其内容往往与初始时有了很大的变化。可以说，口头传递信息经过的层次越多，信息失真的可能性也就越大。

4.1.2 口头沟通的原则

口头沟通主要是使用语言进行沟通。人们使用语言将自己的思想、感情、信息、知识等传达给沟通对象。为了使口头沟通达到应有的效果，必须遵循下述一些基本原则：

1）充分准备

为了正确地表情达意，在口头沟通之前必须做好充分的准备。一是要把沟通的内容在脑子里酝酿好，重要的内容要考虑得更加细致，对于哪些话先说、哪些话后说，说到什么程度，哪些话该说、哪些话不该说，采取什么方式进行表达，都应该做到心中有数；二是要做好运用非语言手段的准备，应根据表达内容和对象的不同将情绪调整到最佳状态，以更好地补充和完善口头沟通的内容。

2）抓住重点、理清思路

在正式场合，比如报告会、演讲、谈判等，要求沟通者对所要表达的内容应有深刻的理解，并对整个沟通过程做出周密的安排。一般来说，有这样三点要求：①把握中心。表达不是照本宣科，有时会插一些题外话，有时会发现有遗漏需要临时补充，这样就容易杂乱。作为一个精明的沟通者，应时刻把主题牢记在心，不管怎样插话，不管转了多少个话题，最后都不能偏离表达的中心。②言之有序。表达不能靠材料堆积吸引人，而要靠内在的逻辑力量吸引人，这样才有深度。与写作相比，口头沟通是口耳相传的语言活动，没有过多的时间让听众思考，所以逻辑关系要更为清晰、严密。话语的结构要求明了，要善于提出问题、分析问题、解决问题，并且观点和材料的排列要便于理解、记忆和思考。③连贯一致。开场白非常重要，它直接影响到所讲内容的展开。多层意思之间的过渡要灵活自然，结尾要进行归纳，简明扼要地突出主题。

3）语言简洁、生动

口头沟通对语言的要求是适合环境、准确、通畅、简洁、生动。语言必须适应内容，要根据不同的内容采用不同的语言形式、表达风格、语气、语调和语态。口头沟通是在特定的环境中与特定对象的语言交流，交流的成败主要看接收者是否听得懂、愿意听、受感动、有收获。因此，语言还必须适应接收对象。口头沟通总是在一定的场合下进行的，因此应该针对不同的场合选用不同的语言，沟通者应善于根据环境选用恰当的语言形式。

口头沟通需要注意以下几点：

一是语言要准确。遣词造句不要模棱两可，避免使用似是而非的语言、隐晦艰涩的词语、不恰当的比喻和不准确的概念。

二是语言要简洁。切忌繁琐、拖拉和说闲话、废话、碎话，要把事物中最本质的东西提炼出来，用最简明的语言概括出来，使语言做到凝重有力、意味深长。

三是语言要生动。口头表达要具有活力，能感动人；要善于汲取当时当地的语言，使语言风趣幽默，避免呆板、僵死、枯燥、凝固的语言及官话、老话、空话、套话等。

4）注重非语言暗示

在口头沟通过程中，不仅要有良好的语言功底，还要借助非语言暗示，如各种姿势、目光和面部表情。

一要运用目光语。沟通者应以明亮有神、热情友善、充满智慧、自信的目光，告诉对方你是怎样的人，这一点非常重要。目光的流露是假装不得的。沟通者在讲话时，他的思想感情总是随着讲话的内容而起伏变化。不管是怎样的感情，沟通者都应该尽可能让目光产生相应的变化，以便启发对方理解所讲的话语，体验所传达的感情。值得注意的是，不同国家、民族的人，在使用目光的方式上存在很大的区别。例如，阿拉伯人说话时，一定要看着对方，否则就是不礼貌的行为；瑞典人交谈时，习惯于频送秋波，而不会被认为带有邪念；在日本，如果直瞪瞪地瞧着对方的脸，那是失礼的表现。

二要控制表情语。人的面部可以做出多种多样的表情，每种表情又包含一定的信息，它往往是沟通者情绪变化的显示仪或思想表达的暗示器。良好沟通的前提之一就是将友善的表情显露出来，从而缩短相互之间的感情距离，并逐渐过渡到感情的融洽，达到心灵的沟通。

三要注意态势语。态势包括沟通者的姿态、手势、身体动作等，既可以帮助沟通者说话，又可以诉诸对方视觉的因素。沟通时，态势要美观。站着说话，要挺胸收腹；坐着说话，要以自然、舒适、端正为原则。无论是站姿还是坐姿，在非正式场合可以随便一点，但在正式场合就应比较讲究。此外，头、肩、臂、手等的不同动作也能辅助语言的表达。

5）注意语气和语调

同样一句话用不同的语调表达出来，不仅可以表达不同的意思，而且取得的效果也大相径庭。同样是一句赞美的话，用平和而诚挚的语调说出来会使人感到高兴和自豪，而用阴阳怪气的语调说出来就会使人感到讽刺和挖苦。

6）要善于倾听

善于说话的人首先要善于倾听。与别人交谈，最重要的是先听清楚别人所说的话，然后再表达自己的意思。由于说话的方式多种多样，说话人可以将自己的思想明确地表达出来，也可以不明确地表达出来，而是将含义隐藏在话语中，所以交谈时必须先动脑筋弄懂对方说的每句话所包含的全部内容，这样才能有的放矢地表达出自己的意见。

课堂互动4-1

1.现在请一位你熟悉的老师给大家讲课，请你在上课之前对该老师做个引荐发言（时间2分钟）。

2.你所在的班级在全校的歌咏比赛中获得了团体第一名，现在要给歌咏队队员颁奖，请你致颁奖词。（时间2分钟）。

3.你有一个打算或计划，希望能够得到领导的支持，请你向领导做个口头报告。

4.现在有一个团队要到你所在的班级参观，请你致简短而又诚挚的欢迎词。

4.2 谈判

4.2.1 谈判的一般过程

所谓谈判，就是有关组织或个人对涉及切身利益的分歧和冲突进行反复磋商，寻求解决途径和达成协议来满足各自需要的沟通协调活动。谈判是以满足自身的利益需要为目的的，通过谈判可以改善原有的社会关系，建立起和谐的氛围。同时谈判也是信息传递和沟通的过程，是谈判双方彼此交流思想的过程，是一门语言艺术。

几乎每个人每天都要进行某种形式的谈判。对于管理者来说，谈判已经不光是一种极为普通的活动了，而且是极为重要的活动。因为，他们需要处理许多有关组织方面的问题：无论是制订下一年的工作计划、建立新的组织管理架构，还是控制一项工作任务的进度，人们都会有不同的意见，而管理者必须找到一种有效的方法，使持有不同意见的人们彼此合作、相互沟通、达成共识。谈判就是实现合作与沟通的有效方法之一。它是一种从不平衡转变到平衡、从无序到有序的过程。这一过程可分为以下几个阶段：

1）谈判准备阶段

谈判是一种重要的社会活动。一般来讲，谈判的准备越充分，谈判的效果就会越好。准备阶段主要包括确定谈判目标、收集谈判信息、组建谈判队伍。

（1）确定谈判目标。谈判的最高目标是指在谈判中可获得的最佳效果，谈判者应把最高目标作为谈判的努力目标；谈判的最低目标是指谈判者让步的最低限度。谈判是相互妥协的过程，其中必须让步，确定让步的最低限度可以使谈判者从容不迫地面对对方的压力。最高目标和最低目标之间的差距就是谈判者的让步范围。

（2）收集谈判信息。谈判者必须要掌握十分准确的信息。只有在谈判前及时收集相关的情报和信息，才能采用相应的谈判策略、方法，有针对性地制订相应的谈判方案和计划。谁掌握了信息，谁就掌握了谈判的主动权，就有了赢得谈判成功的基本保证。

谈判前信息的收集主要有两个方面，即与谈判标的有关的信息和与谈判对手有关的信息。①与谈判标的有关的信息。就商务谈判而言，与谈判标的有关的信息就是必备的谈判资料，主要包括对谈判宏观环境的调查和对谈判内容的调查。谈判的宏观环境主要包括国家的方针、政策，特别是有关谈判产品或劳务的条例规定、市场状况、消费者需求和产品竞争等内容。有关谈判内容的调查包括对谈判问题的预测及其相应的配套措施的拟定。在谈判中，对于体现双方各自利益的部分，正是双方可以协商谈判的部分，即如何在各自利益的驱动下采取合作的态度，使各自的利益转化为双方共同的利益。对于双方互不相容的利益部分，将会成为谈判顺利进行的最大障碍。因此，谈判者应针对这些问题制订出应对的计划，做到有备无患。②与谈判对手有关的信息。与谈判对手有关的信息包括谈判对手的组成；对手的年龄、嗜好、个性、经历；对手的权限、谈判的策略和计划等。

（3）组建谈判队伍。谈判是在人与人之间进行的，谈判的成效很大程度上取决于谈判人员的主观能动性和创造性的发挥，因此筛选谈判人员是一项非常重要的工作。除了个人素质以外，配备谈判班子和明确谈判分工也是保证谈判效果的必要条件。

2）谈判开局阶段

谈判开局就如同舞台上的大幕拉开，每个谈判者都要像演员一样来完成自己的表演。演出能否取得圆满成功，不仅取决于演出前的各项准备工作，更取决于每个演员的临场发挥和整个团队的有机配合。对于整个演出而言，开场的"亮相"是至关重要的，决定着后面计划的开展。如果谈判一开始就形成了良好的气氛，以后谈判双方沟通起来就比较容易，协商也就比较轻松了。

（1）营造谈判气氛。在谈判的开局阶段，主要的目的是增进谈判双方的了解和信任，营造友好的氛围，以使双方能够了解彼此的需求和意图。有利的谈判环境可以增加自己的谈判地位和谈判力量，并会对谈判结果产生很大影响。美国心理学家泰勒尔和他的助手曾做过一个实验，指出许多人在自己的客厅里谈话要比在别人的客厅里谈话更能说服对方。这反映了人的一种特性，即具有领域感。人们总是在自己所熟悉的环境中得心应手，而在不熟悉的环境中往往变得无所适从。

（2）报价策略。在开局友好的气氛中，谈判双方要扼要地表明自己的立场，提出自己的条件和目标。需要运用报价策略摸清谈判对手的真实意图和言外之意。在商务谈判中，报价通常是谈判者所有要求的总称。商务谈判的报价也存在一些惯例：一般应由发起谈判者先报价；投标者和招标者之间，一般应由投标者先报价；买方和卖方之间，一般应由卖方先报价。在谈判实践中需对这些惯例加以注意。

3）谈判交锋阶段

在经过开局阶段之后，谈判双方就会进入实质性问题的磋商洽谈阶段，即交锋阶段。谈判双方的真正对抗和实力的较量都会明显地表现出来，谈判气氛开始出现紧张激烈的迹象。在商务谈判中，报价之后的交锋就是具有对抗性的讨价还价过程。在交锋刚开始时，应该采取总体上的全面讨价还价策略，而后再根据具体内容，有针对性地进行讨价还价，对不合理的价格要改变报价。在对方做出改变报价的反应时，还应分析该改变是否具有实质性作用，如果没有实质性作用，就应该盯住不放，进一步讨价还价。在讨价还价过程中，谈判者应该根据自己的利益要求选择不同的讨价还价方式，并可以根据对方的还价和自己掌握的资料对价格进行全面的分析，找出突破口作为自己讨价还价的筹码。

讨价还价阶段是一个漫长艰苦的过程，很少能够速战速决。心理学家的研究表明，拒绝改变是人们的天性，人们在接受新鲜事物或全新观念的时候，特别是与自己意见相反的意见时，总是需要很长的时间。所以在这一阶段，谈判者还要具备充分的耐心，坚持不懈，这样才能获得最后的胜利。

4）谈判妥协阶段

交锋阶段使谈判双方明确了谈判的范围并不断缩小着这个范围。每一次交锋之后都会有一轮磋商，以使某一方做出妥协让步从而达成协议。妥协让步需要一定的技巧：①让步要本着"以小换大"的原则，让对手在重要问题上做出让步，自己在较小问题上做出让步，但却能使对方得到较大满意。②不要太快让步，也不要做无谓的让步，要使对方在争取我方的每一次让步时都付出艰苦的努力，并也要做出相应的让步。③如果谈判需要进行若干次让步，要注意在让步时留下回旋的余地，以免导致最后谈判的失败。④在谈判过程中，头脑要保持清醒，一旦发现自己做出了不妥的让步，要立即推翻，不要犹豫；同时发现对手的让步不能接受时，更要立场鲜明地加以拒绝，或者采取姿态上让步但原则上坚持的做法。⑤让步不是谈判的目的，而是一种手段，因此让步不能偏离谈判的目标，要考虑让步的效果，不能企图通过让步赢得对方的好感。所以，让步应有明显的导向性和暗示性。

5）谈判结束阶段

在谈判结束阶段，谈判双方经过激烈艰苦的交锋和妥协之后，目标趋于接近，在很多问题上已经取得了一致和认同，当彼此都认为谈判已经达到了各自的利益要求时，便可以签订协议，谈判即告结束。

如果在谈判的交锋和妥协过程中，谈判双方争执不下，不能很好地达成共识，为了使谈判能尽快达成协议，可以采用最后期限策略来求得问题的解决。在商务谈判中，如果某一方提出了最后期限，那么随着期限的临近，谈判对手会变得焦虑不安，其最终会迫于谈判期限的压力而做出某种让步。

4.2.2　谈判的技巧

1）谈判中的语言技巧

语言是人类沟通思想、交流情感的工具，语言交流也是谈判中最基本的方式。如果谈判者不善言谈或交谈不得法都无法实现谈判的目标。因此，谈判的艺术在很大程度上是运用语言的艺术。也就是说，语言沟通就像是一把打开谈判大门的钥匙，没有它将永远无法体会到谈判的要义。

语言能力是与谈判者的知识积累和智力水平相联系的，谈判大师总是具有较强的修辞意识，善于广泛收集好词语，挑选好句子，巧妙运用各类语言。谈判时在语言运用过程中要注意以下几点：

（1）谈判的语言应该具有客观性。这是指在谈判中语言表达应该清楚明了，尊重事实，真实地评价自己和对手的情况，使谈判对手产生信任的感觉，才能为谈判奠定成功的基础。

（2）谈判的语言应该具有针对性。这是指在谈判中应该始终围绕主题来交流，针对不同的谈判对手采取不同的语言风格，这样既可以创造一个友好的谈判氛围，也可以达到说服对方的目的。

（3）谈判的语言应该具有逻辑性。这是指在谈判中使用的语言要准确、严密，具有一定的说服力。

（4）谈判的语言应该具有规范性。这是指在谈判中使用的语言要专业性强，文明规范，以避免因为语言习惯及文化差异而产生误解，同时也可以提高谈判的效率。

2）谈判中的表达技巧

（1）提问的技巧。谈判中适当的提问是发现需要的一种重要手段，但是对于提什么问题、如何提问、何时提问都需要高超的技巧。

有一位牧师问一位长老："我在祈祷的时候可以抽烟吗？"他的请求立即遭到了拒绝；另一位牧师改问："我在抽烟的时候可以祈祷吗？"因为表述方法的不同，他竟得到了允许，可见提问是大有讲究的。

提问的形式大致可归纳为五种：①一般性提问。例如，"你的看法如何？""你为什么这样做？"这种提问没有限制，因此回答的范围也很大。②直接性提问。例如，"你希望通过这次谈判得到什么？""谁能解决这个问题？"这种问题具有明确的方向性，因此回答也是明确的。③诱导性反问。例如，"事实不正是这样吗？""这难道不是公平合理的吗？"这种问题常常迫使对方说"是"。苏格拉底就经常用这种方式发问。④发现事实的提问。例如，"什么时候？""什么地方？"这种提问可以引发一些事实和信息。⑤澄清性提问。澄清性提问不仅可以促进双方能在"同一语言"基础上的沟通，而且是针对对手的话语进行反馈的一种方式。

谈判中提出的问题，应该让对方明白你的意图，以便对方有的放矢地做出回答。提问时要尊重对方，切忌措辞和语调有攻击性、威胁性或讽刺性，并且提问要得当，不要随心所欲，应把握好提问时机，以利于驾驭谈判过程，赢得谈判的主动权。提问的具体技巧如下：①精心准备。谈判前谈判者应精心准备，找出关键问题，并猜想对方可能的回答，据此设计应对策略。②掌握提问的时机。提问的时机对谈判很重要，一般选择以下时机进行提问：第一，在对方发言完毕之后提问；第二，在对方发言停顿、间歇时提问，这样有利于掌握谈判的节奏；第三，在己方发言之前或之后提问；第四，采取先易后难，追踪提问等。③注意提问的语气和语速。④注意对方的情绪。谈判中谈判者要随时留意对方的情绪，并适时地提出问题。⑤留足对方答复的时间。提问以后，应该给对方留有足够的时间进行答复。⑥保持提问的连续性。在提问时尽量围绕着某一事件进行提问，待该问题基本解决后再转入下一件事情，避免进行跳跃式提问。

（2）陈述的技巧。谈判中陈述的用途极广。控制谈判的进展、传送你想让对方知道的信息、打破僵局时的明确表态、己方观点的表白等都需要陈述的技巧。因此，陈述中的措辞和用语要审慎斟酌，力求完全控制情绪，避免对方的误解或曲解。

在把握陈述技巧时，特别要学会巧妙地表达"不"。在谈判过程中，当你不同意对方意见时，一般不应直接用"不"这个字，而应尽量把否定性的陈述以肯定的形式表达出来。例如，"我再考虑一下"、"我必须和我的合作者再商量一下"等。当谈判出现僵局，需要表明自己的立场时，无需指责对方，而可以说"在目前的情况下，我们最多只能做到这一步了"。这里应多用"我"、"我们"，而少用"你"、"你们"。此外，善于把发现好方案的美誉冠给对方，往往是促使谈判成功的好方法之一。

（3）回答技巧。有问必有答。在谈判中回答提问不是一件容易的事，回答者要面对相当大的精神压力，因为谈判者对回答的每一句话都负有责任，其回答将被对方理所当然地认为是一种承诺。回答问题也必须有一定的技巧：①精心准备。与提问一样，要想有效地回答对方的提问，就要预先估计对方可能提出的问题，并精心准备如何回答，准备的时间越多，所做出的回答将会越好。②不宜彻底答复对方的提问。答复者应当将答复的范围缩小，或者不做正面答复而对答复的前提加以修饰和说明。例如，对方询问己方产品质量如何，己方不必详细介绍产品所有的质量指标，只需回答其中主要的某几个指标，造成质量很好的印象即可。③不宜确切答复对方的提问。对于一些很难答复或者不便确切答复的问题，谈判者可以采取含糊其辞、模棱两可的方法做出回答，或者转移话题，把问题焦点转到对己方有利的议题上。④降低提问者追问的兴趣。答复者发现回答出错后，应及时终止出错的话题，降低对方追问的兴趣。⑤给自己充分的思考时间，并适当拖延答复。在谈判中遇到难以回答或关键的问题时，谈判者不应急于答复，而是要谨慎从事，在认真思考后再做出回答。⑥委婉地拒绝不值得答复的问题。对于对方提出的与谈判无关的话题，谈判者可以礼貌地拒绝回答。

3）谈判中的倾听技巧

也许有人会认为，听话是最容易不过的事情，而事实并非如此。调查表明，54%的争吵、冲突，并不是因为双方意见不一致，而往往是因为双方的相互误解，没有真正理解对方造成的。

悉心倾听对方吐露的每一个字，注意他的措辞、表达方式、语气和声调，都可以为你提供有效的线索，帮助你发现对方字、词、句背后潜在的信息。当对方说"顺便提一下……"时，十之八九，这是一件重要的事，切不可等闲视之；当对方用"老实说"、"说真的"、"坦率地说"等来提起话头时，十之八九是在故作姿态；有的人在谈判中常把重要的信息冠以"趁我还没有忘记……"的开头，在心理学上这是非常荒唐的，这恰恰暴露了他绝对没有忘记，"此地无银三百两"。对这些话，如果倾听者直接从字面上去理解，就势必会大错特错。任何谈判，都要认真倾听对方讲话，而且不要"明白"得太快，不要在谈判之初去显示你的理解力，要多问、多听，少说为佳。同时，在倾听过程中要注意多与对方进行眼神交流，适当做出一些体态动作表示自己在注意倾听。

4）谈判中的非语言技巧

谈判中，双方除了运用语言表达之外，还会用非语言沟通。非语言沟通是最普遍的沟通方式之一，我们平时都在自觉不自觉地使用着这一方式。有时身体语言比文字和言语更有力量。谈判者掌握非语言沟通的技巧有两个好处：一是能准确地把握对方的非语言信息；二是能适当地发出自己的非语言信息。就前者而言，如果能敏锐地感受到对方发出的非语言信号，则可以从中了解对方的真实意图和情绪，以便能适时采取应对措施，引导出想要的结果来；就后者而言，如果能适当地运用非语言信息，就能在谈判中更多、更快地表达自己的用意，更轻松地达到目标。在谈判中，非语言沟通主要包括以下三种形式：

（1）动作。在谈判中人们的举手投足都表示特定的态度和含义。比如，对方身体略向前倾，是为了听得更加仔细明白；而对方经常握拳、松手、重复一些无意义的动作，或者用手指敲桌，急躁时敲得更急，或者干脆把手插在口袋中，或者脚踏地发出声响，不停地抖着脚，这一系列动作则是在频频表示他已经十分不耐烦了。谈判者一方面要善于观察对方的动作，并读懂其背后的含义，这对分析对手、把握谈判是十分有帮助的；另一方面还要善于控制自己的动作，以防被精明的对手窥得自己嘴上不曾透露的信息。此外，动作举止是一个人修养的表现，谈判者要想赢得对方的尊敬，就必须改掉掏耳朵、说话时手舞足蹈、抖脚等坏习惯。

（2）表情。人的面部表情十分微妙复杂，所能表达的信息比动作还要丰富。例如，在谈判中，如果对方有下面列举的某种表情，则表示对方产生了兴趣，己方的陈述有望获得肯定，此时一定要抓住良机。①嘴角上扬，嘴巴常半开半闭。嘴角上扬表明对方的兴趣被己方调动起来了；而嘴巴半开半闭就表明他将同你一起讨论某个话题了。②随着话题的变化，对方的表情也有所变化。这表明己方的话已使他进入"状态"，他已为你的话所动。③眼睛眯起且变细。这是对方思考的一种表现，此时他不但在仔细地听你讲话，而且大脑中也不停地进行反应。④对方眨眼次数减少，睁大眼睛。频频眨眼表明了他的不耐烦，而眨眼次数减少表明他已经被你的话所吸引。至于突然睁大眼睛，是表明他已经明白了你的意思。⑤对方随着你的指示移动目光。这表明对方已经投入到紧紧抓住你的每一言行的地步。

（3）辅助语言。成功的谈判者除了在谈判过程中语言逻辑严密、有说服力之外，还会运用语音、语调和节奏等辅助语言来加强沟通效果。一般来说，谈判者要强调某一重点时，停顿是非常重要的，也是非常有效的，它一方面可以使对方加深印象，另一方面也可以给对方思考的机会。当然，停顿对于语气的加强也会起到强调的作用。另外，适度的语速有助于谈判对手准确地理解你所阐述的问题；同时，说话声音的改变也会有助于沟通。比如，柔和的语音表示友善和真诚，颤抖的声音则透露出紧张或激动，而鼻音的"哼"声则表示出傲慢、鄙视和缺乏诚意。

最后需要指出的是，谈判者必须将所有分散的动作、表情、辅助语言加以组合和解读，才能准确、完整地理解非语言信息的意义。若把其中一个个单独解释，不但难以判断，而且即使得到了判断结果也往往是靠不住的。

知识链接4-1

谈判的技巧

1978年年底，我国急需从国外引进一套高效农药的生产设备，为此，同某外国公司的代表进行谈判。在一番激烈的讨价还价之后，天色已晚，夜幕降临。双方摊牌了。中方经过几次压价后，现在又一次提出降价的要求。外商激动地从谈判桌前站了起来，对中方的主要谈判人说："代表先生，您的价格是我们公司不能接受的，绝对不能接受的！"

中方用户的代表在一旁非常着急，因为时间紧迫，年底以前必须签约，而且他对现在的价格已经很满意了，生怕外商翻脸，谈判破裂，主张不要再压价了。

可中方的主要谈判人认为，现在的价格还太高，还应冒一冒险再压低价格，所以他示意外商坐下，微笑着说："请坐下，慢慢谈。"在外商坐下之后，中方的主要谈判人说："不过，我也请贵公司考虑，如果价格不降下来，中方也是不能接受的。原因很简单，根据我们测算，贵公司的要价还可以再降1 000万美元，并且我们有足够的资料证明这一点。"

"No!No!No!"外商又一次激动地从谈判桌前站了起来，瞪大了眼睛，连连摇头，"1 000万美元!如果再降1 000万美元，我回国就只剩下一条裤衩了。代表先生，我们不能接受。无论如何也不能接受!"

眼看谈判不能再进行下去了，中方的主要谈判人提议暂时休息，待到明天再继续谈判，并且向外商实施最后期限的谈判策略。他告诉外商："这样吧，明天是12月19日，我们谈判的最后一天，请您回去再考虑一晚上，让我们珍惜这最后的一次机会。"

回去以后，中方用户对中方主要谈判人的压价非常担心，认为太冒险了，可主要谈判人胸有成竹地告诉用户，明天看好戏。

第二天早上，双方再次谈判时，外商宣布再次答应中方的降价要求，再降830万美元。直到这时，双方的手才紧紧地握在了一起。

中方主要谈判人的冒险获得了成功，他又为国家多节约了830万美元。

资料来源　魏江，严进.管理沟通——成功管理的基石[M].北京：机械工业出版社，2007.

4.3　演讲

4.3.1　演讲的一般结构

1）演讲准备工作

戴尔·卡耐基曾说过："只要按照正确的方法，做周密的准备，任何人都有可能成为杰出的演讲家；反之，不论年龄多大或者经验多么丰富，如果没有适当的准备，都有可能在演讲中漏洞百出。"因此，演讲前的准备工作至关重要。

（1）确定演讲的主题。确定演讲的主题是进行演讲的首要任务。这不仅是演讲者所关心的，也是听众所瞩目的。

演讲的题目不仅要与演讲的形式有关，更要与演讲的内容、风格、格调有关。一个新颖并富有吸引力的题目，不仅能在演讲前就激发听众的兴趣，而且会在演讲后给听众留下深刻的印象，甚至成为警句而广为流传。可以说，演讲题目的拟定对演讲效果起着画龙点睛的作用。一般来说，选择演讲题目应该注意以下几点：一是题目要富有建设性。在坚持实事求是的基础上，题目要选择那些能给人以希望的、积极向上的、令人振奋鼓舞的文字。而在内容上，要能引起听众的兴趣，满足其求知欲望。二是题目要新奇、醒目。古人说："语不惊人死不休。"演讲的题目也应该能像磁石吸铁一样，一下子吸引住听众。三是要摒弃冗长、深奥、空泛的题目。

演讲的主题应有针对性，对存在的问题有的放矢，而不能泛泛而谈。此外，主题还须带有演讲者的创见，切不可老生常谈、人云亦云。

（2）分析听众的构成。演讲者一般要从以下几个方面分析听众的构成：

一是听众的人数。一般来说，听众人数越多，越容易受到"群体影响"的支配，所以在听众较多的场合，更需要变更说话的语调，提高内容的感情成分。演讲者应对出席的人数做尽可能准确的估计，这样有利于决定使用什么样的辅助手段和风格。

二是听众的年龄。听众的年龄结构不同，他们的思维方式、价值观念也会有很大的不同。例如，青年人大多有冲劲、有理想、较挑剔，而中老年人则较含蓄、稳健，因此，演讲者要注意听众的年龄结构。

三是听众的教育程度。演讲者使用的语言和词汇应该适应听众的教育水平和层次。如果演讲者使用的语言和词汇不定位在适当的水平上，无论是太高还是太低，都会导致演讲的失败。

四是听众的职业。了解大多数听众的职业可以预测他们关注的主题，对演讲者同样是有益的。

五是听众的性别。听众的性别不同，关注点也不同。一般来说，男性听众往往喜欢慷慨激昂的议论，而女性听众则常常偏好娓娓动听的叙述，因此在演讲之前了解男女的比例，并根据男女的比例确定演讲的用语、风格、方式及声调，同样是非常重要的。

（3）适应演讲的环境。演讲之前要了解演讲的环境，与演讲有关的环境因素包括以下一些方面：①固定因素。通常包括房间的大小和形状、窗户的位置和数目、四周墙壁的位置、电源插座的位置和数目等。这些因素是固定不变的，演讲者应事先了解这方面的情况，当演讲条件很不合适时，可要求更换演讲地点，以利于演讲的顺利进行。②可变动因素。通常包括桌椅、视听设备等。演讲者应确保自己能与听众保持交流与接触，最重要的是演讲者要与听众进行目光接触，这在一定程度上能够促进演讲者与听众之间的密切联系。此外，演讲者与听众还要保持一定的空间距离。一般来说，小型集会的演讲者与听众的距离以4~8米为宜。在演讲过程中可以运用手势、动作、表情、变换位置或在过道上走动以及幻灯、字幕等视听辅助工具来"拉近距离"，达到加强人际沟通的效果，使演讲更加成功。大型会议的演讲者，如对全体公司员工发表动员讲话的总经理，需要与听众"拉开距离"，其距离一般在8米以上。这也是演讲者权威的一种表现。

综上所述，分析与演讲有关的环境因素，重视并做好选择与准备，是演讲取得成功的重要基础。

（4）准备演讲的材料。当确定好演讲的主题后，演讲者要做好以下三步工作：

第一步：收集材料。从总体上讲，收集材料不外乎两个途径：第一，直接获取。演讲者通过自己的观察、调查、体验获取材料，这种材料是第一手材料，为演讲者所独有。第二，间接获取。演讲者通过阅读获取材料，如通过阅读和查找图书、报刊、计算机数据库及网络等途径获取材料。通过这种方式获取材料需要注意两个问题：一是要学会使用各种索引、目录、年鉴等工具书；二是因为所获取的材料是第二手材料，所以必须对其进行核对、甄别。

第二步：筛选材料。严格地讲，演讲者为演讲的目的而收集的材料还只能叫做素材，并不是所有的素材都能写入演讲稿中，演讲者还必须对其进行筛选。要选择那些能够充分支持主题、具有典型性和真实性、适合听众的材料写入演讲稿中，而对于筛选下来的材料还要注意保存，以备不时之需。

第三步：使用材料。对于选中的材料，要进行归类，规划出用哪些材料说明哪个问题。对于哪个材料先用、哪个材料后用，要排出一个合理的顺序。听众的注意力是有限的，超过了一定的限度，听众就会走神。因此，适当地穿插一些趣味材料，可以调节演讲的变化层次，使听众的精力集中。另外，单纯使用一种类型的材料只能使听众疲劳，因此还要注意材料的多样性。总而言之，在使用材料时，要学会利用归类、排序、穿插和改造等手段。

2）演讲结构安排

合理的结构安排是演讲成功的基础。只有精心构思演讲的结构，在演讲之前对于如何开头、如何结尾、何处为主、何处为次、怎样铺垫、怎样承接早已了然于胸，在演讲时才能思路清晰、中心突出、铺排严谨、首尾照应、浑然一体。这样不仅有利于演讲者在有限的时间内传递更多的内容，也有利于演讲者克服怯场，取得更好的演讲效果。一般来说，一个完整的演讲结构主要包括开头、正文和结尾三个方面。

（1）开头要巧妙。一个优秀的开头对演讲的作用是极大的。它为演讲确定了基调，不但能够吸引听众的注意力，还能揭示主题或主要内容，引导理解路径。在演讲中，常用的开头方法有以下几种：利用举例；展示题目的重要性；概述主要内容；提出问题；使用引用语；发布惊人信息。当然，文无定法，开头的方法也不止这几种，但无论采用哪种形式都要力求简洁，一定不要太长。另外，还要周密计划，不要将所有的内容都在开头中讲出来，使演讲失去了解释悬念的过程，让听众失去继续听的兴趣。值得注意的是，在演讲的开头切忌讲一些毫无必要的客套话，貌似谦虚，实则虚伪。诸如"同志们，我没什么准备，实在说不出什么，既然让我讲，只好随便谈谈"之类的废话只会令听众厌烦。在演讲的开头东拉西扯、离题万里也是万万要不得的。开头还要注意紧扣主题，适合听众的心理和时境，切不可为追求新奇而故弄玄虚。

（2）正文要突出重点。正文是演讲的主要部分，演讲质量的好坏、论题是否令人信服，都取决于正文的阐述。正文在结构安排上离不开提出问题、分析问题和解决问题三个方面，但这又不是一成不变的刻板公式。因此，要根据主题的需要，恰如其分地安排正文的结构，做到紧扣主题、突出重点、层次清晰、首尾呼应。需要注意的是，演讲的结构不同于文章的结构，不能肆意铺排，不可太复杂。文章可以反复看，即使结构复杂一些，读者通过反复揣摩也会弄懂；演讲只有一遍，若结构过于复杂，听众会抓不住纲目，不得要领。

（3）结尾要精彩。俗话说："编筐编篓，难在收口。"一个成功的结尾能够令人产生言已尽而意无穷的感觉，给听众留下深刻的印象。结尾有很多方式，或提出问题令人深思，或深化主题加深认识，或总结观点揭示主题，或激励士气促使行动，或抒发感情感染情绪，或运用幽默赢得笑容。可以说，结尾同开头一样，并没有固定的模式，但成功的结尾必须达到使听众把握演讲的主题、明晰解说的事项，并为听众提供行动动力三个目标。一般来说，结尾常犯的毛病有三种：一是草草收兵。有的演讲，在结束时不考虑如何给听众留下完整的总体印象，不做强调，不做必要的概括，就突然做结尾，显得突兀，这就叫草草收兵。二是画蛇添足。有的演讲，本来该说的话已经说完，却还要唠叨个没完，例如，"关于这个问题我再来补充几句"或者"我前面讲的这一点非常重要，我在这里再耽误大家几分钟"等，这就是画蛇添足。三是讲套话令人生厌。有的演讲者结尾总爱说"我的话讲完了，讲得不好，耽误大家很多时间，请大家原谅，望大家批评"等，看起来谦虚，实则套话，令人生厌。

知识链接4-2

成功演讲的特征

演讲的表达方式与演讲内容本身具有同样的影响力。颇具吸引力的开场白和结尾是十分必要的。在演讲过程中还要善于运用语调、节奏和肢体语言等，以增强你富有逻辑性的演讲。成功的演讲一般具有以下特征：

● 开场白有力。具有吸引力的开场白不仅会为主体部分做出铺垫，同时精彩的开场白还会给听众留下好印象。它不仅传递了信息，而且会为演讲者及其组织树立良好的形象。

● 演讲者充满信心。非语言行为可以揭示一个人是否自信。一名成功的演讲者往往表现出充满激情、身体前倾、目光接触、节奏自然、表述清晰、适当的手势、保持互动等。

● 具有逻辑主体性。成功的演讲属于有准备的人。通过充分准备的演讲应条理清晰，主题思想是按照一定的逻辑顺序来展开的。

● 明示结尾。一个好结尾的重要性不亚于一个好的开场白。示意听众演讲已近尾声，是十分重要的。可以用"我要讲的最后一点是……"或"总而言之……"以引起听众对一些重要问题的重视，从而采取迅速的行动。

应该指出，在演讲中，听众最关心的是演讲内容是否针对自己，而演讲者关注的则是听众是否理解他的演说，是否对其演说感兴趣。所以，演讲时偶尔出现一点逻辑错误或其他口误，听众是不会介意的，但如果演讲的内容与其毫不相干，演讲的效果就会大打折扣。

资料来源　康青.管理沟通[M].北京：中国人民大学出版社，2006.

3）演讲时间结构

把握演讲的时间是一个极其重要的环节，演讲者要根据总的时间限制，有效地分配时间，准备好发言的内容。一般情况下，可以遵循这样一条原则，即开头和结尾只占整个发言时间的20%，其余80%的时间用于主体部分的发言（如图4-1所示）。

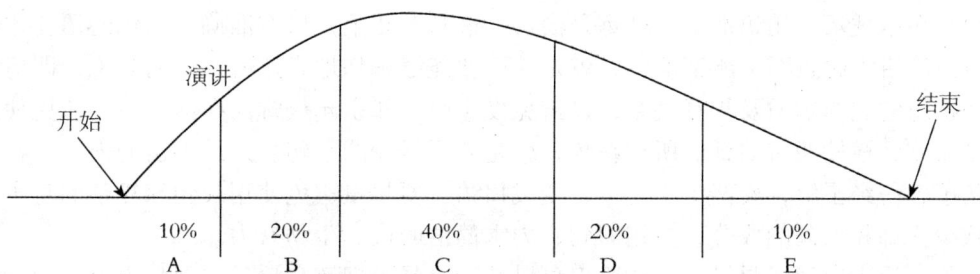

图4-1 演讲的时间结构安排

4.3.2 演讲中的常用技巧

演讲技巧指的是在正式演讲过程中所运用的一些吸引听众、提高演讲效果的方式、方法与诀窍。为了确保演讲成功，给听众留下美好的印象，除了在演讲之前进行必要的演讲准备外，还需要在演讲过程中运用一些技巧。

1）控制情绪的技巧

克服紧张情绪是有效演讲的第一步。研究表明，21%的人害怕在陌生人面前表演，10%的人对公众演讲有巨大的恐惧。紧张使得演讲者心率加快、手心出汗、膝盖发抖、嘴唇发干、语无伦次，预先的构思往往会被打乱。因此，掌握情绪控制的方法和技巧，就成为演讲取得成功的关键环节。控制情绪主要有如下技巧：

（1）熟悉讲稿。要克服紧张情绪，首先要熟悉讲稿。在形成讲稿后还要从框架到细节加以记忆、背诵。当演讲者面对听众感觉到紧张的时候，可在脑海里迅速回忆演讲大纲，这样可以使紧张的情绪得到缓解。

（2）树立自信心。演讲者进入演讲场所后，要微笑着环视听众和四周的环境。一旦走上讲台，就要多想自己的长处，想象自己是做得最好的，其余的演讲者水平肯定不如自己，只有这样，才能使自己树立起信心。要以积极的心态想象听众的反应和自己的演讲效果。可以想象自己在演讲时神采飞扬，听众洗耳恭听、积极配合，演讲结束后听众掌声雷鸣的情景。这些都可以增强演讲者的自信心。

（3）预先排练。预先排练是正式演讲前最后的准备工作，通过预先排练可以缓解紧张的情绪，因为它可以帮助演讲者发现紧张的根源，促使他做好进一步的准备。

2）有声语言表达的技巧

演讲依靠有声语言传达思想感情和有关信息。作为一种强有力的沟通手段，有声语言是连接演讲者和听众的桥梁，演讲者所用的词汇、句子及声音的高低、快慢、抑扬顿挫，都是所表达信息的一部分。听众对演讲者的不满通常集中在演讲者用词不准、句子冗长、声音模糊、语速太快等，这些都是有声语言运用方面的问题。要克服这些问题，就必须掌握有声语言的运用技巧。一般而言，有声语言的运用技巧主要包括以下几个方面：

（1）发声技巧。演讲者要使用正确、规范的普通话，发音要清晰，吐字要清楚。演讲者的声音要洪亮，要使每个角落的听众都能听得到，特别是在公共场所演讲时，演讲者要通过询问后排听众是否听得清或通过查看其非语言信号（如向前探身）的方法来了解音量的情况。如果后排听众有表示听不清的，则意味着要加大音量。一般地讲，响亮浑厚的中低音比较受人欢迎。演讲者在演讲时的语速也要适中，一般以每分钟150字左右为宜。

（2）用语技巧。用语准确、精炼是演讲的最基本要求，只有准确、精炼的语言才能使听众明白演讲者的意图。所谓准确，就是用语要能够确切地表达所讲述的对象，即事物和观念，指出它们的本质及相互关系，以避免发生歧义和引起误解。在演讲中要避免使用一切似是而非、模棱两可的话。所谓精炼，就是要用最少的字句表达最丰富的内容。言简意赅的句子，一经了解，就能牢牢记住，变成口语。要尽量避免使用长句和复杂的句子，并尽量减少修饰和限制的成分，多用短句，力求简洁明快、生动有力。

另外，语言应通俗易懂，这样不仅可以使听众易于理解和接受，而且也有助于活跃会场气氛，调动听众的兴趣。有的人演讲时喜欢用一些半文不白的语言，故作高深。当然，语言通俗易懂，讲究的是语言朴实、平易，而不是低级、粗俗、拖泥带水。

（3）巧用重音。重音在演讲中占有重要的位置，它可以突出强调某一字、词、句子，以满足表情达意的需要。重音的处理方式在于咬字的音量和力度，一般来说，重音区读得要比其他音节重一些。但有时将关键字、词、句子读得比其他字、词、句子轻也能起到突出强调的作用。在演讲中，重音的位置不同可以表达不同的意思，如"我没说他偷了我的书"这句话，根据重音位置的变化，可以表达七种意思，读者可自行体味一下。当你自认为已讲得一清二楚时，也可能恰恰被人误解了，即由于重音的使用不当所造成的。演讲者应根据演讲的目的、场合、对象、感情等因素，确定重音的位置，并对所强调的字、词、句子做出某种声音上的变化。在使用重音时，应注意三个问题：一是使用过多，处处都是重音，那就等于没有强调了，而且处处强调显不出主次，只会增添听众的疲劳；二是过于吝啬，该用重音的地方不用，使演讲平铺直叙，缺乏波澜，同样易使听众疲劳；三是重音使用不当，造成表意错误或者语言过分夸张。

课堂互动4-2

读一读，看看不同位置的重音表达效果有何不同？
- 明天公司准备进一批二手笔记本电脑。（不是今天）
- 明天公司准备进一批二手笔记本电脑。（强调是本公司）
- 明天公司准备进一批二手笔记本电脑。（不是两批或三批）
- 明天公司准备进一批二手笔记本电脑。（不是新电脑）

（4）语气、语调技巧。语气、语调可以在演讲中表达丰富的感情色彩，如愤怒、惊讶、高兴、害怕、妒忌、蔑视、难受、紧张、骄傲、悲切、满足、同情等。实验证明，没有实在内容的声音形式也可以沟通感情。在演讲中，"气徐声柔"的语气可以表达爱意，"气粗声硬"的语气可以表达憎恨，"气沉声缓"的语气可以表达悲伤，"气满声高"的语气可以表达喜悦，"气提声凝"的语气可以表达恐惧，"气短声促"的语气可以表示急促，"气促声重"的语气可以表达愤怒，"气细声粘"的语气可以表达怀疑。除了语气以外，语调升、降、平、曲的运用也可以表达不同的感情。一般来说，升调多用于疑问句和祈使句中，表达惊叹、疑问、号召等语气；降调多用于感叹句和陈述句中，表达感慨、赞叹、肯定等语气；平调多用于陈述句中，表达严肃、平淡、叙述等语气；曲调多用于句意复杂的长句子中，表达讽刺、暗示、欢欣、惊讶等情感。在实际演讲过程中，随表达的需要，语调也要不断变换。需要说明的是，虽然演讲一般有一个相对稳定的语气与语调，即基调，但在演讲过程中，随着演讲内容和演讲者情绪的变化，语气、语调也应随之而变化，不过，这种变化不是装腔作势和矫揉造作。

课堂互动4-3

读一读，体会一下：

- 那个客户走了吗？（高兴。可能因为不好对付，终于打发走了。）
- 那个客户走了吗？（惋惜。可能因为自己迟到，没有赶上见一面。）
- 那个客户走了吗？（质疑。"他怎么不等我回来就走了呢？"）
- 那个客户走了吗？（愤怒。"你们怎么不留住他呢？"）
- 那个客户走了吗？（平淡。"走了就走了吧。"）

（5）停顿技巧。停顿指的是在演讲过程中语音上的间歇。它在演讲过程中经常出现。一般来说，演讲停顿有三种，即语法停顿、逻辑停顿和心理停顿。语法停顿是指演讲稿中的标点符号表示了句子的语法关系，有标点符号的地方一般要有适当时间的停顿。逻辑停顿是指依照句子的逻辑结构进行停顿，如长句子的语法成分分界线。心理停顿则是根据演讲者的需要有意识地安排的，停顿的时间一般比前两者长，也更能体现停顿的作用。停顿具有重要的作用：一是停顿能够给听众一个整理思路、体会感情的时间，从而达到"沟通同步"；二是停顿能够使演讲内容的展开与推进具有层次性；三是停顿具有设问和暗示的作用；四是停顿能够引起听众的好奇、注意，令听众产生悬念。停顿虽然有如此重要的意义，但也不可以滥用。过多的停顿会使演讲过程缺乏连贯性，会使听众产生不安，怀疑演讲者是否熟悉讲稿及是否能准确地把握主题，进而怀疑演讲者的能力。

（6）节奏技巧。节奏指的是为适应演讲内容和出于表达感情的需要，演讲者特意造成叙述过程中的抑扬顿挫、轻重缓急的对比关系。它包括语速的快慢、语句的长短、语调的刚柔，以及重音、吐字、停顿等内容。概括起来，演讲的节奏可分为以下几类：

轻快型：适用于致欢迎词、宴会祝词、友好访问词等较随和的场合。

持重型：适用于理论报告、纪念会发言、严肃会议的开幕词、工作报告等。

舒缓型：适用于科学性演讲和课堂授课。

紧促型：适用于紧急动员报告或声讨发言。

低抑型：适用于追悼会等具有哀伤气氛的场合。

高扬型：适用于誓师会、动员会、批判会等。

单纯型：适用于简短的演讲。

复杂型：适用于内容复杂、费时较长的演讲。

演讲的节奏固然受演讲者的气质、性格以及听众情绪的影响，但主要还是取决于演讲的内容、演讲目的以及演讲背景。为了增强演讲的效果，演讲者应据此选择恰当的节奏。

3）体态语言表达的技巧

身体语言也是演讲者应重视的演讲表达手段，主要是配合有声语言来更加生动、形象地表达演讲者的思想和感情，通常包括表情、眼神、手势、姿态、动作等。演讲者的每种身体语言，如手势的高低起伏、动作的节奏和力度、面部表情的喜怒哀乐等，都能影响到演讲效果。有人曾列出了这样一个公式：感情的传达=7%的言辞+38%的声音+55%的面部表情。演讲者的声调、语气、表情、眼色等所包含的雄辩能力，比字句更有力量。有句话说得好："演讲如能使聋子看得清，则演讲之技精矣！"

（1）表情要自然。首先，演讲者在表情上要表现出充分的自信，这样会使听众更容易接受演讲。其次，表情要与演讲的内容相协调，不要出现表情错位。面部表情只有伴随着演讲内容和演讲者情绪的变化而变化才能打动人，表情错位则会使听众感到滑稽可笑。再次，表情的运用要自然，拘谨木然、呆板僵硬、目不斜视、精神紧张、手足无措、恐慌不安等表情只能削弱演讲的效果。最后，演讲的表情还不能过于夸张以致矫揉造作、自作多情，这样只能使听众感到虚假。

（2）眼神要灵活。俗话说得好："眼睛是心灵的窗户。"人的喜怒哀乐都可以通过眼睛反映出来。演讲者通过眼神可以把他的心理变化、学识、品德、情操、性格、趣味和审美观等毫不掩饰地呈现给听众，而听众也要善于通过演讲者的眼神变化来窥见其思想和感情。在演讲中运用眼神的方法有四种：前视法、环视法、点视法和虚视法。前视法即演讲者目光向前，面对前方观众发表演讲。环视法即演讲者环视全场，这样有利于控制气氛，调动听众情绪。点视法是指有重点地选择不同方向的几个视点，与反应强烈的听众实现交流。虚视法是将目光投向远方，一般在表达憧憬、回忆等内容时使用。总之，演讲者要与听众有目光交流，还要根据演讲者的情绪、演讲的内容、听众的态度及演讲环境等因素而变换使用多种眼神，以强化演讲效果。

（3）手势要大方。手势是体态语言中重要的表达手段。不同的手势表达不同的情感。自然而安详的手势可以帮助演讲者平静地陈述和说明；急剧而有力的手势可以帮助演讲者升华情绪；柔和而平静的手势可以帮助演讲者抒发内心炽热的情感。在演讲过程中，手势的运用要大方自然，矫揉造作和过于夸张只能使听众感到不舒服。手势的种类、幅度、方向要与演讲的内容、演讲者的感情及现场气氛要协调一致。手势一定要与口语同步进行，切忌说完话后再补手势。手势还要与民族文化及听众的习惯相适应，使听众易于理解和接受。在演讲中，不能总是重复一种手势，而应富于变化。当然，手势也不是越多越好，而应根据演讲的内容和表达的需要，采取适当的手势。有时手势可以用来掩饰演讲者的紧张情绪，但令人眼花缭乱的手势只能暴露演讲者自己的慌乱，弄巧成拙，毫无意义。

（4）站姿要端庄。不少演讲家提倡在演讲中使用站姿。站立的姿态，一般提倡两腿略微分开，前后略有交叉，身体的重心放在一只脚上，另一只则起平衡作用。这样既便于站立，也便于移动，身姿和手势也可以自由使用。当然，演讲有时也可以采用坐姿，这比较适合时间长或拉家常式的演讲。演讲者无论采用哪种姿态，都不要做过多的无意义和过于夸张的动作，否则就会被认为浅薄、狂妄、胆怯。

（5）着装要得体。演讲者穿与演讲内容、演讲氛围、时令、演讲者年龄相适应的服装，可以增添演讲的色彩。作为演讲者，在着装上应考虑以下几点：一是穿着要得体，避免穿着紧身、太破旧和厚质的服装；二是穿着要适合特定的场合，如对工作出色的员工做发言，不宜穿牛仔裤、运动衫，而对社会团体作发言，不宜穿着正式宴会服；三是要保持衣着整洁，演讲开始之前要审视自己的仪表，检查着装；四是不要穿着可能分散听众注意力的服装，剃须后抹的润肤水气味不要太浓烈。也就是说，演讲者的着装既要使听众赏心悦目，又不要使听众过于分散注意力。

4）控场的技巧

尽管演讲者在演讲之前都做了充分的准备，但是由于演讲环境复杂多变、听众成分不一、演讲者自身失误等，演讲随时可能出现意外。因此，为了取得良好的演讲效果，还必须掌握一定的控场技巧。

（1）内容多、时间少的处理技巧。演讲者有时会发现在规定的时间内根本不可能完成演讲。遇到这种情况时，有些演讲者要么拖延时间，犯了演讲的大忌；要么惊慌失措，提高语速，使演讲变得前松后紧；要么删除演讲稿中的部分内容，致使演讲内容不够完整。对此，正确的处置方法是：压缩内容，删除事例和详细的分说；妥善使用概括语，将原文中的详细论证、说明、描述进行概括。需要注意的是，压缩和概括都要以不破坏演讲稿的体系为前提。

（2）记忆中断的处理技巧。演讲过程中演讲者可能还会出现记忆中断的情况，这时演讲者切忌惊慌，应采用各种方法加以弥补。弥补记忆中断的方法主要有 3 种：一是插话衔接法，即临时插话，对上面的内容加以发挥、阐释、例释；二是重复衔接法，即加重语气，重复最后几句话；三是跳跃衔接法，即前话后补。通过以上 3 种方法可赢得时间，使自己尽快回忆起忘却的内容，如果确实回忆不起来，则可以使用概括语代替。如果是无关大局的内容，则直接可以略去，千万不要停下来冥思苦想。

（3）讲话失误的处理技巧。当演讲者不小心讲话失误时，可以用反问法加以掩饰，如可以说："我这样说对吗?显然是不对的!因为……"这样做的好处是，听众根本觉察不到演讲者的失误，反而会认为演讲者是在树立靶子，以加深听众的印象。

（4）听众缺乏配合的处理技巧。有时会场上会出现一些演讲者不愿意见到的情况，如听众会显得很疲惫，喧哗而不注意听演讲的内容，冷漠而不积极配合。这时，演讲者应当迅速冷静地分析出可能的原因，或根据实际情况运用悬念法、幽默法、穿插法等，调整演讲内容，或围绕演讲中心运用举例法、故事法、提问法，把听众分散的注意力拉回来。

（5）对听众持反对态度的处理技巧。如果听众中有人对演讲者的观点提出反对意见，演讲者首先应该环视全场，然后面向持反对意见听众的方向，用亲切温和的态度设法消除对立。例如，可以说："对于这个问题有人有不同的看法，这是正常的，他们的观点也不能说没有道理，但是……"这时，演讲者就可以用进一步阐述自己观点的方法来平息对立了。

（6）遭遇干扰的处理技巧。在演讲时，如果场外有噪音干扰，演讲者应当稍停片刻，等噪音消失以后再讲。如果会场内有听众说话，演讲者可以停下来，看着说话的听众，用眼神制止他们；假如仍不奏效，演讲者也千万不要动怒，应使用委婉劝说或突然提问法加以解决。演讲过程中还可能出现一些意想不到的尴尬，演讲者也应设法解除。例如，有一位演讲者上台时不小心被话筒线绊倒，他灵机一动，对听众说："我为广大听众的热情所倾倒!"这种幽默处置法既为自己解了围,又使演讲增色。

5)有效利用直观教具

(1)直观教具的种类。直观教具的种类有很多,大致可以分为5种:①黑板。这是最为普遍的教具,常被用于写关键词、要点的板书与画简单的图画。②实物。听众很愿意看演讲者正在谈论的或者与演讲话题相关的东西,演讲者可以将其作为直观教具。③图表。图表包括广告、宣传画、组织结构图、挂图、表格等。④多媒体。常见的是演讲者预先将演讲稿制作成幻灯片,以传递文字、图形、动画以及音频的信息。⑤散发的材料。散发的材料即演讲者分发给听众的有关文字材料。

(2)直观教具的作用。直观教具是帮助演讲者解释要点的装置。它在演讲过程中的作用体现在以下3个方面:

一是可以抓住听众的兴趣,勾起听众的好奇心从而吸引听众的注意力。例如,一位日本教授给大学生演讲,开始时场面很乱,教授从口袋里掏出了一块黑乎乎的石头,然后说:"请同学们注意看,这块石头非常珍贵,在全日本,只有我才有这么一块。"听众顿时静了下来,教授于是开始了关于南极探险的演讲。

二是显示、佐证、阐释、讲解演讲稿中的要点以及比较抽象的内容。黑板的板书或幻灯片可以显示演讲的要点,各种图表可以佐证演讲者的观点,组织结构图有助于演讲者阐释复杂的组织结构和理论体系,模型与挂图则有助于展示、讲解听众难以见到或肉眼不能见到的事物。

三是直观教具还有利于听众把握和记忆演讲内容。研究表明,如果仅给听众口头信息,3天后,听众仅能记忆10%;如果不用语言沟通而单给听众展示材料,听众将记忆35%;如果语言和非语言两种信息都提供,听众就能记忆65%。高科技的飞速发展给演讲者提供了更多、更直观、更先进的教具,演讲者应学会使用。

(3)使用直观教具的注意事项。强调直观教具的重要作用,但并不意味着有了它以后听众就会注意演讲内容。直观教具能够强化演讲效果,但也不是说它能够替代演讲。演讲者一定要明白,直观教具只是支持演讲的附属品,而不是演讲的全部。因此,演讲者首先要确定在演讲的哪一部分、哪个细节使用哪种教具更为合适。其次,在演讲之前要学会并演练教具,特别是多媒体教具的使用方法,直到能够独立熟练使用为止,以防在正式演讲中出现问题影响演讲;演讲者还应该到会场考察一番,熟悉演讲场所,看一看有没有配套设施,所用的直观教具能否清楚地显示出来。最后,演讲过程中要把握好使用教具的时机,特别是分发材料的时机,不要使听众因读材料而忽视听演讲;暂时用不到的教具要放在不显眼的位置,以防分散听众的注意力;利用教具讲解时,要用手指示,眼睛要与听众接触,而不是自己站在教具前面背对听众;另外,使每个人都能看到教具也是演讲过程中需要注意的问题。

4.4 会议

4.4.1 会议的组织

会议开得有效与否取决于对会议的组织,因此为了使会议有成效,就必须做好以下3

个阶段的工作：会前准备、会议期间的控制以及会后工作。

知识链接4-3

自从有人类历史以来，社会上就存在办公与商议活动了。为了捕获一只鹿，氏族首领可能要召集全体成员商议具体的猎捕办法，并给每个人分配任务，然后大家分头去执行。随着社会的不断进步，会议在处理问题的过程中发挥着越来越重要的作用。

当今的一项调查表明：在英国每天累计约有400万个小时被用于召开组织会议，在美国平均每天要举行1 100次的团队会议。《哈佛商业评论》说，每个主管每天用于正式会议的时间高达3.5小时，用于非正式会议的时间大约是2小时。可见，很多管理人员用于会议的时间要占去工作时间的一半以上。

虽然会议会造成人力资源和物质资源的巨大浪费，但是人们也不得不承认，会议是非常有效的沟通手段。会议给团队提供了协作的平台，在会议中的面对面交流可以传递更多的信息。

资料来源　肖晓春.人性化管理沟通[M].北京：中国经济出版社，2008.

1）会前准备

（1）明确会议目标。一般来说，企业中常见的举行会议的原因有两类：或者讨论工作中所出现的问题，或者分析将来工作中可能会发生的问题。一旦明确了会议的原因和必要性，就应当设置一个具体的目标，如实现协议或策划方案等。

如果会议的原因指向的是一个急需短期内解决的问题，例如，找到上个月营销成本激增的原因，或是部门主管离职之后由谁来负责这个部门的工作，那么会议的目的就是给会议原因中的问题找到明确的答案。而如果会议的原因指向的是一个需要长期协调讨论、渐近解决的问题，例如，部门的规则是否有不完善的地方，或现在公司的营销策略是否需要进一步改善，那么会议的目的就是对这个问题的讨论这次应该达到一个什么样的程度，是一定需要做出结论，还是先让与会者在原则上达成共识等。当然，这个达成的"程度"是一定要明确的。

（2）确定会议议题。设定会议目标只是一个大方向，想把会议开得有效率，还必须拟妥相关的议题。首先，议题必须紧扣会议目标，凡是与会议目标无关的议题都不要列入会议的议程，以免分散会议主题，既延长会议的时间，又有可能引起不必要的麻烦。其次，各项议题之间最好存在有机的联系，且按合乎逻辑的顺序排列。最后，应清楚地指出各项议题所需谈论的时间，这样可以使与会人员做到心中有数。

（3）拟定会议议程。明确会议目标和主题之后，就可以决定会议议程，即将会上将要讨论的问题按重要性和类别依次排序，并限定各项内容商议的时间。通常，会议议程应包括会议日期、时间、地点、议题及参加对象等。一次会议所讨论的问题不宜太多，讨论时间也不宜太长，因为在有限的时间里讨论太多的问题常常解决不了问题。

（4）准备会议文件。会议召开的目的就是召集人员对议题进行讨论，并做出决议。若想进行充分的讨论，仅仅依靠与会者的记忆是远远不够的，为了顺利地召开会议，会前应收集和整理与议题相关的信息，所以会议还需要大量的文档和资料。会议所需的文档和资料一般有以下几种：

一是发言稿。在会议中，与会者有大量的发言，尤其是主持人或展示者的发言是最重要的，特别是在一些大型的会议上，最重要的内容就是公开发言，所以不但要求发言者有一定的口头表述能力，而且要力求发言稿的内容和质量既要简明扼要、重点突出，又要深入浅出、通俗易懂。一般来说，发言稿都由发言者本人撰写，即使由他人代写也要让本人审核，这样才能保证发言内容符合发言者的意愿。少数形式化的发言可以由别人直接代写，如贺词等。

二是公开资料。对于大多数与会者来说，会前他们并不了解其他与会人员对于议题的理解和看法，所以在会议开始前，应允许一些与会者分发他们自己的资料，但这样做可能会使会场秩序比较混乱。组织者最好在会前就提前向各个与会者发出通知，让他们提交自己需要分发的资料，由组织者统一分发。从有效传递信息的角度而言，无论是其他与会人员的资料，还是组织者自己的资料，都应当提前装入材料袋，从而避免因临时分发资料而导致会场秩序混乱的局面。

三是对外新闻通稿。现在的大型公开会议，都越来越重视媒体的宣传作用。善用媒体渠道，可以低成本地向大众宣传，扩大会议组织者与参与者的影响力。向媒体提供信息的最主要渠道就是对外新闻通稿。新闻通稿应提前由组织者撰写，包括会议的议题、组织者、参与者以及主要内容等几个部分。由于新闻通稿可能直接用于发表，所以文章应力求语言流畅、通俗易懂，应最大限度地避免出现深奥难懂的专业性词汇。

会议的文档和资料虽然只是起到了辅助作用，但由于其不可更改的特性，所以在准备时也应当小心谨慎，以保证内容准确。在会前应先将会议议程和整理好的文件分发给与会者，使大家对将要讨论的问题有所准备。

（5）确定会议主持人。会议主持人是与会者中最重要的一个核心角色。在会议进行中，会议主持人应能够正确地、恰当地把握方向，稳妥地控制全局，并得到大多数与会者的认可。一个合适的会议主持人可以挽救一场濒临崩溃的会议，同样，一个错位的会议主持人则可能会断送一场原本前景不错的会议。所以，在选择会议主持人时必须相当谨慎小心。作为会议主持人，应具有敏捷的思辨能力，沉着自信、表达能力强、富有幽默感，并且具有较强的领导能力。一般情况下，会议主持人常由群体中职位高的管理者担任，高级管理者作为会议主持人，在会上常常能显示出老板的气度，但有时有碍于活跃会议气氛，因此可以尝试着选择群体中具有相当知识经验的人来担当会议主持人，或者采用现在比较流行的做法，即让公司秘书担任会议主持人，或者由与会者轮流来担任会议主持人。

（6）确定与会人员。根据会议主题，通常选择那些对会议内容比较了解并与其工作相关的人员参加会议，不要因为害怕伤害某些人的感情而迫不得已地去邀请那些不相干的人参加会议。另外，还要依据具体情况限定与会者的人数。

（7）预定会议场所。影响场所选择的因素有很多，所以会议的场所应该视会议的性质而定。如果是仪式性会议，那么可以在自己公司的会议室里或在宾馆的大会议厅里举行；如果是决策性会议，那么可以安排在一个能够促进真正沟通意见的环境里。另外，会议地点应事先确定好，事先列好相应的清单并在会前进行核实，包括：①会议室是否预定好？是否有足够的椅子？②视听器材如幻灯机、多媒体播放机、麦克风等是否准备就绪？③分发的材料是否准备充足？④休息时的供应如茶水、水果和点心等是否准备好？⑤是否备好记录本、纸张、铅笔和名片等？

会场布置应根据会议的目的、性质及与会者人数而定，常见的有六种类型（如图4-2所示）。

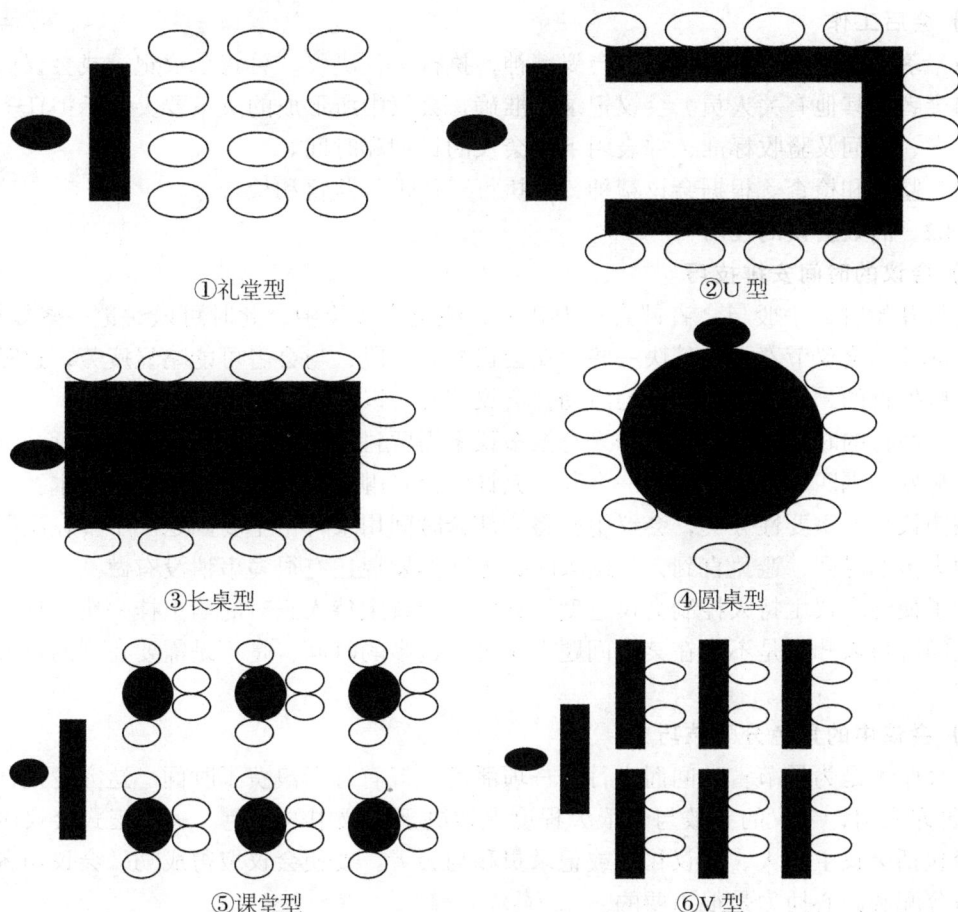

①礼堂型　　　　　　　　　　　　②U 型

③长桌型　　　　　　　　　　　　④圆桌型

⑤课堂型　　　　　　　　　　　　⑥V 型

图4-2　会场布置类型图

2）会议期间的控制

会议能否顺利进行，很大程度上有赖于会议主持人对会议的节奏和方向的把握。具体来说，会议进程的控制大致可以按以下步骤进行：

（1）宣布会议的主题和目的。

（2）根据会议议程提出每个项目，然后征求有关与会者的意见。

（3）给每个人表述自己意见的机会。

（4）控制讨论进程。如果发生与议题无关或深入到不必要的细节上时，应及时引导到议题本身。

（5）如果在会议中出现各种不同的见解时，会议主持人应根据自己的理解将各种观点加以概括。

（6）遵守预定的时间，不要拖延。

（7）在每个问题讨论结束后加以概括，以便实现共识或做出决策。

（8）在会议结束时，对已取得的结果进行概括。对于部分问题如确有必要做进一步讨论，可以安排在下一次会议进行讨论。

（9）确定下次会议的议题和时间。

3）会后工作

（1）落实会议精神。为了贯彻会议精神，执行会议决议，可将会议记录或会议简报下发至与会者及其他有关人员。会议记录应准确，会议中所形成的决策要突出承担任务的责任人姓名、时间及验收标准，并表明下次会议的日期和时间。

（2）监督和检查。根据会议精神，对执行工作进行监督和检查。

4.4.2　高效会议的技巧

1）会议的时间安排技巧

会议开始时，一般与会者都会精力旺盛，注意力较集中，此时可以讨论一些复杂的、关键的问题，会议节奏可以稍快一些。在会议的后半段，与会者可能略显疲劳，这时候可安排一些例行的、易于达到目标的活动，会议节奏可以相应放慢一些。

会议举行的时间不宜过长，如果有很多议案需要讨论，可以分几次会议进行。会议进程中，最好每隔四十五分钟休息一会儿，允许与会者聊聊天、走动走动、喝喝水。

按照议案的重要性分类，会议中应将大部分时间用来讨论主要问题。不要在次要问题上纠缠太多的时间，避免直到会议结束时，才猛然发现还有很多事情没有做。

为了便于会议主持人控制会议进度，通常在会议主持人正对的墙上挂一块大钟。会议主持人随时可以知道是不是在某个问题上拖延了过多的时间，是不是需要在别的议案上抓紧一点。

2）会议中的角色分配技巧

开会原本是为了节省时间而进行的一项活动，但有时却浪费了时间。这究竟是什么原因呢？研究表明，会议的有效与否很大程度上取决于会议中的角色。一个正式会议中的角色一般包括会议主持人、会议秘书或记录员和与会者。要使会议取得成功，会议中各角色的任务分配和同心协力是很重要的。

（1）会议主持人。可以说，对会议影响最大的人就是会议主持人，会议主持人的作用包括三个方面：一是引导；二是激励；三是控制。其主要职责涉及：①会前，明确会议的目标；起草议程；决定参加会议的人员、会议举行的时间和地点；准备分发的材料（具体工作可以由召集方相关工作人员完成，但会议主持人必须把握好整体情况）。②会议期间，创造合适氛围；宣布会议开始；控制会议进程；鼓励与会者发言；做出决定；确认行动和职责；宣布会议结束。③会后，重新检查会议记录；评估会议成果；使所有成员都明确会议结果。

不论开会的原因是什么，营造一种适宜的开会氛围对于会议主持人来说是非常重要的，良好的开会氛围会使所有与会者都能积极参与并各抒己见，从而确保每个人都有一种宽松的心情、宽松的氛围。

同步思考4-1

> 某公司正在召开会议，会议议题是讨论加强各部门协作，共同开发A市场，但在讨论中销售部李经理和人事部王经理因为招聘业务员的人数发生了争执。李经理一定要招聘八个人，而王经理说三个人就够了。
>
> 会议主持人："我得强调一下，我们此次会议的目的是加强各部门协作（用着重的语气），共同开发A市场，我希望公司能够真正做到各部门协同作业。至于招聘人数的问题，我们会后可以再讨论，现在讨论下一个议题……"
>
> 思考：会议主持人应该如何做？
>
> 分析提示：在会议中与会者出现意见相左是非常正常的事情。当出现争论时，会议主持人不能一味当老好人，和稀泥，这样对争论是不利的。如果不能很好地解决争论，给与会者一个确定性的答复，那么会议就不能正常进行。
>
> 出现这种情况，会议主持人首先应对会议目标及双方意见有一个清楚的了解，弄清楚争论产生的原因。不管是哪一种原因，会议主持人都要提醒大家明确会议的目标，谁的意见更符合会议精神，就支持谁的意见。不论支持还是反对，都要注意对事不对人，大家只是所持意见不同，不能把意见冲突变成人身攻击。

（2）与会者。参加会议的成员都有责任使会议取得成功。对于所有的成员来说，明确会议目标、议程以及自己与其他人在这次会议中的角色等，这些是很重要的。与会者应该考虑到的问题主要包括以下内容：①会前，理解会议议程并阅读有关资料，明确会议主题和目的，确认在会议讨论内容中有哪些项目与自己有关，并对这些相关内容有所考虑，应该持什么观点，用什么材料作为论据来支持这些观点；另外，还要明确会议的时间和地点。②会议期间，注意倾听别人的观点；积极参与会谈；对所讨论问题充满兴趣；对涉及自己工作的决策、行动计划，应做好详细记录。③会后，全力贯彻会议精神，完成会议期间所分配的任务。对于每个人来说，都应积极发言，提出自己的想法，找出最好的解决问题的方案。如果一个会议内容中包含有好几个不同领域的问题，很有可能你会因为曾参与过对其中某一问题的讨论而对这次会议失去兴趣。不过我们应尽量对整个会议保持足够的关注，因为我们经常发现，各种能力综合起来就会产生一个更好的创意。

如果会议主持人不能控制会议的局面，那么其中一名成员应能机智地使会议处于正常运行状态。当然，最坏的一种可能是会议主持人彻底地失去了对整个会场的控制，那么这时，该有一名成员站出来主持会议（使会场秩序得以恢复）。对于这名成员来说，帮助会议主持人以一种外交方式或手段来避免冲突，这是非常必要的。

（3）会议秘书。会议秘书的作用很重要，因为他直接向会议主持人负责，其职责包括：①会前，应详细检查会议的日期、时间；通知与会成员；分发必要的背景资料。②会议期间，记录会议时间、参加人数、会议内容以及报告人和会议结束的日期。③会后，写会议备忘录，核对必要的事实和数据；与会议主持人协商；会议备忘录的分发。

●知识题

一、选择题

单选 4.1 以下内容与口头沟通的特点不相符合的是 （　　　）。

A.有声性　　　　　　　　　　　　B.情景性

C.可保留性　　　　　　　　　　　D.即时性

多选 4.2 口头沟通过程对语言的要求主要包括 （　　　）。

A.语言要准确　　　　　　　　　　B.语言要简洁

C.语言要生动　　　　　　　　　　D.语言要通畅

多选 4.3 谈判过程中的提问要注意的问题有 （　　　）。

A.问题要精心准备　　　　　　　　B.把握提问的时机

C.提问要尊重对方　　　　　　　　D.注意提问的语气和语调

单选 4.4 在会议沟通过程中起控场作用的人物是 （　　　）。

A.会议主持人　　　　　　　　　　B.参加会议的人员

C.会议秘书　　　　　　　　　　　D.以上内容都是

多选 4.5 克服演讲过程中紧张状态的有效措施主要有 （　　　）。

A.充分熟悉讲稿　　　　　　　　　B.增强自信心

C.提前演练　　　　　　　　　　　D.微笑面对

二、简答题

4.1 口头沟通有什么特点？

4.2 口头沟通需遵循哪些原则？

4.3 谈判过程分哪几个阶段？

4.4 会议准备阶段需要做哪些工作？

4.5 试述演讲准备的过程和内容。

●实训题

实训项目4.1：准备一次五分钟的演讲

实训目的：通过演讲活动，锻炼学生的口头表达，学会综合运用语言、非语言技能，学会控制紧张情绪，提高学生的口头沟通能力。

实训步骤：

1.针对听众的特点及其可能的偏好，确立演讲主题，着手收集资料。

2.整理所收集的资料，形成演讲稿。然后，以大纲的形式制作PPT或其他多媒体效果。

3.借助多媒体效果进行试讲，由教师和其他同学对演讲的总过程，包括走步上台、演讲内容、语言表达、非语言表现、声音的运用、对问题的解答和结束后的走步回原座位等做出评价，并及时予以纠正，有时需要反复尝试、反复纠正。

4.正式在全班进行演讲。由学生代表作为评判员与老师一起，参照打分标准（见表4-1），对每位演讲者打分。

表4-1　　　　　　　　　　　　　　　**打分标准表**

评价内容	演讲者顺序									
	1	2	3	4	5	6	7	8	9	10
内容组织(20%)										
时间把握(10%)										
语言表达(20%)										
非语言运用(30%)										
服饰仪态(10%)										
总体印象(10%)										
总分										

5.教师对整个活动总结点评，提出改进建议。

实训项目4.2：口头表达能力测试

表达是将思考所得的成果用语言表现出来的一种行为，是观察、记忆、思考、创造和阅读的综合运用的能力。请通过下列问题对自己的该项能力进行差距测评。

1. 你如何表达和阐述你的观点？（　　）

A.分条列项阐述　　　　　　　　B. 重点突出，条理清楚

C.直接陈述

2. 你一般采用怎样的方式表达你的观点？（　　）

A.语言文字、图像和数据并用　　B. 图形、数据和声音并用

C. 直接用语言阐述

3. 当你当众表达时，你一般如何把握你的声音？（　　）

A.重点突出，抑扬顿挫　　　　　B. 注意控制音量

C.对麦克风进行挑选和试用

4. 当你当众表达时，你一般如何把握你的语速？（　　）

A.语速适中　　　　　　　　　　B. 注意表达的节奏

C. 通过停顿调节语速

5. 当你进行表达时，你如何运用你的语言？（　　）

A.尽量简单精炼　　　　　　　　B. 通俗表达

C. 根据受众对象，使用专业术语

6. 在表达时，你如何运用技巧很好地和听众进行沟通？（　　）

A.和听众保持眼神交流　　　　　　B. 运用手势吸引听众

C. 通过幽默调节气氛

7. 你认为如何才能让你的表达吸引听众?（　　　）

A.完美的开场白　　　　　　　　　B. 充满逻辑性和故事性的论述

C. 你的权威性

8. 当你向上级汇报工作时,你如何表达?（　　　）

A.结果突出,重点解释　　　　　　B. 重点突出,清晰表达

C. 照本宣科,宣读报告

9. 当你要求同事配合你的工作时,你一般从哪个角度进行表达?（　　　）

A.发出邀请　　　　　　　　　　　B. 陈述同事对工作的重要性

C. 直接要求同事合作

10. 当你向下属分配任务时,你如何表达?（　　　）

A.明确任务,并限定时间　　　　　B. 说清任务,明确利益

C.传达任务,限期完成

评分标准:

选A得3分,选B得2分,选C得1分。

结果评价:

24分以上,说明你的表达能力很强,请继续保持和提升。

15～24分,说明你的表达能力一般,请努力提升。

15分以下,说明你的表达能力很差,急需提升。

●案例题

一言堂?!

李平,作为兰花机械制造有限公司的总裁,十分清楚不断让员工了解公司发展状况的重要性。最近,由于竞争激烈,公司产品价格持续下跌,他意识到公司正步入一个严峻的时刻。为了保持市场份额,他很清楚必须采取降价策略。

他相信自己每月一封寄给每个员工的"来自总裁办公室的信"是一个很好的充分传递信息的途径。然而,现在重大危机爆发了,他召集了所有的部门经理在公司装饰简朴却不失威仪的董事会议室开会。选择董事会议室本身就向部门经理们发出了一个信息,即他们是管理层的一员,他们正参与重大决策。参加此类会议大家都达成了默契,所有与会者必须在规定的时间前就座,当总裁步入会议室时,必须全体起立,直到总裁让他们坐下。这一次,当李平进入会议室时,他点头示意起立的各位坐下。

"我之所以召集各位出席这次会议,是想说明一下我们目前所面临的严峻的经济形势。我们正与那些市场对手狭路相逢,他们迫使我们不断降价,不断缩短发货时间,已经让我们感到喘不过气来。如果我们伟大的公司,一座自由企业的堡垒,想继续生存下去,我们必须团结打拼。"

讲完开场白后，李平注视着每一位正襟危坐的与会者，知道他们不敢随便发言。的确，没有人说话，每一个人都知道在这种场合下，开口发言就意味着与李平唱对台戏。

"让我进一步解释我的意思。首先，我们需要发挥想象力。我们需要积极思维，我们必须优化生产，要绞尽脑汁，削减成本，为了实施这一项削减成本的计划，我已经在外面物色了一位高级生产经理来协助完成。"

"其次，我们要提高产品质量。在本公司，质量意味着一切。每一台机器、设备都要由生产主管负责定期检修。在质量上没有一件事是可以被视为是芝麻点大的小事、微不足道的，或是可以轻视的。"

"再次，要加强我们的销售队伍。客户是我们的生命线，尽管他们不一定总是对的，但我们仍然要像安抚绵羊一样温和地对待他们。我们的销售代表都要学会推销自己，要使每一次拜访都有建树。我们对销售代表的报酬是非常公平的，即使如此，我们仍将做到锦上添花——对那些困难重重、进展缓慢的项目，要提高销售代表的佣金。我们将在董事会上讨论具体事宜，当然，我们不会超出预计的成本。"

"最后一件事是团队精神，这是我们首当其冲要加强的。除非我们抱成团，否则别想成功。领导风范就是团队精神，团队精神就是为实现共同的目标拧成一股绳。你们是管理层的代表，非常清楚我们的目标。现在就让我们上下同心、齐心协力，去度过这一场危机。记住，我们是快乐的大家庭。"

当李平结束其掷地有声的总结时，每一位部门经理马上起立，恭敬地站在椅子旁，注视着总裁收拾文件、离开会议室、通过小门走到他的办公室。

问题：

（1）你将如何评价该会议的有效性？

（2）这个貌似紧凑、高效的会议沟通最终能实现其预期的目的吗？

（3）分析是什么因素阻碍了沟通的有效性。

（4）你将如何主持上述会议，使之成为高效的双向沟通形式？

分析提示：从本案例可以看出，此次会议只有"会"而没有"议"。基本是一个单向的沟通过程，变成了李平总裁的一言堂。会议气氛十分紧张，没有给与会者发言的机会，没有征求与会者的建议。

第5模块 书面沟通技能

学习目标

★ 知识目标

了解书面沟通的特点

明确书面沟通的原则

掌握各种企业文书的基本写作规范

★ 能力目标

会写作企业的基本文书

会写求职信

会撰写并设计个人履历表

★ 素质目标

具备扎实的写作基本功，能够在需要的情况下通过书面方式与人沟通，并实现沟通目标

引 例

是欠条还是还款证明

——"还"字多音惹纠纷

2000年4月，黄先生承建北京某农业发展有限公司（以下简称农业公司）养猪舍7栋，承包工程款总计84 000元。双方约定工程开工时，农业公司首付黄先生总工程款的70%，即58 800元，但农业公司却只付给黄先生30 000元，其余款额一直未付。2002年4月7日，农业公司出具一张写有"还欠黄某工程款28 800元"的证明，黄先生依此欠据将农业公司告上法庭，要求立即给付工程款28 800元。

然而，在法庭上，被告农业公司在承认欠黄先生工程款28 800元的同时，提出此欠款已由当时经手人偿还了，并为黄先生出具了还款证明，字条"还欠黄某工程款28 800元"中的"还"字应读为huán，故不同意黄先生的诉讼请求。

顺义区法院认为，被告为原告出具的证明应视为欠款证明，法院对原告的请求应予支持；被告辩称此证明为还款证明，并未提供相关的证据证实，法院不予采信。最终判决被告农业公司给付原告黄先生工程款 28 800 元，案件受理费 1 162 元由被告负担。

资料来源 佚名.是欠条还是还款证明——"还"字多音惹纠纷 [N].北京晚报，2004-03-18.

这一案例表明：书面沟通在日常管理工作中具有非常重要的作用。书写的内容要经得起反复推敲，要具有严密性，才能保证传递的信息是正确的。书写的内容可长期保留并可作为法律凭证。

5.1 认识书面沟通

5.1.1 书面沟通的特点

所谓书面沟通，就是利用书面文字作为主要的表达方式，在人们之间进行信息传递与思想交流，如企业在处理日常事务时经常使用的信函、计划书、各类报告、合同协议等都是重要的书面沟通方式。有统计表明，企业中高层领导的大部分时间花在文件审阅、传送及拟定上面，也就是说，其大部分时间花在了书面沟通上。可以说，无论是企业内部沟通还是企业外部沟通，时刻都离不开书面文字。对企业内部而言，企业成立时需要拟定公司章程、制定规章制度、编制工作说明书等；日常管理中需要制订各种计划、签订有关合同、发放各种通知等。对企业外部而言，书面沟通更为普遍，如财务报告、市场调研报告、对外商务交往信件与函件等，这些都是企业与外部环境联系的桥梁和纽带。

1) 书面沟通的优点

书面沟通在人们的生活和企业管理过程中扮演着重要角色，具有其他沟通形式所不可替代的作用。概括起来，书面沟通的优点主要表现在下述几个方面：

（1）书面沟通可供阅读，能长期保留，并可作为法律凭证。一般情况下，信息的发送者与接收者都是通过书面文字了解信息，传递思想与情感。这些书面文字可以长期保存，如果对信息的内容有疑问，事后对信息的查询也是完全可行的。由于书面沟通有据可查，因此在某种意义上还可以作为法律上的凭证和依据，如合同与协议书的条款一旦生效就具有法律效力。不仅如此，书面沟通还能够给读者提供更多的思考时间，使其仔细分析文字上所附有的意义，并且可圈可点。

（2）书面沟通可使下属放开思想，避免由于言辞激烈而与上级发生正面冲突。如果下属面对面地与领导交谈，一般都会有所顾忌，不敢直言，特别是对领导的缺点，下属更不愿直接说出。采用书面形式沟通，下属可以直抒胸臆，晓之以理，动之以情，让领导理解或接受自己的观点和意见，既能使问题得到解决又照顾到双方的脸面，维护了双方的自尊，避免由于言辞激烈而与上级发生冲突与不快。反之，上级采用书面的形式与下属沟通，既能拉近彼此之间的距离，让下属感到亲切，同时下属也比较重视，能够及时改进自己的不足。同时，采用书面形式沟通，写作者可放开思想包袱，从容表达自己的想法，避免了口头沟通时说话不连贯、吞吞吐吐、欲说还休的尴尬情况。

（3）书面沟通的内容易于复制，有利于大规模地传播。书面沟通可以将内容同时发送给许多人，向他们传递相同的信息。书面沟通的载体形式多种多样，包括报纸、杂志、书籍、信件、报告、电子邮件、传真、通知等。广泛的载体形式使得书面沟通可以不受时空限制，从一地转到另一地，而且只要载体上所印制或储存的文字及其他信息符号能够保存，内容就可以长期保存下来。

（4）书面沟通讲究逻辑性和严密性，说理性更强。人们把所要表达的内容说出来与写出来是大不一样的。一般而言，说出来要比写出来更为容易，因为说的时候不必对文字仔细推敲，也不必讲究语法和修辞，并且还可以伴随着大量的肢体语言和表情等。但要把自己口头表达的内容变成文字，就必须对其进行认真组织，既要讲究语言的运用，又要考虑修辞、逻辑以及条理等。同时，书面文字在正式传播以前还要经过反复修改、补充、论证，以使意思表达得更为清晰。

（5）书面沟通可以反复推敲、修改，直到满意为止。由于口头表达大多都是即时性的，不会给表达者很多的时间思考、准备。说话者一旦话已出口，则很难收回，尤其是当话语有损于对方时，即使重新表达自己的意思也无法消除之前造成的不良效果。而书面沟通则不同，人们在进行书面沟通时，时间一般是比较充裕的，可以对自己要表达的思想和观点进行反复推敲、修改，这样不仅可以避免口头表达时因个人情绪冲动而产生的不利影响，而且还能够表达口头语言无法表达的内容和观点，如个人情感及内心感受等。也正因为如此，书面沟通才具有口头沟通不可替代的作用。

2）书面沟通的缺点

任何事物都是相对的，都具有两面性。书面沟通既有优点，也有不足。书面沟通的缺点也是非常明显的。

（1）书面沟通耗费时间较长。同样的内容，在相同的时间内，口头沟通传递的信息要比书面沟通传递的信息多得多，如花费一个小时写出的东西只需要15分钟就可以说完。之所以如此，是因为口头沟通不需要花费过多的时间进行构思和修改，语言也比较简洁，即使出现一些不规范的省略句、半截子话等也并不影响听众的理解；而书面沟通则不同，需要花费大量的时间和精力对文章结构、内容和逻辑顺序进行构思和修改，并要花大量时间做到语法规范、用词准确、语言流畅、条理清晰，可以说，有时花在构思和修改的时间要比实际沟通的时间多得多。

（2）容易产生沟通的障碍。由于人们知识水平、社会观念的差异，不同的人对相同的信息所理解的程度是不一样的，因此对于书面文字传递的信息，接收者有时不能真正理解传递者的本意，从而造成沟通障碍。此外，传递者在写作过程中使用有歧义的语言，或者词不达意，也会造成双方对信息理解的不同，产生沟通障碍。

（3）信息反馈速度较慢。口头沟通能够使接收者对其所听到的东西及时提出自己的看法，如果有不明白的地方可以及时提出疑问，反馈速度较快。而书面沟通缺乏这种内在的反馈机制，无法确保所发出的信息能被读者接收到，也无法确保接收者对信息的理解正好是发送者的本意。发送者往往要花费很长的时间来了解信息是否已经被接收并被正确地理解，反馈速度较慢，有时会造成时间拖延，甚至贻误时机。

（4）无法运用情境和非语言要素。口头表达往往是在一定的情境下进行的，双方通过互相观察，凭借某些非语言信息获得某些讲话者故意掩盖或逃避的信息。而书面表达却没有这种情境性，在口头表达中极容易理解的话语，在书面沟通中要想达到同样的效果，则需要花费大量的笔墨去做背景的交代，对于有些"只可意会不可言传"的内容，即使传递者绞尽脑汁，恐怕也很难把它解释清楚。

5.1.2　书面沟通的原则

书面沟通应遵循以下原则：

1）书写目的明确

从书写的角度来看，书面沟通的主要目的包括提出问题、分析问题、给出定义、提供解释、说明情况和说服他人，因而书写者必须明确自己如何展开文件内容，需要传达什么信息、将信息传递给谁以及希望获得怎样的结果。

2）信息传递正确、完整

正确书写是书面沟通的重要原则，也就是说，写出的文章材料要真实、可靠，观点要正确无误，语言要恰如其分，尤其要明了书写的意图，正确传递想要传递的信息，完整地表达想要表达的思想、观点，完整地描述事实。这样在书写时就必须反复检查、思考，不断填补重要的事项。

3）内容表达简洁

书面沟通在正确、完整传递信息的同时，应力求简洁。"简洁"与"完整"似乎是一对矛盾，这其实是一个度的把握问题。"完整"是为了表达想要沟通的重要方面，但并不意味着要把所有的事实、观点都罗列在纸上。可以通过排序的方法，把不太重要的事项删除，也可以进行总结，把琐碎的、没有太大价值的文字精简掉，使得文章言简意赅。

4）书写格式清晰

在正确表达的基础上，应该力求清晰。清晰的文章能引起读者的兴趣，更能使读者正确领会作者的含义。要做到清晰，除了要选用符合文章的样式外，还应注意文章的整体布局，包括标题、大小写、字体、页边距等，尤其是要留下适当的空白，若是把所有的文字都挤在一起，则很难阅读；如果是手写的，则不能潦草，因为这不仅影响到阅读速度，还影响到读者对文章的理解。

课堂互动 5-1

书面沟通是一种常用的沟通方式，请同学们互相交流一下，并举例说明在什么情况下适合书面沟通。

5.2　企业基本文书写作技巧

5.2.1　事务类文书的写作

在当今这个科技高度发展的信息社会里，文字作为信息储存、传播、交流的一种重要手段，在社会经济和文化建设中起着日益重要的作用。事务类文书主要包括计划类文书和工作总结。计划类文书是经济管理活动中使用范围很广的重要文体，当组织或部门要对未来一段时期的工作预先做出安排和打算时，都需要制订计划。所谓计划，就是企业对未来生产经营活动及所需的各种资源在时间、空间上所做出的具体安排和部署。根据实际情况，计划可以分为不同种类，具体来讲，时间上长远、牵涉面较广的称为"规划"；比较繁杂、全面的设计称为"方案"；比较深入、细致，带有明显行动性的称为"计划"；较为具体、直面一个现实问题的称为"安排"。这些文体都属计划类文书的范畴。尽管分类有所不同，但计划类文书在内容上的共同点是都涉及了"做什么"、"怎么做"和"做到什么程度"三个部分。

1）工作规划

工作规划具有以下特点：时间一般都要在五年以上；范围大都是全局性工作或涉及面较广的重要工作项目；在内容和写法上比较概括。规划是为了对全局或长远工作做出统筹部署，相对其他计划类文书而言，规划带有方向性、战略性、指导性的意味，因而其内容往往要更具有严肃性、科学性和可行性。这就要求写作者必须首先进行深入的调查和周密的测算，在掌握大量的可靠资料的基础上，确定组织的发展远景和目标，并反复经过多种方案的比较、研究和选择，最终确定规划的各项指标和措施。

规划的具体写法：格式由"标题+正文"两部分组成，一般不必再落款，也不用写成文时间。规划的标题采用"四要素"写法：主体名称+期限+内容+"规划"二字，如"×××公司2015—2020年战略发展规划"。规划的正文内容如下：

（1）前言。前言即背景资料，也就是制订规划的起因。应把诸多背景资料认真地加以综合分析，而不能简单地罗列事实，这样才会使人相信规划目标是可靠的和言之有据的。

（2）指导思想和目标要求。这属于规划的纲领和原则，是在前言的基础上提出的，因此要用精炼的语言概要地进行阐述，使人读来感到坚定有力、受鼓舞。

（3）具体任务和政策、措施。这是规划的核心部分，是解决"做什么"、"怎么做"的问题，因此任务要明确，措施要具体。

（4）结尾。结尾即远景展望和号召，这部分要写得简短、有力，富有号召性。

知识链接 5-1

2015—2019年发展党员工作规划（简要内容）

为深入贯彻落实党的十八大精神，进一步做好新形势下发展党员的工作，不断改善和优化党员队伍结构，切实增强党员队伍的生机和活力，努力提高党员队伍的整体素质，特制订"2015—2019年发展党员工作规划"。

一、指导思想

为深入贯彻落实十八大精神，依据发展党员工作的"十六字"方针，紧紧围绕现代化建设这个中心，以不断增强党的阶级基础和扩大党的群众基础、努力提高党的社会影响力为目的，全面坚持和正确把握新时期党员标准，把一切自觉为实现党的路线和纲领而奋斗、符合党员条件的各类先进分子吸收到党内来，不断增强党组织的创造力、凝聚力和战斗力，充分发挥广大党员的先锋模范作用，为实现党代会提出的经济和社会发展的宏伟目标提供坚强的组织保证。

二、目标任务

今后5年全市发展党员工作的目标是：每年发展新党员30名左右，其中35岁以下的要达到70%以上，高中以上文化程度的要达到85%以上，妇女要达到26%以上。到2019年，全市党员队伍中，35岁以下的要达到18.5%以上，高中以上文化程度的要超过55%，妇女要达到16%以上，要害部门以及人数较多的部门党员的比例要逐年增加，发展党员工作要取得突破性进展，人数较多的非公有制企业每年都应发展新党员。

三、主要措施（具体内容略）

为实现以上目标，主要采取以下5个方面的措施：

（一）充分认识新的历史条件下做好发展党员工作的重要性。

（二）切实加强入党积极分子队伍建设，大力发展党员工作的基础。

（三）突出工作重点，狠抓薄弱环节，不断改善和优化党员队伍结构。

（四）坚持标准，严格程序，进一步提高新发展党员的质量。

（五）加强领导和指导，确保发展党员工作稳步进行。

2）工作方案

方案是计划类文书中内容最为复杂的一种。由于一些具有某种职能的具体工作比较复杂，不做全面部署不足以说明问题，因而文书内容的构成势必要繁琐一些，一般有指导思想、主要目标、工作重点、实施步骤、政策、措施、具体要求等项目。

方案的具体写法：方案的内容由于是上级对下级的要求或涉及面比较大的工作，一般都用带"文件头"的形式下发，所以不用落款，只有标题、成文时间和正文三部分内容。

（1）方案的标题有两种写法：一个是"三要素"写法，即由发文机关、方案内容和文种三部分组成，如"×××公司五年发展规划总体方案"；另一个是"两要素"写法，即省略发文机关，但这个发文机关必须在领头的"批示性通知"（文件头）的标题中体现出来，如"治理采掘工业危机，实现良性循环方案"。为郑重起见，方案的成文时间一般不省略，而且要标注在标题下。

（2）方案的正文一般有两种写法：一种是常规写法，即按指导方针、主要目标（重点）、实施步骤、政策、措施及要求几个部分来写，这个较固定的程序适合于一般常规性的单项工作；另一种是变项写法，即根据实际需要加项或减项的写法，适合于特殊性的单项工作。不管是哪种写法，主要目标、实施步骤、政策、措施这几项是必不可少的，实际写作时的称呼可以不同，如把主要目标称为目标和任务或目标和对策等，把政策、措施称为实施办法或组织措施等。在主要目标一项中，一般还要分总体目标和具体目标；实施步骤一般还要分基本步骤、阶段步骤和关键步骤，关键步骤里还有重点工作项目；政策、措施的内容里一般还要分政策保证、组织保证和具体措施等。

知识链接5-2

××县治理公路"三乱"工作方案

为深入贯彻落实两会精神,推动我县治理公路"三乱"工作的扎实开展,按照市"2015年治理公路'三乱'工作方案"的具体要求,结合我县实际,特制订本方案。

一、指导思想

为深入贯彻落实党的十八大精神,坚持标本兼治、综合治理、惩防并举、重在预防的方针,紧紧围绕我县经济发展和人民群众反映强烈的热点、难点问题,着力纠正、解决损害企业和人民利益的公路"三乱"问题,确保公路畅通。坚持"谁主管、谁负责"、"管行业必须管行风"的原则,狠抓执法队伍建设,规范上路执法行为,巩固治理成果,为实现县委提出的"加快发展速度、提升发展水平、建设小康县城"的总体目标,创造优良、畅通的交通环境。

二、工作任务

(一)治理向机动车乱收费的行为和清理道路站(卡)

1.继续治理向机动车乱收费的行为。各部门要相互配合,继续清理向机动车收取各项费用、罚款、集资和各种摊派,不符合规定的要坚决取消,重复收取的要予以合并。符合规定的项目经省政府审定后,实行目录管理,并向社会公布,接受群众监督,提高各类收费的透明度。

2.继续清理整顿公安、林业等部门的检查站(卡)。不符合规定的要撤销,不规范的要加以规范,实行规范化、标准化、制度化管理。对国家和省政府批准的个别部门季节性、突发性设站行为进行规范,完成任务或季节过后立即撤除。

3.巩固治理公路"三乱"成果,做好严查工作。要加大治理公路"三乱"工作的覆盖面,严肃查处省道、县道以及乡道、村(屯)自修自养道路和公路、渡口的私自设卡与违规上路收费、搭车收费等问题,要把治理公路"三乱"工作同路下综合治理结合起来。

4.继续巩固依法规范的站、所和重要道口。林业、交通、公安部门要进一步加强规范化建设,健全各项制度,严格审批手续,简化工作环节,增设文明窗口,强化服务质量。

(二)继续规范有关执法部门的执法行为

1.清理、纠正未经国家和省政府批准的部门上路设卡、截车、检查、收费等违规违法行为。按国家规定除公安、交通和林业三个部门外,未经省政府批准,其他任何单位和部门一律不准在公路上设置任何形式的收费站、检查站(卡)和上路执法。

2.有权上路的单位和部门要尽量减少上路的频率,必须采取相应措施,统筹安排,避免在同一路段、同一时间多家上路问题的发生。

3.严格依法履行职责,规范执法行为。不得在职责任务范围之外从事不符合国家规定的活动,要规范本行业、本部门的内部执法行为,切实解决公路"三乱"问题。

三、具体要求

（一）提高认识，强化管理

各执法部门及有关领导要把治理公路"三乱"工作放在全面贯彻落实十八大精神、加强党的执政能力建设的高度上来认识，切实增强治理公路"三乱"的责任感、紧迫感，克服厌倦和松懈情绪，把此项工作摆上重要议事日程。按照县委、县政府的部署和要求，采取有效措施，加大力度，在巩固成果、防止反弹、深化治理上下工夫，把工作抓实、抓好。

（二）加强领导，落实责任

治理公路"三乱"工作由交通部门牵头，公安、林业、财政、物价等部门为责任部门。各执法部门要按照党风廉政建设和反腐败工作的要求，各负其责，层层签订责任状，狠抓落实。各部门要互相支持，相互配合，形成合力，齐抓共管。

（三）严格管理，规范执法

各部门要对执法人员开展全员培训，正确处理管理和服务的关系，不断强化大局意识、服务意识，定期对执法人员进行考核，对政治素质低、不称职的执法人员要及时调整，以确保执法工作的顺利进行。

（四）严肃执法，坚决查处公路"三乱"案件

县纠风办、治理公路"三乱"办要对各执法单位实行定期、不定期检查和全面考核，采取达标挂牌、反弹摘牌的方式，坚决遏制公路"三乱"问题的发生。对问题较多的路段要组织重点突击检查和明察暗访，进行彻底整治。要建立健全工作情况通报制度，对典型案件要公开曝光。各执法单位在加大对超限、超载综合治理的同时要加强源头治理，防止在治理时出现公路"三乱"问题。

（五）标本兼治、惩防并举

各部门要在从严刹风整纪的同时，进一步加大预防力度，努力从源头上铲除公路"三乱"滋生蔓延的土壤。要对执法人员深入开展从政道德和职业道德教育，使干部、职工牢记立党为公、执政为民的宗旨，树立奉献社会、服务于民的理念，筑牢思想防线。要针对公路"三乱"易发、多发的部门和环节，制定科学严密、具有可操作性的制约机制和防管措施，形成较为完善的防范公路"三乱"的惩防体系。

四、组织领导

为加强对治理公路"三乱"工作的领导，提供强有力的组织保障，按照"谁主管、谁负责"的原则，特成立2015年××县治理公路"三乱"工作领导小组。

3）工作计划

这里的计划指狭义的计划，计划期限一般在一年或半年，且大多是以一个企业的工作为内容，只在单位内执行。计划一般不以文件形式下发，因而除标题和正文外，往往还要在标题下或文后标明"×年×月×日制订"的字样，以示郑重。计划的标题也采用"四要素"写法。计划的内容一般包括以下几个方面：

（1）开头。开头要通过概述情况来阐述计划的依据，要写得简明扼要，同时要明确表达目的。

（2）主体。主体即计划的核心内容，包括阐述"做什么"（目标和任务）、"做到什么程度"（要求）和"怎么做"（措施和办法）三项内容。

（3）结尾。结尾或突出重点，或强调有关事项，或提出简短号召。

4）工作安排

工作安排是计划类文书中最为具体的一种格式。由于某些工作比较确切、单一，不做具体安排就不能达到目的，所以其内容要写得详细一些，这样容易把握。工作安排的具体写法：

（1）发文方式。安排的内容由于涉及范围较小的工作或单位内部的工作，所以一般有两种发文形式：一种是上级对下级安排工作，尽管涉及面较小，也要用"文件头"形式下发，格式是"标题"和"正文"两部分。另一种是单位内部的工作安排，格式由"标题"、"正文"、"落款及时间"三部分组成。但不管是哪种形式，安排本身都不该有受文单位，如果必须有，则或者以"文件头"形式下发，或者以"关于……安排的通知"名义下发。

（2）安排的标题可以是"三要素"写法，也可以是"两要素"写法（省略主体名称）。

（3）安排的正文一般由"开头"、"主体"和"结尾"三部分组成；也有的省略"结尾"，"主体"结束，正文即随之结束。"开头"同计划的开头差不多，或阐述依据，或简明扼要地概述。"主体"是正文的核心，一般包括任务、要求、步骤、措施四个方面内容。在结构上可按这四方面内容分项来写；也可把任务和要求合在一起，把步骤和措施合在一起来写；还可以先写总任务，然后按时间先后顺序一项一项地写具体任务，每一项有每一项的要求及措施，要依据工作性质及具体内容来定。但不管是怎样的结构，其任务都要具体，其要求都要明确，其措施都要得当。

总之，写好计划类文书可能是公文写作中比较难的事，因为这不仅仅是文字表达上的事，还涉及具体工作及业务的组织和安排问题，需要有长远的眼光和领导魄力，这种写作是一个人综合能力的表现，但是在写作上还是有一些章法的。首先，写作者必须分清这个计划的内容属于哪一类，适合用哪一个具体的计划种类来表达，从而确定具体文种，即是规划、计划、方案、安排中的哪一种。然后，再根据具体内容和文种写作要求进行写作。如果是时间较长、范围较广的计划，就要用"规划"。因为，规划不必也不能写得太细，只要能起到明确方向、鼓舞人心、激发热情的作用也就差不多了。当然，这并不是说规划就可以写得不切实际，但规划的切合实际问题的确只是个大致的切合。如果计划的内容是某一项工作，一般用"方案"或"安排"，工作项目比较复杂者用"方案"，较简单者用"安排"。因为，方案和安排都必须写得很细（或很全面，或很具体），否则工作就没法开展。如果计划的内容既不是单项工作，又不是很宏大的，这就该用真正的"计划"了。因为，狭义的计划是广义计划中最适中的一种。当然，若只想把这计划的摘要加以公布，则可用"要点"来写。

5）工作总结

工作总结是组织、部门或个人对过去一个时期内的工作活动做出系统的回顾、归纳、分析、评价，并从中得出规律性认识，用以指导今后工作的事务性文书。

工作总结的基本写法：

（1）标题。标题通常有以下三种类型：①文件性标题。一般由单位名称、时限、内容、文种名称构成，如"××公司2014年度新产品开发的工作总结"。②文章式标题。通常以单行标题概括主要内容或基本观点，而不出现"总结"字样，如某企业的专题总结"技术改造是振兴企业之路"和某高校的专题总结"我们是如何实行教学与科研相结合的"。③双行式标题。例如，"知名教授上讲台 教书育人放异彩——××大学德育工作总结"。

（2）正文。正文包括四个部分：①前言。前言一般介绍工作背景、基本概况等，也可交代总结主旨并对工作做出基本评价。前言书写要力求简洁，要开宗明义。②主体。主体包括主要工作内容和成绩、工作目标及任务的完成情况、经验和体会、问题或教训等内容。这些内容是总结的核心部分，可按纵式或横式结构撰写。纵式结构是指按主体内容从所做工作、工作方法、成绩、经验、教训等方面逐层展开；横式结构是指按材料的逻辑关系将其分成若干部分，各部分加小标题，逐一来写。③结尾。结束语可以归纳、呼应主题，指出努力方向，提出改进意见，也可表示对今后工作的决心、信心。结束语要求简短、利索。④落款。一般在正文右下方署名。

5.2.2 报告的写作

报告是一种搜集、研究事实的人与由于某种目的而要求看报告的人之间的信息或建议的交流形式。

1）调查报告

调查报告是为解决某些问题而调查分析实际情况、研究对策，然后向有关部门和上级领导所做的报告。调查报告一般有两种：一种是主动报告。某项工作进展得如何，以及一个企业、一个部门发生了什么事件需要有关部门掌握、了解，都需要及时写出情况报告。另一种是被动报告。组织因工作需要，安排人员就某个方面、某个问题进行调查研究，事后提交的报告即为被动报告。调查报告的意义在于总结经验，发现、研究、解决问题。

调查报告的标题一般有两种写法：一种是一般文章标题式写法，如"×××公司腾飞之路"；另一种是公文标题式写法，如"×××产品市场状况调查分析"。调查报告的正文一般包括四方面内容，即前言、事实、分析、对策或建议。

（1）前言。前言部分要简要地说明调查目的、调查时间、调查范围以及所要研究和报告的主要内容等。有的调查报告中还包括调查方法及调查的整体思路等。

（2）事实。事实即阐述调查得来的主要内容或主要问题。这部分是调查报告的主体，容量较大，所以要进行归纳，或以自然情况为序，或以内容的逻辑关系为序，分条列项地进行书写。每一大条都要有一个中心，或用序码标明，或用小标题的方式来概括，以使眉目清楚。具体内容的写法主要是叙述，多用事实和数据说明，做到材料和观点相统一；表达上则要灵活一些，提出论点并以充分的论据证明，或以调查材料归纳出论点。

（3）分析。分析是调查报告的研究部分，通过分析，或指出问题的性质，或找出产生问题的原因。分析可以是理论分析，也可以是实践例证，但不管如何分析，都必须基于事实和数据，要具有针对性，揭示实质，不能凭主观想象，更不能主观臆断。

（4）对策和建议。调查研究的主要目的在于发现问题、分析问题，最终是为了解决问题。因此，在调查分析的基础上，还必须提出解决问题的对策和建议。所提对策和建议可以是原则性的或带有方向性的，也可以是具体的、可操作的。

调查报告容量较大，而且要对事物进行全面的分析、研究，从而提高人们的认识，指导实际工作，这就要求写作时不仅要具有科学的世界观和方法论，而且要深入实际，掌握第一手资料，同时还要具有驾驭题材、组织材料的能力。调查报告在具体写作时应注意以下几点：

第一，要实事求是。在调查所得的全部材料中找出能揭示事物规律的结论，不论是成绩还是问题，不论是经验还是教训，不论是建议还是对策，都应是实事求是的结果，并据此来选用比较恰当的报告结构方式，决不能先入为主地用事先拟好的结论来套用或改造事实，或者为了采用某种熟知的结构方式对号入座地去找材料甚至迁就某些材料。

第二，要突出本质。要在众多的由材料得出的观点中选用最能突出事物本质的观点来说明问题，并据此来选择恰当的、具有代表性的材料来作为论据。

第三，要在观点和材料的表述上下工夫，做到既要有观点，又要多提供客观的依据。比如，运用一组材料来说明一个观点，或者运用一种方法来说明一个观点，或者运用统计数字来说明一个观点。

2）工作报告

工作报告就是将最近发生、发展与变动的各种工作情况写出来反映给有关部门和上级领导的一种文体，属于组织内部反映情况的一种公文。工作报告的显著特点之一是时间要求比一般公文要求要高。这是因为工作报告强调的是工作动态，工作报告如果不能及时将工作情况反映出来，上级就不能及时捕捉与工作情况有关的信息，这样的工作报告也就失去了意义。工作报告一般是对一个事件或事情的某一个侧面、某一个部分进行及时反映，主要强调单一事项的进程。

书写工作报告应注意以下几点：

（1）工作报告以发布信息为主。

（2）工作报告一般是一事一报，目的是将事件的进展情况说清楚，因此文字越简单越好。

（3）工作报告一般采用开门见山的写法，不对细节做过多描述，一般不加撰写者的认识和评论。

（4）工作报告强调动态性，书写中一般多用动词。

知识链接 5-3

成功的报告应具备的条件

一份成功的报告，需要具备以下几个方面的条件：

1.报告内容应该统一，一般只涉及一个主题，不应包括读者不需要的内容和与主题无关的内容。

2.报告内容应该完整，包括读者需要的所有内容。

3.所有的信息应该准确，根据事实做出的推理应该正确。

4.应按照基于逻辑分析和材料分类的计划描述主题内容。

5.内容表述方式应使计划清楚，以使读者很清楚有关内容和原因。

6.报告应以简单、精炼的风格书写，要便于阅读，不会令人误解。

7.不管读者是否知道有关的技术和细节，报告对于所有可能的读者来说应是易于理解的。

3）述职报告

述职报告是管理者向所属部门和员工以及上级组织和领导对自己在一定时期内的任职情况进行自我评述性质的报告。

述职报告的写作格式：

（1）标题有四种写法：一是只写"述职报告"四个字；二是"××年任××职务期间的工作汇报"的公文写法；三是"×××（姓名）×××（职务）××会议上的汇报（或报告）"的写法；四是新闻标题式的写法。

（2）正文包括三部分内容：①任职概况和评估。该部分包括述职范围、任职时间、工作变动情况、岗位职责、目标及对个人工作的自我评估。②尽职情况。这是述职报告的主体，主要写工作业绩、经验和问题。对于核心内容，多数是按工作性质不同分成几个方面来写，每个方面可先写业绩后写认识和做法，也可先写认识和做法后写业绩。但不管怎么写，都要体现个人的工作能力和管理水平，尤其是在处理敏感和棘手问题以及应对突发事件和重大事件方面，要写出表现自身素质、才能和领导水平的内容。③今后的设想和信心。要从实际出发，对今后工作在科学分析的基础上做出战略性规划，以表明尽职的态度。

（3）署名及日期。署名和日期可以写在标题下，也可以写在正文后。

由于述职报告的目的在于向人们汇报自己在任职期间取得的业绩和存在的问题，因此在书写时必须紧紧围绕自己的工作来进行。写作时应注意以下问题：

其一，思路清晰。述职报告是讲给别人听的，除了题目和称呼外，基本有一个较固定的"四步曲"。①介绍自己的职务和职责，以简短的话语拉开述职的序。②有条理地叙述自己在任职期间所做的工作及所取得的业绩。这是述职的重点部分，要有理有据、有血有肉地详细介绍。③摆出工作中存在的不足和一些具体问题。④针对存在的问题，提出自己今后努力的方向和改进的措施。

其二，以职责为中心，突出典型业绩。述职报告有很强的"自我"性，即"述"工作时要以自己的职责为中心；摆业绩时绝不贪他人之功，而且应选择那些有影响的、人们认可的典型业绩；谈存在的问题时，则要诚恳地讲出自身的不足，不能是"我们"的不足。

其三，问题要具体。述职报告除了讲述自己的业绩外，还必须找出工作中存在的不足。讲问题时应该实事求是地讲出具体存在哪些不足，而不是用模糊性语言，说一句"当然，工作中还有很多不足之处"来搪塞。不管有多大的问题，都要向接收者具体摆出来，这样才能树立自己的形象，赢得人们的认可。

其四，态度要诚恳。述职报告要得到接收者的首肯，除了以事服人外，更需要以情感人。这就要求述职者态度诚恳。

5.2.3 公务类文书的写作

1）通知

在党政机关、群众团体和企事业单位中，通知是使用范围最广、使用频率最高的一种公文。按照《国家行政机关公文处理办法》及《中国共产党机关公文处理条例》规定：通知适用于批转下级机关相关的公文，转发上级机关和不相隶属机关的公文，传达要求下级机关办理和需要有关单位周知或者执行的事项，发布党内法规、任免干部等。

通知的写作格式如下：

通知通常由标题、受文单位、正文、落款和日期几部分组成，但是通知种类较多，结构和写法也比较复杂。下面分别介绍各类通知的基本写法。

（1）转发性通知的写法。

①标题。转发性通知的标题可以有两种写法，一是由"发文机关+转发或批转+被转文件的标题（通知之外的文种）+通知"构成，如"国务院办公厅转发国务院体改办等部门关于城镇医药卫生体制改革指导意见的通知"；二是省略文种，如"广东省转发国务院关于加强出入境中介活动管理的通知"。

在写这类通知的标题时要注意下面几个方面：

第一，转发上级机关、平级机关或不相隶属机关的公文，应该用"转发"，转发下级机关的公文时，应该用"批转"。

第二，当被转的公文是通知时，只需要保留一个"通知"，其他的"通知"一律去掉。这类标题主要有两部分，由"（发文机关）转发+（始发机关）原通知标题"构成。可以说，这种标题省略了文种。由于被批转、转发的公文标题已有"通知"一词，如果不省略文种，就会出现"……的通知的通知"的现象，标题也太长，如《××市关于转发〈省政府关于转发《人事部关于××同志恢复名誉的通知》〉的通知》。根据《国家行政机关公文处理办法》公文标题应该准确简要地概括公文主要内容的规定，此类通知可以省略最后的文种部分。

第三，如果是多层转发的公文，可以省去中间过渡的机关，直接转始发文机关及其原通知标题，在正文中说明转发情况，如《广州市人民政府办公厅转发国务院办公厅转发国务院体改办等部门关于城镇医药卫生体制改革的指导意见的通知》，应改为《广州市人民政府办公厅转发国务院体改办等部门关于城镇医药卫生体制改革的指导意见的通知》。

②正文。转发性通知的正文也可称为"批语"，表明发文机关的态度，提出贯彻执行的要求，如知识链接5-4的批语是先表明态度"国务院体改办、国家计委、国家经贸委、财政部、人力资源和社会保障部、卫生部、药品监管局、中医药局《关于城镇医药卫生体制改革的指导意见》已经国务院同意"，然后提出执行要求"现转发给你们，请认真贯彻执行"。有时执行要求只有一句话，有时会根据实际情况提出比较详细的具体的执行要求，如知识链接5-5就提出了四点要求。

知识链接 5-4

国务院办公厅转发国务院体改办等部门关于

城镇医药卫生体制改革的指导意见的通知

各省、自治区、直辖市人民政府,国务院各部委、各直属机构:

国务院体改办、国家计委、国家经贸委、财政部、人力资源和社会保障部、卫生部、药品监管局、中医药局《关于城镇医药卫生体制改革的指导意见》已经国务院同意,现转发给你们,请认真贯彻执行。

(国务院办公厅印)

二×××年×月×日

知识链接 5-5

广东省转发国务院关于加强出入境中介活动管理的通知

各市、县、自治县人民政府,省府直属有关单位:

现将《国务院关于加强出入境中介活动管理的通知》(国发〔2×××〕×号,以下简称《通知》)转发给你们,并结合我省实际,提出如下意见,请一并贯彻落实。

一、提高认识,加强领导。各级领导务必把这次清理整顿工作摆上议事日程,切实抓紧抓好。为保障这项工作的顺利开展,按时保证完成任务,各级清理整顿工作由公安和工商行政管理部门具体负责,劳动、教育等部门按照职责分工做好配合协助工作。各部门必须按照《通知》要求开展自查自纠工作,各级政府予以监督、指导。

二、抓住重点,全面清理。从现在起至今年年底,各地要对从事出入境中介活动的机构(含留学、劳务、就业等中介机构)进行一次全面的清理整顿。清查时要重点了解以下内容:中介机构的数量以及各中介机构的名称、营业执照注册号、经营范围、法定代表人、员工人数、收费标准、注册资本、资格认定书、违法违规等情况,其中领取工商行政管理部门颁发的营业执照的有多少家,无证照非法经营的有多少家,超范围经营的有多少家。清理整顿的重点地区是广州、深圳、珠海、汕头、江门、东莞、佛山、中山、惠州等市。通过清查,对问题严重的中介机构的法人代表和有关责任人员,要依法严肃处理,直至追究刑事责任。通过清理整顿,依法打击、取缔一批问题严重的中介机构,净化我省出入境中介市场。

三、加强管理和监督检查。在国务院有关部门未制定出具体的管理办法之前,暂不受理审核新出入境中介机构的资格认定及经营许可变更申请。对清理后的出入境中介机构,各地应加强宏观管理,定期进行检查监督和指导,规范其中介行为,使出入境中介活动健康有序发展。

四、加大宣传力度。各地在清理整顿期间，要抓住典型案件依法严肃查处，并通过新闻媒介适时予以曝光，以震慑不法分子，教育广大人民群众。全省清理整顿出入境中介机构工作在今年年底前结束，各地于×月×日前将清理整顿情况及时上报省公安厅、工商局，由省公安厅、工商局于二×××年×月×日前汇总向省人民政府报告。

（广东省人民政府印）

二×××年×月×日

（2）事项性通知的写法。

①标题。标题有三种形式：一是"发文机关+事由+文种"；二是"事由+文种"；三是只写文种。

②正文。正文一般分为缘由、事项两部分。

缘由，说明依据、目的和意义。

事项，把布置的工作或需要周知的内容分条列项地阐述清楚，一般包括讲清目的、要求、措施、办法等，主要的或重要的事项写在前面，轻重有序。

有的事项性通知还有结语，常用"特此通知"、"请遵照（研究、参照）执行"等。

（3）会议通知的写法。

会议通知是事项性通知的一种，其正文包括原由、事项和结束语。

缘由，说明召开会议的目的和意义。

事项，一般包括会议名称、会议时间、会议地点、会议内容、参加人员、报到时间和地点、需做什么准备等。以上内容必须具体清楚地写出来。

结束语，通常用"特此通知"。

2）请示

请示是适用于向上级机关请求指示、批准的公文。请示的用途比较广泛，当下级机关在工作中遇到问题，虽然有解决的办法，但由于职权、条件的限制，没有权力和能力实施这些办法，需要请求上级帮助解决的时候要用请示，或遇到新情况、新问题，政策、方针不明白时也可用请示。

从行文关系看，请示是一种典型的上行文；从性质上看，请示是期复性公文，上级机关收到请示后，应当及时给予指示、批复。

请示的写作格式如下：

一般由标题、主送机关、正文、发文机关、日期五部分组成。

（1）标题。标题一般由请示发文机关（单位的法定名称）、事由和文种组成，即"发文机关+事由+文种"，如"××人民政府关于成立×××办公室的请示"；也可去掉发文机关，由"事由+文种"构成，如"关于成立×××办公室的请示"。

（2）主送机关。主送机关要注意三点：主送机关只能有一个；只能主送上级机关；不能越级请示。

（3）正文。正文由开头、主体、结语三部分构成。

开头常是导语式的，主要表述请示的缘由，这是上级机关批复的主要依据。请示缘由部分应简明扼要地写出请示的背景和根据，并概括地写出请示事项。

　　主体部分是表明请示事项的内容部分。请示事项的内容是全文的重点，要明确提出请示的事项或问题以及相应的具体意见。请示事项的内容要写得具体、条理清楚、说服力强。请示事项的内容包括提出请示事项和阐明道理、事实两项内容。提出请示事项要详细，阐明道理要充分，只有这样才能使有关领导心中有数，易下决心。

　　结语（批准的希望或要求）。在主体之后，另起一段，向上级机关提出请求批准的希望或要求，常用语有"妥否，请批准"、"以上请示，可否，请指示"等。如果是批转性请示，结尾时常写"以上请示，如同意，请批转×××执行"等。

　　（4）发文机关及日期。在请示正文之后要写上请示单位的全称和请示正式签发的时间（完整的年、月、日）。

同步思考 5-1

请示与报告有什么区别？

　　关于"请示"与"报告"的含义，《国家行政机关公文处理办法》和《中国共产党机关公文处理条例》都有明确的规定：请示，适用于向上级机关请求指示、批准；报告，适用于向上级机关汇报工作，反映情况，提出意见或者建议，答复上级机关的询问。二者不能混为一谈。

　　请示与报告都属于上行文，都具有反映情况、提出建议的功用，但也有明显的不同：

　　1.内容要求不同。请示的内容要求一文一事；报告的内容可一文一事，也可一文数事。

　　2.行文目的不同。请示的目的是请求上级机关批准某项工作或者解决某个问题；报告的目的是让上级机关了解下情，掌握情况，便于及时指导。

　　3.行文时间不同。请示必须事前行文；报告可以在事后或者事情发展过程中行文。

　　4.报送要求不同。请示一般只写一个主送机关；受双重领导的单位报其上级机关的请示，应根据请示的内容注明主报机关和抄报机关，主报机关负责答复请示事项；报告可以报送一个或多个上级机关。

　　5.篇幅不同。请示一般都比较简短；报告的内容涉及面较为广泛，篇幅一般较长。

　　6.处理结果不同。请示属于"办件"，指上级机关应对请示类公文及时予以批复；报告属于"阅件"，对报告类公文上级机关一般以批转形式予以答复，但也没必要件件予以答复。

3）会议记录

　　会议记录是指在正式会议进行过程中的记录，通常在会后形成相应的文件。一份完整的会议记录资料对于会后执行会议决议、检查会议效果，甚至对下一次会议的召开都起着至关重要的作用。正式会议记录的内容包括下列基本要素：

　　（1）会议名称、会议召开的时间、地点及会议主持人。

　　（2）所有出席会议者及缺席人员。

（3）讨论过的所有议程和议题，制定的所有决策。

（4）会议结束的时间。

（5）下次会议的安排，包括日期、时间、地点、主题。

通常会议记录的任务由会议秘书担任。会议记录并非易事，要做好这项工作必须注意以下几点：

（1）充分了解会议主题、目的及议程。

（2）可以采用笔记方式记录，也可以采用手提电脑直接录入，或同时采用录音、照相或摄影方式记录。

（3）记录时应紧跟会议进程。

（4）及时确认要点，澄清含糊不清的观点。

（5）避免夹杂自己的主观意识。

（6）会后应将记录及时打印并校对。

4）协议书

协议书是社会组织或个人之间对某一问题或事项经过协商，取得一致意见后，共同订立的明确相互权利、义务关系的契约性文书。协议书的书写格式如下：

协议书一般由标题、立约当事人、正文、生效标识四部分组成。

（1）标题。一般只需要在"协议书"之前写明该协议书的性质即可，如"赔偿协议书"、"委托协议书"、"技术转让协议书"等。

（2）立约当事人。在标题下方写明协议各方当事人的单位名称或个人姓名。如果是单位，可在单位名称后注明法定代表人姓名、地址、邮编、电话号码等内容；如果是个人，可在姓名后注明性别、年龄、职务等内容。注明的项目可视协议书的性质而定。在立约各方当事人的前面或后面，一般应注明"甲方"、"乙方"等，以便使协议书正文的行文简洁清晰；"甲方"、"乙方"放在立约当事人名称或姓名前面时应在其后加冒号，放在后面时可加括号。

（3）正文。正文一般由立约依据及双方约定的内容两部分组成。立约依据是正文的开头，其作用主要是引出下文。正文是协议书的主体部分，一般用条款分条列项写出双方协商确定的具体内容。不同性质的协议书所包括的条款不同，具体应写哪些条款要视协议书的性质和双方协商的结果而定。

（4）生效标识。协议书正文结束后，署上立约各方当事人的单位名称或个人姓名。如果是单位，应同时署上法定代表人的姓名，然后署上协议书的签订日期，并加盖单位印章或个人印章。如果协议书有中间人或公证人的，也应署名、盖章。重要的协议书可请公证处公证，由公证人员签署公证意见、公证单位名称、公证人姓名、公证日期，并加盖公证机关印章。

同步思考 5-2

协议书与合同一样吗?有什么不同?

分析提示：协议书是社会组织或个人之间对某一问题或事项经过协商，取得一致意见后，共同订立的明确相互权利、义务关系的契约性文书。合同即经济合同，是平等民事主体的法人、其他经济组织、个体工商户、农村承包经营户等相互之间为实现一定经济目的，明确相互权利和义务关系的文书。因此，合同和协议书两者没有本质的区别，在明确交易双方的权利和义务方面，两者要求是完全一致的；在保证双方实现各自的经济目的方面，两者具有同等的法律效力。如果一方违背协议或合同，另一方完全可以依据协议或合同提出异议、索赔，甚至申请有关部门的仲裁。但是，合同与协议书之间还是有一定区别的，主要表现在以下几个方面：

● 合同适用于生产、购销等具体环节，而协议书则常常用于技术、贸易合作等方面的总体构想，以及处理交易过程中出现的非常规性专门问题。

● 合同的订约主体是平等民事主体的法人、其他经济组织、个体工商户、农村承包经营户，有较为严格的限制，而协议书的订约主体却没有统一的限制。

● 经济合同内容相对比较单一，形式也比较规范。国家颁布的有关经济合同的法律，以及政府机关颁布的有关经济合同的各种规章，组成了严格完善的法律法规体系。协议书虽然也在个别法律中有所涉及，但总体上没有像经济合同那样高的规范化程度。

● 合同的时效期一般不长，时效最长的经济合同不过几年，而协议书的时效长短变化却很大，有的协议书时效长达几十年之久。

5）商务信函

随着电信技术和网络技术的发展，人们已渐渐习惯通过电话、互联网、录音等来传递交流信息，但在商务活动中，信函仍是人们应用最多也最为普遍的沟通工具。作为一名管理者，应当具备信函书写的一般知识，掌握信函书写的技巧，努力写好各种信函，这将有助于事业的成功。

（1）开头。"良好的开端是成功的一半"，商务信函写作也不例外。因为，开头的好坏决定了能否吸引读者阅读、能否满足读者需求、能否实现信函的目的。开头应遵循以下原则：①符合信函的目的和读者的需求。在肯定性的信函中应以主题和好消息开始，在负面性的信函中应以主题缓冲的表述开始，在劝说性的信函中应以主题和容易激发兴趣的陈述开始。②给人以周到、礼貌、简洁明了的感觉。一般开头段比较短，以积极的口吻，运用礼貌且谈话式的语言，避免不必要的重复。③检查信函的完整性。必须从复函日期及事宜的准确性上，从句子的结构、段落本身的逻辑性上来检查开头段是否完整。

（2）中间。中间段是在开头所提及的主要内容的基础上，对有关信函中涵盖的资料、数据进行富有逻辑性的、简要而清晰的描述。比如，投诉的准确程度、在销产品的支付程度等。此外，也可以提供表格或图片以支持有关表述。

（3）结尾。除了对整篇信函做全面归纳之外，结尾的主要作用是简明扼要地从5W和1H出发，阐明撰写者希望读者采取的行动，即何时（when）、何处（where）、由谁做（who）、做什么（what）、为何做（why）、如何做（how）。应鼓励读者付诸行动，如支付有关款项、订购某种产品、接受某项服务或满足加薪的要求等。由于行动陈述是商务信函的整个理由，因此采取行动的要求一般出现在信函结尾处以达到加深印象的效果，最后应表示真诚的赞扬并以友好的口吻结束。

（4）信封书写。信封有一定的格式，一般应按规定格式写。信封地址要写得工整、清楚。字迹潦草模糊、涂涂改改，不仅影响信件的投递，对于收信人来说也是不礼貌的。书写信封一般应写明收信人的详细地址，收信人的姓名或公司、企业、团体的全名，寄信人的详细地址和姓名。

同步思考5-3

假如你是一位手机销售部经理，某老客户想购进800部BMC型手机，希望一周以后也就是3月28日交货，而这款手机因为销量好暂时脱销。你现在不能满足他的需求，为了表示歉意，也为了和该客户长期合作，你需要给他写一封致歉信函，你该怎么做呢？

分析提示：下面是一封参考致歉信函。

张经理：

您好！

我很遗憾地告诉您，BMC型手机目前缺货，所以昨天下午您说的要800部手机的要求我们不能够满足您。

这款手机目前在整个华北地区脱销，本地一位客户提前一个月预订500部，才勉强满足了他的要求。

您是我们的老客户，以前我们合作一直很愉快。现在我向您推荐另一款CMC型手机，这款手机虽然不如当前的BMC型手机时尚，但也不算过时，而且实用性强，质量过硬，且价格要比BMC型手机低230元。见附件中我传给您的关于CMC型手机的详细说明。

如果您对这款手机感兴趣，希望您在这个周三下班之前发邮件给我，届时，我们再考虑合作事宜。

再次感谢您对我们的支持！

一线通手机专营连锁店　刘鹏

2015年3月21日

5.3　求职信和履历表

5.3.1　求职信

1）求职信的分类

求职信可以从不同的角度进行分类。不同类别的求职信，其内容、侧重点和行文语气也各有不同。

（1）根据有无明确求职目标进行划分，可以分为两类：一类是具有高度针对性的求职信，是针对某单位的某一具体职位写的，表示希望面谈的要求；另一类是具有普遍适用性的求职信，它可以投向不同的单位，但不如第一类更具针对性。

（2）根据有无实践经验进行划分，可以分为毕业者求职（初次就业）信与有工作经验者求职（跳槽或再就业）信两种。

（3）根据求职者是否获得了招聘信息的角度进行划分，可以分为自荐求职信和应聘求职信两种。前者是指求职者在并未获得准确用人信息的情况下，主动向自己感兴趣的单位写的带有自荐性质的求职信，以投石问路；后者则是根据用人单位在新闻媒体上刊登或播发的招聘广告，有针对性地写给人单位以谋求某一特定职位及反映自身条件的求职信。前者可能会留给求职者更多展示才华的空间，因为竞争者较少；而后者则会面对众多的竞争者。

（4）根据求职的方式进行划分，求职有托人求职与求职推荐两种，与此相应的求职信也有托人求职信和求职推荐信两种类别。

2）求职信的基本结构

求职信的基本格式与书信无异，主要包括收信人称呼、正文、结尾、署名、日期和附录6个方面的内容。一般来说，求职信不宜过长，以500字左右为好。否则，煞费苦心所写的洋洋洒洒几页的内容，招聘人员很难去仔细看，但如果确实有值得一提的亮点内容的话，可以作为求职信的附件。求职信也不能太短，这样会显得仓促、没有诚意，自然也就缺乏说服力。下面主要说明正文、结尾、署名、日期和附录的内容。

（1）正文。求职信的中心部分是正文，形式多种多样，但内容都要求说明求职信息的来源、应聘职位、个人基本情况、工作成绩等事项。

首先，要写出求职信息的来源，如"得悉贵公司正在拓展省外业务，招聘新人，且昨日又在《××商报》上读到贵公司的招聘广告，故有意角逐营业代表一职"。记住不要在信中出现"冒昧"、"打搅"之类的客气话，他们的任务就是招聘人才，何来"打搅"之有？如果目前公司并没有公开招聘人才，即并不知道该公司是否需要招聘新人时，可以写一封自荐信去投石问路，如"久闻贵公司实力不凡，声誉卓著，产品畅销全国。据悉贵公司欲开拓海外市场，故冒昧写信自荐，希望加盟贵公司。我的基本情况如下……"这种情况下用"冒昧"二字就显得很有礼貌。

其次，在正文中要简单扼要地介绍自己与应聘职位有关的学历水平、经历、成绩等，令对方从阅读之始就对你产生兴趣，但这些内容不能代替简历，较详细的个人简历应作为求职信的附录。

最后，应说明能胜任职位的各种能力，这是求职信的核心部分。目的无非是表明自己具有专业知识和社会实践经验，具有与工作要求相关的特长、兴趣、性格和能力。总之，要让对方感到，你能胜任这个工作。在介绍自己的特长和个性时，一定要突出与所申请职位有联系的内容，千万不能写上那些与职位毫不沾边的东西。比如，你应聘业务代表一职，就不宜在求职信中大谈"本人好静，爱读小说"等与业务无关的性格特征，否则结果肯定是遭到淘汰。

（2）结尾。结尾一般应表达两个意思，一是希望对方给予答复，并盼望能够得到参加面试的机会；二是表示敬意、祝福之类的词句，如"顺祝愉快安康"、"深表谢意"、"祝贵公司财源广进"等，也可以用"此致"之类的通用词。

最重要的是别忘了在结尾认真写明自己的详细通讯地址、邮政编码和联系电话，如果让你的亲朋好友转告，则要注明联系方式、联系人的姓名以及与你的关系，以方便用人单位与之联系。

（3）署名。按照中国人的习惯，直接签上自己的名字即可。英文求职信中一般习惯在名字前加上"你诚挚的"、"你忠实的"、"你信赖的"等形容词，但这种方法在中文求职信中不能轻易效法。

（4）日期。日期应写在署名的下方，应用阿拉伯数字书写，年、月、日需全都写上。

（5）附录。最基本的就是个人简历，将一份完整的与招聘职位相结合的个人简历放在求职信之后，供用人单位详细了解求职者的个人资料。

附录也可以包括其他一些对应聘职位有帮助的有效证件，如学历证、学位证、职称证、身份证、获奖证书、户口等复印件等。除非用人单位特别强调需提交这些附件，这一类附件可以等到面试时再提供。如果有上述证件的复印件附后，需在正文左下方一一注明。

3）写好求职信的注意事项

要写好求职信，应特别重视以下几个方面：

（1）称呼要准确、得体。一般情况下，收信人应该是用人单位的人力资源管理人员，他们有权决定是否录用你。求职信的称呼与一般书信不同，书写时必须正规些，所以要尤其注意收信人的姓名和职务，因为他们第一眼从信件中接触到的就是称呼，他们的第一印象如何，对于求职的结果有着重要影响。

一般而言，称呼要根据用人单位或企业的情况而定，如果写给国家机关或事业单位的人事部门负责人，可用"尊敬的××处（司）长"称呼；如果是"三资"企业，则可用"尊敬的××经理（先生）"；如果是企业的厂长、经理，则可称之为"尊敬的××厂长（经理）"；如果写给院校人事处负责人或校长的求职信，可称"尊敬的××教授（校长、老师等）"。

求职信不管写给什么身份的人，都不要使用"××老前辈"、"××师兄（傅）"等不正规的称呼。如果打探到对方是高学历者，可以用"××博士"称呼他，则他会更为容易接受。

（2）问候要真诚。开头部分的问候起开场白作用。即使是素昧平生的人，信的开头还是应该有问候语，这是必不可少的礼仪。问候语可长可短，即使短到"您好"两字，也体现出写信人的一片真诚。问候要切合双方的关系，交情浅不宜言深，以简洁、自然为宜。

（3）内容必须清楚、准确。正文从信笺的第二行开始写，前面空两格。书信的内容尽管各不相同，写法也多种多样，但都要以内容清楚、叙事准确、文辞通畅、字迹工整为原则。此外，还要谦恭有礼，即根据收信人的特点及写信人与收信人的特定关系进行措辞（包括敬语、谦词的选择以及语调的把握等）。

（4）"包装"要讲究。求职信的"包装"也是十分重要的。由于看信人最先看到的不是信的内容，而是信的外观形式，所以一封书写漂亮、布局美观的信，会让人感到愉快和舒服。求职信的"包装"主要是指：①最好选用标准尺寸（A4）、质地优良、白色无格的信笺。②最好使用打字机或电脑将信的内容打印出来，如手写的话，墨水颜色以蓝黑为佳，忌用铅笔和红色水笔书写。③信文要在信笺的中间位置，书写格式要统一。④信纸的折叠。这里推荐两种稳妥的折叠方式：其一，将信纸纵向三等份折叠，在换方向折叠时让信纸两端故意折成一高一低。采用这种折叠方法的人一般被认为是谦虚朴实、讲究礼仪的人。其二，将信纸纵向对折，然后在折线处再往里折一至两厘米宽，最后横向对折。这种折法，表示发信者性格文静、有一定的文化修养。

4）求职信的写作技巧

一封好的求职信应该表达出求职者对该职位的诚意及愿意为事业而奉献自己才智的愿望。要写一封令人满意的求职信，必须注意以下几点：

（1）根据确定好的客观的求职目标，摆正心态。一个人要客观地确定自己的求职目标并不容易，因为在人才被看成"商品"的今天，人才市场的供求规律也在时刻影响着这种"商品"的价格。这一规律决定了求职者进入就业市场的时候，不能一厢情愿地认为单凭学历就一定应该得到什么样的工作。参与竞争前，应当对自己的实力做一个明确的估价，然后再确定应聘哪个水平的职位。只有摆正了自己的位置，确定了合理的目标，求职信才能有的放矢，才能提高应聘的成功率。

（2）文字通顺、简明扼要、有条理。要用简练的语言把求职者的求职欲望及相应的个人条件和特点表达出来，切忌堆砌辞藻。因为，求职信的读者不会把很多时间浪费在阅读冗长的文章上。那种刻意地卖弄文采，想方设法堆砌华丽和时髦辞藻的做法只会弄巧成拙，使人反感。

（3）稳重中体现个性。求职信不是显示文学才华的地方，最好用平实、稳重的语气来写，但这并不排除以独特的思维方式给对方造成强烈印象的做法。一封求职信，无论内容多么完备，如果吸引不了对方的注意，就会毫无用处。对方如果对求职信中的陈述不感兴趣，也将使求职者前功尽弃。

（4）要在信中流露出自信。要把握好自我展示和谦虚之间的平衡，要想求职成功就必须推销自己，强调自己的价值，这就少不了要自我展示一番，但是这种展示一定要避免浮夸。

例如：经管类大学生的自我展示用语对比见表 5-1。

表 5-1　　　　　　　　　**经管类大学生的自我展示用语对比**

比较好的用语	不好的用语
能用所学到的管理学知识为单位的人事管理制度的完善奉献自己的力量	把企业的经营带上一个新的高度

在中国文化里，谦虚是一种美德，但对于求职者而言，过分的谦虚可能会使人觉得你什么也不行，所以求职者应遵循"适度推销"的原则。在外资企业求职时可多一些自我展示，而在国有企业应聘时应多一些谦谦君子之风。

（5）尽量不用简写词语，慎用带"我"的字眼。求职信中太多的"我觉得"、"我认为"等表达方式很容易给用人单位留下你自高自大、处处以自我为中心以及不成熟的感觉。

（6）争取面试机会，莫提薪酬问题。求职信所要达到的目标是建立联系，争取面试机会。谈薪酬的问题为时尚早，关于薪酬的要求可以放在面试阶段去讨论。求职信的最后，要特别注意提醒用人单位留意你的简历，并请求给予回音，以争取进一步联系的机会，获得面试的资格。

（7）诚信为本，动之以情。"诚信为本"就是态度要诚恳、诚实、不卑不亢，内容实事求是，突出优点时应多摆事实而少下结论，通过自己的叙述让用人单位下结论，形容词宜用比较级，如"较好"、"比较优秀"等，不要用最高级。求职信中说的一切都必须能够在面试中得到支持和证实。写求职信时怎样做到以情动人呢?这需要进行换位思考，揣摩招聘人员的心理，从而采取相应的对策。

5.3.2　履历表

一份内容完整的履历表，一般包括如下项目：个人资料、求职目标、任职资格、学历、工作经历、专长与成就、学术论著、课外活动、外语技能、社团职务、推荐人等。就具体的履历表而言，项目的取舍应视求职者个人实际情况及履历用途酌情选用或增补，各项内容的详略应因人、因事而异。以下对一些重要项目加以简要介绍。

1）个人资料

履历表的第一部分是个人资料，一般应列出自己的姓名、性别、年龄、政治面貌、学校、院（系）及专业、获得何种学位及概括自己的愿望等。

2）教育背景

目前，随着教育体制改革的深入，学校及学科名称变化很大，适当地介绍学校和专业便于用人单位尽快地了解你的学历背景：专业包括自己所学的专业和业余所学的专业及特长；具体所学的课程；自己所受教育的阶段；各种证明材料、证书等级等教育背景的陈述。此外，要突出与招聘工作密切相关的论文、证书及培训课程等。

（1）教育经历。列出你所接受的教育过程，提交你的主要学习成绩，你所得到过的各种奖励、荣誉及在学校曾经担任过的职务。注意，如果你的学习成绩并不优秀，或在校期间没有担任过什么职务，最好不要笨拙地暴露自己的缺点。

（2）有关课程和知识体系。这里有两种情况：如果你的简历并没有什么特殊的针对性，在这部分应尽可能列出你所学过的课程，包括主修课、辅修课，因为你不知道哪一门课是用人单位最感兴趣的；如果你的简历是有针对性的，就可以只列出学过的、能使用人单位感兴趣的课程。

（3）列出你受过的其他教育或训练，内容包括你在工作、生活及个人兴趣方面发展而来的能力。例如，现在一些大学生求职者都接受过汽车驾驶训练并获得了驾驶执照，或是有外语口语证书及计算机等级证书，或者曾获得某项体育比赛的冠、亚军等，这些情况均可列入履历表。

3）工作经历和社会阅历

履历表的第三部分可简述自己的工作经历和社会阅历。这一栏是对你以前工作的记录，是履历表中很重要的部分。用人单位尤其是外商独资、中外合资企业非常注重求职者的工作经历。

（1）工作经历的内容。如果是应届毕业生，这部分内容应包括在学校和班级所担任的职务、在校期间所获得的各种奖励和荣誉、业余爱好和特长、社会实践和实习情况等。

而对于有工作经历的求职者来说，这部分内容以说明自己的工作经历和能力为主，尤其是与求职目标相关的工作经历是最主要、最有说服力的。

（2）工作经历的写作技巧。①没有针对性的履历表的工作经历要全面。如果你的简历并没有什么特殊的针对性，应尽可能列出所从事过的所有工作。即使你工作的时间还不长，从事的工作也不多，也要把你的工作经历一一列出，写明公司名称、工作职位、职能、业绩。辞职的原因可以不写，但假如这个问题一定要谈的话，也最好延至面试时再提。②针对特定岗位的履历表的工作经历要分主次。如果你的简历是针对某一特定岗位的，与应聘岗位相关的经历，无论时间长短，都一定要写在履历表上。介绍工作经历时，一般是先写近期的，然后按照年代的逆顺序依次写出，因为最近的工作经历对于用人单位来说显然更为重要。在每一项工作经历中要先写工作日期，接着是工作单位和职务。当未来的雇主对你整个工作史感兴趣时，他将特别注意最近的那份可能显示了你最高水平的工作。因此，最近的工作应介绍得最详细。③工作成果要尽可能地数字化。如果只是平铺直叙过去的工作内容，你的履历难以从数十封乃至数百封角逐同一职务的履历表中脱颖而出。因此，有必要清楚地陈述成就，即一定要提一提你过去对雇主的贡献。而为了让阅读者产生客观的概念，应尽可能地将工作成果用具体的事例或数字来表示。

例如：工作成果表现方式对比见表5-2。

表5-2　　　　　　　　　　　　　　　　工作成果表现方式对比

一般常见的表现方式	数字化后的表现方式
负责督导本地区的业务及销售	独立训练、规划一个由15名业务代表组成的团队，并且以一连串的行销活动成功地攻占各主要通路
任职期间每年都能顺利达成业绩目标	任职的3年时间内，成功地获得ABC、XYZ等主要客户之代理权，并且分别达成112%、121%及135%的业绩目标
职责范围包括财务、行政、MIS及Logistics	在担任A公司这个年营业额达5亿元的清洁用品制造公司财务经理期间，配合企业的经营方针，主导财务部门的策略规划及拟定发展目标。率领一个由25位精英组成的团队，使得财务、行政、MIS及Logistics各支持体系充分地发挥功效

此外，说明工作经历时语气要坚定、积极、有力，要提供具体工作能力等的证明材料。在这个部分还需要注意的一点是，陈述了个人的资格、能力、职业经历之后，不要太多提及个人的需求、理想，应适可而止。在美国，求职履历表有三不：第一，绝对不超过一页；第二，绝对不要把私人与工作无关的事都一览无遗地写进去，例如，婚姻状况、家庭状况、种族等，以免企业主因其他原因而发生歧视；第三，绝不填上薪水，求职的人应认清履历表的作用，只不过是在争取面试的机会。

4）求职目标

求职目标用于表达求职者的愿望、目的与动机。要将所申请的职位作为一个独立项目列出来。有人建议迟一些讲求职目标，甚至可延至面试过程中。事实是如果连面试机会都没争取到，这种建议就没有什么价值可言。在履历表中提出一两个职位或求职倾向作为求职目标，可表明你求职的诚意和目的性，从而更有可能获得招聘单位的信任。

5）结尾部分

履历表的最后多是提供证明自己资历、能力以及工作经历的材料。例如：学历证明、学术论文、获奖证明和证书、专业技术和职业证书、专家和教授的推荐信等。这些材料可以列在附页上，如有必要，可以附加证明人一项。但需要说明的是，在证明人栏中要说明证明人的姓名、职务、工作单位与联系方式。当你同时向多个单位发出履历表，而难于提供许多对方熟悉且有说服力的证明人时，也可以在简历结尾处注明"一经需要，即提供证明人"的字样。

知识链接5-6

网上如何吸引雇主注意你的个人简历

目前，网上招聘已经成为企业招聘和人员求职的重要渠道，各大招聘网站上各类职位每天都有大量更新。但也有很多求职者反映自己发的简历如石沉大海，网上求职的效果不佳。企业在网上招聘是怎样的流程？求职者利用网络求职时又有什么技巧可以为自己增加成功率呢？

根据企业调查的结果，给大家一些建议。

受访者之一　汉王科技有限责任公司人力资源总监杨金涛先生

汉王科技有限责任公司目前正在大型人才招聘网站上进行人员招聘。公司人力资源总监杨金涛先生在接受记者采访时，介绍了公司网上招聘的筛选原则和流程安排。"学历是硬门槛，企业网上招聘的第一道工序就是把招聘简历按照岗位进行细分，然后按照职位的要求来进行进一步的筛选。不同的职位有相应的学历要求，而之前有工作经历，尤其是在大型企业有好的从业经历的求职者容易通过网上的筛选。"

多年从事企业人力资源管理工作的杨金涛先生对于网上招聘有他独到的见解："网上招聘最关键的资料是求职者给企业发出的个人简历和求职者在网站人才库填写的个人资料。网上招聘是个非常庞大的工程，招聘人员要在一定时间浏览大量的个人简历和个人资料。根据经验，招聘人员在每份个人简历和个人资料上停留的时间不会超过半分钟，如果个人简历和个人资料陈述清晰，经历非常吸引人的话，会顺利通过。如果个人简历和个人资料对求职者特征与从业经历的表述模糊混乱，那么很大的可能是被筛除。"

那么，网上招聘的过程中，企业更青睐什么样的求职者？杨先生告诉记者："从个人简历或者个人资料中，可以看到求职者以前的工作经历，并从中看出其工作态度和以前的状态。有些求职者的工作经历是一步步往上走，在企业内部获得一些荣誉，说明其很优秀也很上进；参加过专业教育之外的培训，说明其有比较强的学习能力；在企业内部的岗位跨度比较大，说明其知识面比较宽广，应变能力较强。这样的求职者比较受企业青睐。反之，频繁跳槽的求职者让人感觉其不能踏踏实实工作，很难博得企业的好感。"

另外，杨金涛先生建议应聘者不要在网上招聘环节过多地提到薪水问题。

受访者之二　北京伯乐留学公司人事部经理李琼

李琼认为求职者应该在网上招聘环节充分展现自己，"在网上的个人简历中要详细说明从业经验，最好能列出以前从事的项目管理、做出的成绩和具体的工作内容。通常企业更看重求职者在以前的公司所担任的职务，它直接体现了求职者的工作经历和工作能力。对于以前工作经历的陈述要简明扼要、阐述清晰，通常打印出来的文字量占一张A4纸比较合适。最好注明长期定性的工作期限，几年内希望得到什么样的发展。"

对于刚刚毕业的大学生，企业在网上招聘的时候持什么样的态度？李琼表示："没有工作经验的求职者最好在网上的应征表格中强烈透露自己对岗位的需求感和自己的职业取向，应该更详细地表述对于企业的认识和对于职位的见解。自信心对于求职者来讲非常重要，企业从网上的简历中可以看出一个人对工作、对自己的肯定性有多大，他的沟通和协调能力又是怎样。"

专家观点　中华英才网人才研究中心高级经理孟丽

企业进行网上招聘，一般通过两种渠道：一种是企业在网上登招聘广告，求职者通过给企业发送电子邮件来让企业认识自己；另一种则是企业查阅网络的人才简历库，通过对人员简历的筛选来获得需要的人才。

网上招聘是企业招聘的核心渠道，我们不主张求职者如天女散花似地投递简历。选择企业和职位一定要有针对性，分析自己的优劣势，确定下一步的职业取向，选择与自己匹配度较高的企业和职位发送简历。如果有特别想去的企业和职位，要事先多做一些功课，要对这个企业了解得比较细致、对职位要求理解透彻，这样才能在网上招聘环节胜出。如果应聘外企，建议求职者的自我评价部分写得精彩一些，最好能有让人眼前一亮的字段出现。

需要提醒求职者注意的是，一定要经常到注册的网站将个人简历激活更新。很多求职者在注册之后会发现很长时间都没有企业与自己取得联系，原因是网站每天都有相当多的人注册个人简历，网站会按照时间自动排列这些资料。只有不断刷新，企业才能及时看到求职者的个人简历。

● 知识题

一、选择题

多选　5.1　请示与报告的区别是（　　）。

A.内容要求不同　　　　　　　　B.行文目的不同

C.报送要求不同　　　　　　　　D.处理结果不同

多选　5.2　协议书一般由（　　）构成。

A.标题　　　　　　　　　　　　B.立约当事人

C.正文　　　　　　　　　　　　D.生效标志

单选 5.3 书面沟通的特点不包括（　　　）。

A.可保留性　　　　　　　　　B.可复制

C.情景性　　　　　　　　　　D.逻辑性和严密性

多选 5.4 企业事务类文书包括（　　　）。

A.工作规划　　　　　　　　　B.工作方案

C.工作计划　　　　　　　　　D.工作总结

多选 5.5 书面沟通也存在一定的不足，主要包括（　　　）。

A.费时长　　　　　　　　　　B.信息反馈速度慢

C.无法运用情境要素　　　　　D.无法运用非语言要素

二、简答题

5.1 书面沟通有什么特点？

5.2 书面沟通的原则是什么？

●实训题

实训项目：情景模拟

场景：从华夏银行出来，张明踌躇满志，对自己面试时的出色应对感到无比自豪，自信这份工作非他莫属。一切都进行得很顺利，他所精心设计的个人简历更是无懈可击。

实训目的：通过实训，考察对书面沟通方式基本规范的掌握情况。

实训步骤：

1.按要求分组：每组6名同学。

2.小组中的3名成员将代表这家银行，分别写信给张明并告知假如他多一些经历的话，他就会被录用的，并且鼓励他不要气馁。写作时间为10分钟。

3.10分钟之后，扮演张明的其他3名小组成员分别从代表银行的3名成员处收到银行的信函，开始阅读。

4.由3位张明阅信后，就自己的感受在小组中进行交流，确定信函是否符合撰写者的预期。

5.小组成员一起分别对3封信进行分析，然后做出修改。

●案例题

求职信

尊敬的领导：

您好！首先我怀着诚挚的心意祝您工作顺利，健康愉快！

我叫张婧婧，女，1992年生，共青团员，系世纪大学财经学院货币银行专业的应届毕业生。本人在校表现一直较为优秀，多次获得各项奖学金和三好学生、优秀团员称号。

思想积极，学习努力，在校成绩优良，综合测评列本专业第七名。做事责任心强，积极乐观向上，性格开朗不失沉稳，有较强的团结协作精神。

在大学期间，虽然参加的社会活动并不是很多，但我始终抓紧时间努力汲取知识，增强自己的实力，坚信"业精于勤，荒于嬉"的道理。

在学校英语课的成绩全优，并通过国家大学英语四、六级考试及 TOFEL 考试，成绩优秀。英语的听、说、读、写能力强，曾做过导游、翻译等兼职工作。对计算机操作有浓厚的兴趣，除了在校必修 Word、Excel、Foxpro 外，还自学了 PowerPoint、FrontPage 等常用工具，会做简单的网页，能熟练操作 Internet 和多媒体。通过全国计算机二级考试，打字速度快。

经过 4 年的认真学习及广泛地涉猎课外知识，我不仅系统地掌握了国内外主要金融理论和一些会计知识，还全面地学习和掌握了外汇交易、国际结算、商业银行经营、证券投资等实务知识，还培养了我对金融工作的浓厚兴趣。必修专业课成绩全部为优良。

同时，我也没有忘记培养自己多方面的素质和能力：组织和参加了"一二·九"合唱，并参加了首届大学生篮球赛开幕式演出、"国民保险意识调查"访问和研究工作，还参加了编写远程教育网络课件脚本及"下岗职工再就业资金启动问题"课题小组并获奖，曾多次在校刊、班刊上刊登文章，积极锻炼身体，参加院运动会获得 800 米第三名……这些活动使我的素质和修养更加全面，培养了我的事业心、责任感和一定的社会能力，增强了我对事物的领悟能力，并使我养成了顾全大局、服从集体的良好品质和艰苦奋斗的拼搏精神。

4 年的大学生活即将结束，我将带着满腔的热情、所学的知识和良好的心理素质积极地投入社会，投入崭新的工作和学习中，同时也将更努力地完善自己的不足之处。我衷心地希望贵单位给我面试的机会，更希望我能为贵单位的发展做出自己的贡献。

随信附有我的简历，如有机会与您面谈，我将十分感谢！

致礼！

求职人：张婧婧

2014 年 2 月 5 日

个人简历

【个人概况】

姓名：张婧婧	性别：女	身高：1.67 米
出生年月：1992 年 5 月	民族：汉族 籍贯：江西	
健康状况及心理素质：良好	政治面貌：团员	毕业院校：世纪大学
专业：货币银行学	学历：本科	电子邮件：888@sina.com
联系电话：010-888××××（宿舍）	手机：1382×××××××	
通信地址：世纪大学 001 信箱	邮编：××××37	

【教育背景】

2007 年 7 月—2010 年 9 月　　　　核工业部 586 厂子弟中学

2010 年 9 月—2014 年 7 月　　　　世纪大学财经学院

【获奖及成绩情况】

综合测评列本专业第七名，学习成绩排本专业第五名。第一学年被评为校优秀团员，因学习优秀获得三等奖学金，并被评为校三好学生。第二学年被评为院优秀团员，获得校级优秀干部二等奖，并因学习优秀获得三等奖学金。

【外语及计算机水平】

通过全国大学英语四、六级考试及 TOFEL 考试，均获得优秀成绩，口语流畅，语音准确，阅读和写作能力突出。有较好的金融、会计英语基础。

通过全国计算机二级考试，熟练掌握 Office 系列软件操作，擅长运用 Word、Excel、PowerPoint 处理各种文档，熟练运用 Internet，能制作简单网页。

【主修课程】

货币银行学　证券投资学　国际金融　财政学　西方经济学　政治经济学　管理学原理　国际贸易　发展经济学　期货实务与技巧……

其他：金融英语　中、英文打字

【实践与实习】

2014 年 1—5 月，在中国银行本溪分行平山区支行实习，业务水平得到很大提高；曾参加社会兼职，如家教、翻译、导游、促销等。

【爱好、特长与社会活动】

热爱运动，尤其擅长羽毛球、中长跑、滑冰等项目，大学期间每年代表班级参加院运动会女子 800 米及其他项目并获得名次。选修健美操、旱冰课，并获得优秀的成绩。

【个性特点】

本人责任心强，做事认真，乐于助人，有一定的统筹安排能力；热情开朗不失沉稳，对工作有热情，积极，乐观向上，勇于接受挑战，有一定的处理问题能力；能吃苦耐劳，有一定的团队协作精神。

【求职意向】

愿意进入各银行、证券公司、会计师事务所等机构以及企业、事业单位，从事信贷、财会、审计、涉外、公关等工作。

问题：这份求职信与个人简历的写作给你带来了什么启示？

分析提示：这是一份写作规范、表达清晰的求职信，突出了自己的学业成绩和多方面的素质、能力，值得大家参考。

个人简历的写作，不仅版式清新，而且语言的感染力很强，使读者对其所述深信不疑，并突出了自己的个性特点，很独特。

人际沟通技能

学习目标

★知识目标

了解人际沟通的特点

明确人际沟通的原则

掌握人际沟通的技巧

★能力目标

能够分析人际沟通的障碍并找到解决策略

学会处理人际关系

能够有效解决人际冲突

★素质目标

不断提高人际沟通能力，为学业和工作奠定坚实的基础

引 例

一次不欢而散的沟通

汪大伟正和下属李明春谈话，这是对李明春迟到和缺席的第二次警告。李明春争辩道，在同事中，他的工作做得最多。汪大伟知道李明春是一名很好的员工，但不能容忍他违反公司的制度。

汪大伟："小李，你知道今天早上为什么叫你来?上个月我们讨论过你的问题，我认为你正设法改进。但当我检查月度报告时，我发现你迟到了四次，并且多病休了两天。这说明你根本没把我的谈话当回事。小李，你的业绩很好，但态度不佳。我再也不能容忍这样的行为了。"

李明春："不错。我知道我们上个月谈过，我也努力准时上班，但是最近交通非常拥挤。工作的时候我是十分投入的，你应该多注意我的工作效率，与我们组的老王相比，我的工作量要大得多。"

汪大伟："现在不谈老王的事，而是你。"

李明春："不，应该谈老王和其他几位同事的事。我比大多数同事做得好，而我在这儿被批评，你不公平。"

汪大伟："小李，我承认你的工作很出色，但公司的制度也很重要。你平均每月迟到4~5次，你不能总这样。我该怎么样处置你呢?我真不愿使用正式警告，你知道那意味着什么。"

李明春："是的，我了解正式警告，我想我会更加注意，但我认为我比其他人工作努力，应有所回报。"

汪大伟："好的，小李。如果没有这些问题，你的出色业绩会得到回报的，如果你想挣更多的钱或被提升，你应该按时上班，遵守公司的规章制度。"

李明春："好的，我认为你是对的，但是对于你这样的处理方式，我仍持保留态度。"

汪大伟："小李，随你选择。如果你下个月的记录仍不好，我将使用正式警告。"

李春明："好的，但是我还是认为不公平。"

资料来源　王建民.管理沟通实务[M].北京：中国人民大学出版社，2008.

这一案例表明：汪大伟缺乏领导能力，尤其缺少人际沟通技巧。作为管理者，当认为必须批评一个人时，可以先称赞一下对方再指出其不足之处，这能够使后面的批评意见变得柔和并且易于听取和接受。同时要注意选择适当的批评场合，本案例中汪大伟如果能首先了解李春明迟到和缺席的原因，再单独预约李春明到一个僻静的地方，心平气和地同他谈心，效果一定会更好。

6.1　认识人际沟通

所谓人际沟通，就是指人与人之间进行信息传递和情感交流的过程。通过人际沟通，人们彼此交流思想、观点、情感、态度和意见，从而达到交流信息、调节情绪、增进友谊、加强团结的目的。在现代社会中，人际沟通的广度和深度不仅是人们生活质量的重要体现，而且也是团队沟通、组织沟通的前提和基础。可以说，有效的管理沟通都是通过有效的人际沟通来实现的。

6.1.1　人际沟通的特点

由于人是有思想、有感情的高级动物，所以人际沟通与其他形式的沟通相比，具有下述特点：

1）沟通双方都是积极的主体

在人际沟通过程中，每一个参加者都是积极的主体——人。在双向沟通过程中，信息接收者在接收到信息发送者发出的信息后，要根据自己对信息的理解做出反馈，发送者则根据反馈信息及时调整自己的言行，因此双方之间的沟通是一个相互作用的互动过程。即便是在单向沟通过程中，信息接收者也要按照自己的需要、动机和态度理解发送者，分析发送者言行的目的和意图，而不是像机器一样消极被动地接收信息。

2）人际沟通受到人际关系的影响

人际沟通总是在一定的人际关系下进行的，人际关系状况对人际沟通的深度和广度产生重要影响，俗话所说的"酒逢知己千杯少，话不投机半句多"，就是这种影响的真实写照。而人际沟通对人际关系也会产生一定的影响，人际沟通并不是单纯的信息传递和交流，人们总是力图通过沟通来达到影响对方的目的，使双方的态度和行为趋于一致以保持良好的人际关系。有效的人际沟通，可以达到沟通信息、消除误解、增进感情的目的。

3）人际沟通存在社会性和心理性的障碍

在人际沟通过程中，沟通双方的社会文化因素和心理因素，包括沟通双方的社会地位、文化水平、风俗习惯和社会传统以及个人的需要、动机、情绪、兴趣、价值观、个性、经验和知识结构等，都会造成人际沟通的障碍，产生信息的过滤和曲解，从而妨碍人际沟通的正常进行，这是人际沟通过程中特有的一种现象。

4）人际沟通的主要工具是语言

除了书面语言以外，人际沟通还经常通过口头语言进行。在口头沟通过程中，除了语言符号系统外，语音、语调、停顿以及语速等辅助语言符号系统也会传递大量的信息和丰富的情感，同时，表情、姿态、手势等非语言符号系统在沟通过程中也起到很大的作用，因此在口头沟通时常常出现言外之意和弦外之音。

6.1.2 人际沟通应遵循的原则

人们在社会生活中进行人际沟通和人际交往时，不仅要有良好的、正当的动机，遵循普遍的社会道德规范，而且还需要采取正确方法并遵循一定的原则。

1）与人为善原则

与人为善就是要乐于给予和奉献。当别人有困难需要你帮助的时候，只要你做得到，就应该乐于和尽力予以帮助，千万不可乘机非分索取。要做到与人为善，需要注意三点：一是善于宽待他人。"金无足赤，人无完人"，任何人在相处交往中都难免会有不当或过失，对待别人的过失之处应善于予以谅解和宽容，尽量采取"向前看"的态度。要懂得宽容能获得友谊，宽容能找到更多的朋友。二是心胸坦荡，有爱心。爱人者必被人所爱，也易于产生一种"亲和力"。同时，要以"将心比心"的态度设身处地地对待和处理问题，在大事上清楚，小事上糊涂，不要斤斤计较。三是要善意地批评别人的缺点和过失。如果在交往过程中发现别人有缺点和错误而又非批评指正不可时，应该用善意诚恳的语气和恰当的方法进行规劝和说服。善意的批评是帮助别人改正缺点的一剂良药，它不但不会伤害友谊和失去朋友，相反，它能够赢得别人衷心的感激和真诚的依赖。

2）以诚相待原则

"精诚所至，金石为开。""诚"的核心是为人处世讲究忠诚老实、光明磊落。坚持以诚相待的原则，应该做到以下几点：第一，说话办事要实事求是。无论在工作、学习还是日常生活中，都应该坚持事实真相，绝不能为了个人利益和暂时利益而把一说成二、把是说成非。第二，襟怀要坦荡。不隐瞒自己的思想观点，有什么讲什么，不吞吞吐吐、遮遮掩掩，不要该说的当面不说，不该说的去背后议论。第三，是非要分明。在与人相处中敢于坚持真理，伸张正义，主持公道。第四，要言而有信。在与人交往中要遵守诺言，实现诺言，说到做到。俗话说"轻诺必寡信"，对能办到的事情应办了再说，若需在事前说，也要留有余地，不要打包票，更不要应付和搪塞，以免贻误别人的大事。

3）谦逊不媚原则

谦虚、礼貌待人是我国的传统美德，也是搞好人际关系的一条重要法则，在与人沟通交往时，切不可自以为是，认为自己比别人强，摆出一副高高在上、盛气凌人的架势，否则，不仅得不到别人的好感，而且也很难与他人合作共事。当然，也不能为了获得他人的好感低三下四地逢迎和巴结他人，或者戴着"有色眼镜"，采取"变色龙"的态度，对上阿谀奉承，对下专横跋扈。与人交往坚持谦逊不媚的原则，应该做到"谦逊而不虚假，热情而不失态，谨慎而不拘泥"。谦逊以坦诚为基础，不装腔作势，不虚伪做作；热情是谦逊的一种重要表达方式，应根据场合、年龄、性别、辈分以及交往深浅程度等情况不同，对感情的表达方式、言谈举止以及语气、称呼的选择等有所区别和讲究。为人处世谦虚谨慎是获得成功、少出差错的一个重要因素，但如果在别人面前手足无措，紧张拘谨，该说的话不敢说，应办的事犹豫不决，这就不是谦虚而是缺乏自信，不是谨慎而是怯懦。

4）利义结合原则

所谓利义结合，实际上就是物质交往与精神交往相结合。在人际沟通和交往过程中，物质交往和精神交往是相互联系、相互制约的关系，而精神交往又往往渗透在物质交往的过程中。物质交往作为一种社会活动，体现了人们一定的愿望和要求。在实际生活中，人们既不会无缘无故给予，也不应该无缘无故索取。一般来说，如果是为了表达彼此之间的感情或增进友谊，适时、得体、恰当地进行物质上的"礼尚往来"，这是允许的，无可指责的。例如，同事生病住院，买些糕点、水果去探望以示慰问；亲朋好友家遇到喜事，买点礼品以示祝贺；感谢领导、同事在工作和生活上的帮助，请他们吃顿饭以表谢意。有人把同事、朋友之间一切生活上的物质交往如请客吃饭、送点小礼物都看成是庸俗的不正之风，这其实是一种偏见。人际沟通中的物质交往与用金钱和财物行贿、拉关系走后门、搞庸俗低下的不正之风完全是两码事。交往中运用利义结合原则时应注意以下问题：一是因人不同采用的交往方式不同。请客送礼要因人而异，根据年龄、性别、交往深度等不同对象而采取不同的对待方式。二是因事不同采取的交往重点不同。例如，对因工作上受到挫折或因生活上受到打击，精神上感到苦闷和失望的同志，应从精神上给予安慰和劝导；对因遭受灾难而家庭经济严重困难的同志，除了精神上表示同情和安慰外，还应该给予经济上的接济和帮助。三是因时不同采取的交往方式不同。一般来说，初次交往相处，以精神交往和情感沟通为宜，时间增长，感情加深以后，适时进行物质上的交往也是必要的。

5）灵活多变原则

人际关系是一个复杂的系统，沟通和交往的形式和方法也要以变应变，即对不同的人和事要采取不同的对待方法。为人处世无定法，不能信守教条，要具体问题具体分析，灵活多变，讲究策略。这里主要强调两点：一是不能抽象地讲真诚相待。例如，对诚实善良的人要诚实相待，对少数狡诈虚伪的人应另当别论。在某种特殊情况下，如对患不治之症的病人，我们就不能讲真话，而应该婉转地安慰他、鼓励他。又如，听到甲背后议论乙，只要不是涉及重大原则问题，我们就不应诚实地把甲的话传给乙，以免扩大矛盾和隔阂。

二是现实生活中总会有少数高傲自大、目空一切、我行我素、以自我为中心的人。这种人往往对自己的言行毫不检点，对他人却苛求挑剔。如果你对这种骄狂无礼的人一味采取谦虚礼让的态度，就很可能被他看做软弱无能。因此，在这种人面前要当仁不让，寻找适当的机会和场合显示一下自己的能力，使其知难而退。

6）逐步发展原则

人际交往一般都有一个逐步发展的过程，即初交、常交和深交三个阶段。在每一个不同的交往阶段里，应该把握不同的交往尺度。在初交阶段，常常有些拘谨、别扭等不自然的感觉。此时要注意消除不安、紧张和胆怯情绪，也要注意不能无休止地说个没完没了，防止初次交往就给人留下不好的印象。进入常交阶段后，随着交往的增多和友谊的增长，应注意观察和了解对方的情况，特别是性格、兴趣和爱好方面的情况，寻找和发现双方的共同点、共鸣点，加固友谊的基础。到了深交阶段，双方感情在长期接触中深化发展了，双方有了深厚的友谊。一旦有了这种友谊，应该倍加珍惜。

课堂互动6-1

以"见人说人话，见鬼说鬼话"为题进行课堂辩论，赞成的为正方，反对的为反方，教师对学生辩论情况进行点评。

6.1.3 人际沟通的障碍

在人际沟通过程中，信息发送者把自己要传递的意思即意义信息进行编码，变成物质化的符号信息，然后通过一定的渠道传递给信息接收者，接收者对接收到的符号信息进行解码，获得一定的意义，然后沿着一定的渠道发出反馈信息，从表面上看，这个沟通过程就完成了。但在实际沟通过程中，信息接收者对信息发送者的信息不理解、不完全理解甚至误解的情况时有发生。之所以如此，是因为人际沟通除了存在一般的沟通障碍外，还存在下述特殊的沟通障碍：

1）文化因素引起的障碍

（1）语言障碍。

在人际沟通过程中，语言障碍主要表现在两个方面：一是语言差异障碍。这种障碍主要是由于语系、语族的不同造成的。不同国家、不同民族之间的交流往往因语系或语族的不同而存在沟通困难，这时就需要通过翻译才能进行沟通。二是语言表达障碍。这种障碍主要是由于语言表达能力不同造成的。如果沟通者语言表达能力太差，则会词不达意，令人费解，甚至产生误解和冲突。

（2）文化程度障碍。

沟通双方的受教育程度、经验水平、文化素质和文明程度差距过大，信息接收者对信息的内涵不理解或不接受，也会造成沟通障碍。

（3）文化传统障碍。

沟通双方的文化传统、风俗习惯及行为方式的差异过大，也会造成沟通的障碍。这种差别不仅存在于国家之间，在同一国家的不同区域有时也存在，这正是俗话所说的"一里不同俗，十里改规矩"。

（4）态度障碍。

态度通常是指个体对事物的看法和采取行动的心理倾向。以恰当的认知、健康的情感支配行为的心理倾向，就是科学的态度，反之则是非科学的或不端正的态度。态度对人的行为会产生重要影响，如果沟通双方的态度不端正，或者存在偏见，或者歧视对方，或者各存疑心，或者消极悲观，则很难收到较好的效果。

2）社会因素引起的障碍

（1）社会地位不同造成的障碍。

居高位、掌实权的人物如果官僚主义作风严重，下属就会敬而远之，由此便阻塞了上下沟通的渠道。克服社会地位障碍的有效方法是发扬民主，干群广泛接触，经常对话，相互听取意见。

（2）社会角色不同造成的障碍。

在管理过程中，如果管理者不能以平等的态度对待下属和同事，总喜欢用教训人的口吻与下属和同事说话，那么他与下属和同事之间就会产生隔阂，导致管理沟通的障碍。解决的办法是管理者发扬民主作风，对下属和同事要尊重，有事一起商量，共同寻求解决问题的途径，这样才能达到有效沟通。

（3）年龄差异造成的障碍。

年龄是人的阅历的体现和反映，是时代的年轮和缩影。由于不同年龄的人所处的时代不同、环境不同，这就决定了每个年龄段的人无不带着所处时代的烙印，因此其思想观点、行为习惯甚至世界观也有所差别，这正是人们所说的"代沟"。可以说，在不同的年龄阶段，代沟是人际沟通的主要障碍。

（4）性别差异造成的障碍。

由于性别的差异，男性和女性有不同的语言表达方式和习惯。有研究表明：男性通过交谈来强调自己的身份，而女性通过交谈来改善人际关系。也就是说，男性说和听是一种表达独立意识的行为，而女性的说和听是一种表示亲密的行为。因此，对于许多男性而言，交谈主要是保持个体独立和维持社会等级秩序与身份；而对于许多女性来说，交谈则是为了亲近而进行的活动，女性通过交谈寻求认同和支持。例如，男性经常会抱怨女性一遍又一遍地谈论她们的困难，女性则批评男性没有耐心听她们说。实际情况是，当男性听女性谈到问题和困难时，他们总是希望通过提供解决方案来表现他们的独立和对问题的控制。相反，女性则将谈论困难看做拉近彼此距离的一种方法。女性谈到困难是为了获得支持和理解，而不是想听取男性的建议。

3）认知偏见引起的障碍

对于每个人来说，他人与外部的客观事物一样，都是客观存在的，都是自己的认知对象，但是人们对他人的认知和对客观事物的认知所遵循的原则和方法是不同的。人们认知客观事物时，很少加入主观成分，看问题相对来说比较客观，但在对他人进行认知时，往往带有浓厚的主观色彩，总是在一定的心理倾向作用下加工整理外部输入的信息，形成对他人的印象，然后把这个印象加到认知对象身上，认为这个人就是这个样子的。这种主观的认知偏见在人际沟通过程中的具体表现有下述几种：

（1）晕轮效应。

所谓晕轮效应，是指对某个人的整体印象影响到对其具体特征的认识和评价的一种心理现象。当你认为某个人不好时，会觉得他什么都不顺眼，他就被消极否定的光环所笼罩，一无是处；当你认为某个人很好时，他就会被一种积极肯定的光环所笼罩，令你觉得这个人什么都好。俗话说的"一好遮百丑"、"情人眼里出西施"、"爱屋及乌"等就是这种认知偏见的典型表现。晕轮效应形成的心理机制是中心性质扩张化，是一种以偏概全的心理偏差。在人际沟通过程中，只要是权威人物说的话，就深信不疑，而一般人的话则人微言轻，这就是晕轮效应在起作用。

（2）刻板印象。

人们在认知时并不是把认知对象当做孤立的个体来认知，而是把他看做某一类人中的一员，认为他具有这一类人所共有的特点。这种把人划归某种类型加以认知的现象就是刻板印象。刻板印象使人们对每一类人都有一套固定的看法，但是用这种固定的看法去套一个具体的人时未必正确，而且即使在同一类人中，每个人除了具有某种共性外，还有自己的个性。所以，刻板印象很容易造成偏见，使人戴着有色眼镜看人，从而影响了人际沟通的效果。

（3）第一印象效应。

两个互不相识的人初次见面所形成的印象叫做第一印象。第一印象效应是指在一定条件下最先映入认知者视野中的信息在形成印象时占优势。人际交往总是通过第一印象进行的。第一印象对人际认知的影响表现在很多方面：首先，它会使人际认知带有表面性。第一印象常常是对一个人表面特征的认知。两个素不相识的人初次接触，彼此会根据对方的外貌、表情、姿态、谈吐、衣着等，做出一个初步的判断与评价，形成某种印象，这就容易出现以貌取人的现象，使认知具有表面性。其次，第一印象效应容易使人际认知具有片面性。初次接触获得的信息和形成的印象对日后的交往影响重大，常常使人跟着第一印象走，忽视以后的新信息，或按最初的印象来解释后来出现的新信息，造成对人认知的主观片面性。比如，当初次看到某人谈吐优雅、很有礼貌，形成一个有教养的好印象后，在日后的交往中，往往不会注意他在其他场合是否会有行为粗鲁、蛮横的表现，即使注意到了，也会认为那是偶然的。由此可见，第一印象一旦形成，就会起到一个过滤器的作用，以致在后来的人际沟通过程中，凡是跟第一印象一致的信息，就印象深刻，而凡是跟第一印象不一致的信息，就视而不见、听而不闻，这便产生了沟通的障碍。

课堂互动6-2

> 请你谈谈晕轮效应与第一印象效应的区别与联系。你在生活中有没有晕轮效应或第一印象效应？请举出具体的例子与同学分享。

（4）自我投射。

自我投射是指人的内在心理的外在化，即"以己之心度人之腹"，把自己的情感、愿望、意志、特征投射到他人身上，强加于人，认为他人也是如此。自我投射效应是人从自我出发去认知他人，自我与非我不分、主观与客观不分、认知主体与认知客体不分。而事实上，世上并没有完全相同的人，自己与他人之间的差异是客观存在的。因此，在人际沟通过程中，应注意这些差异，从他人的实际特点和具体情况出发去认知他人、理解他人，才能避免曲解别人的信息，克服沟通的障碍。

4) 情绪与情感因素引起的障碍

情绪与情感是个体对客观事物是否满足自己的需要所产生的态度。情绪和情感可分为两种：一种是积极的情绪和情感，如满意、喜爱、快乐、自豪等；另一种是消极的情绪和情感，如愤怒、恐惧、厌恶、嫉妒、自卑等。这些积极的和消极的情绪、情感取决于个体的需要是否得到满足，如果需要得到满足，就会产生积极的情绪，反之就会产生消极的情绪。一旦个体产生了某种情绪，这种情绪就会对其行为产生影响。例如，当我们心情烦躁时，会变得好发脾气，说话带刺，尽管平时可能热情随和，此时也难以对人心平气和，隔阂与误解也就会随之产生，从而妨碍与他人的正常沟通与交往。情绪与情感造成的沟通障碍主要体现在下述几个方面。

（1）愤怒造成的沟通障碍。

在生活中，当事与愿违、某种要求不能得到满足、一再受到挫折之时，愤怒自然产生。根据程度不同，愤怒可以表现为不满、生气、愠怒、激愤和暴怒。愤怒时，人体内会调动所有的能量储备，迸发出比平时大得多的生理和心理力量，并且常用侵犯性评议或行为宣泄出来。这在面对野兽、面对敌人时有积极意义，而在日常生活中只会伤害感情，破坏融洽的气氛。怒气在哪里，哪里就会有争吵和冲突，而事过之后，则悔之晚矣。心理学认为，在冲动的情绪状态下，人的意识范围缩小，对自身行为的控制能力降低，常做出不明智的举动。

（2）恐惧导致的沟通障碍。

恐惧根据程度不同可分为不安、担心、惧怕等。现代人的恐惧不仅仅是身体方面的，如受伤或死亡，更常见的是心理和社会方面的，如害怕考试不及格，担心绩效评估不佳，担心评优落空或遭受末位淘汰，担心自己的体力、能力不是一流的，害怕寂寞、孤独等。这些恐惧情绪给人带来一系列不良的心理反应，使人丧失某些原则，甚至用对人作假或贬低别人抬高自己来消除自身的不安。这就拉大了自己与周围人的心理距离，造成沟通的障碍。

（3）嫉妒造成的沟通障碍。

嫉妒是指在意识到自己对某人、某事、某物品的占有或占有意识受到现实的或潜在的威胁时产生的情感。它可以向积极和消极两方面转化。对于嫉妒，有的人能克制自己不采取攻击言行，并控制它、适应它，使它逐渐淡化，甚至把它转化为积极的竞争行为。而有的人则不能把握这种情感，任由其向消极一面转化，产生痛苦、忧伤，进而采取攻击性言论和行为，导致人际冲突和沟通障碍。

（4）自卑造成的沟通障碍。

在人际交往活动中，自卑表现为缺乏自信、自惭形秽、行动退缩不前、难以主动与人交往和沟通，想象成功的体验少、想象失败的体验多。自卑的浅层感受是觉得别人看不起自己，而深层的体验是自己看不起自己。自卑者往往并不是能力低下，而是凡事期望过高，不切实际，在人际交往中总想使自己的形象理想完美，惧怕丢丑、受挫或遭到他人的拒绝与耻笑。这种人常常不敢表达自己的意见，哪怕知道自己的意见是正确的，也往往缺乏表达的勇气与信心。

（5）自负造成的沟通障碍。

自负在人际交往中表现为傲气轻狂、居高临下、自夸自大、过于相信自己而不相信他人，只关心个人的需要，强调自己的感受而忽视他人的想法。与人相处，高兴时口若悬河、手舞足蹈，不高兴时乱发脾气，很少考虑对方的反应。与熟识的人相处，常过高地估计彼此的亲密程度，使对方出于心理防卫而采取疏远态度。

（6）孤僻造成的沟通障碍。

孤僻导致的沟通障碍具体表现为孤芳自赏、自命清高、与人不合群、待人不随和、独来独往；或是由于行为习惯上有某种怪癖而使他人难以接受，以致从心理到行为上与他人隔着屏障，自己将自己封闭起来。

5）人格因素引起的障碍

所谓人格，是指人经常地、稳定地表现出来的心理特点，包括气质和性格。人格的差异会造成人际沟通的误解、矛盾甚至冲突。正确理解自己和他人的人格特点的差异，有助于理解许多误解和冲突产生的原因，进而克服人际沟通过程中的障碍。

（1）气质不同产生的障碍。

不同的人情绪和行为发生速度、力量、持久性和灵活性各不相同，这反映了人的不同气质。气质一般可分为四种不同的类型：①胆汁质，表现为好动、热情、直率、急躁、易激动、精力旺盛、缺乏耐性等。②多血质，表现为活泼好动、反应迅速、善交际、适应力强、热情、乐观、敏捷。③黏液质，表现为安静、沉着、稳重、有耐心、固执、反应慢、不灵活。④抑郁质，表现为敏感、多疑、多愁善感、孤僻、谨小慎微、反应缓慢。

从生活中我们可以看到，不同气质的人在一起会因气质不同而产生一些摩擦。胆汁质的人会由于一点小事而突然间怒不可遏，对人大发雷霆，使抑郁质的人深感委屈和不满；而冲突过后，前者会很快把事情忘却，后者却始终耿耿于怀。黏液质的人对事情认真、有耐心，但做事慢腾腾，难以同时处理几件事情，无法很快从一个问题转入另一问题，这会使多血质的人很不耐烦，这两种类型的人相处时很容易产生不快。需要指出的是，气质主要是由遗传因素决定的，虽然后天的生活经验可以在一定程度上对气质进行某种程度的掩盖，但很难彻底改变，每种类型的气质都有其有利的一面，也有其不利的一面，只有知己知彼、宽容对待他人，方能防止不必要的冲突产生。

（2）性格差异产生的障碍。

性格指一个人在后天社会实践活动中形成的对人、对事、对己的态度及与之相应的行为方式。当你与性格相投的人相处时，会感到难舍难分，与性格不合的人相处时，则会感到别扭难耐。社会生活中人们需与各种性格的人打交道，自身的性格不仅决定了你对他的态度、行为，也影响着你与周围人的关系。

瑞士心理学家荣格把性格分为外向型和内向型两种。前者一般高级神经活动强烈，气质多为胆汁质和多血质，性格特点往往表现为根据外界的客观情况来决定自己的情感和行为，关心现实，活泼好动，乐观开朗，善于谈吐，感情易变，性情急躁，其情绪、态度和行为的对象多是外部客观现实，指向于外界。而内向型性格的特征则与外向型性格的特征相反，表现为对周围的事不关心，以自己的感情和意志等主观因素决定行为，注重内心体验，不喜欢与人交往，与亲人以外的其他人保持一定距离，平静、沉稳、慎重、有条理，气质多为黏液质和抑郁质。

无论性格外向还是内向，对他人来说都同时具有吸引力和使人反感、容易引起冲突两个方面。某些性格相似的人，由于有共同的弱点，会难以相处。两个外向型性格的人相处，会相互抱怨对方做事急躁、欠考虑、主意易变、难共事。而两个内向型性格的人相处，则会认为对方冷漠、高傲、四平八稳、没有朝气等。彼此要想达到相互理解、沟通，必须明了自己及交往伙伴的性格特点，相互协调、互相适应。

6.1.4　克服人际沟通障碍的对策

尽管在人际沟通过程中会遇到各种各样的障碍，但只要人们树立正确的沟通理念，采取科学的沟通渠道和方法，就能够克服沟通中的障碍，实现有效沟通。具体来说，克服人际沟通障碍的策略与技巧主要有以下几种：

1）态度要积极

态度对人的行为具有非常重要的影响。比如，同样是上司交给的一项任务，员工甲与上司积极沟通，获得了较多的信息，加上他本人态度认真而且充满热情，他就会高效率地完成这项任务；而员工乙做事一贯懒散，对什么事都认为无所谓，凡事都消极被动，不会主动去与上司进行沟通，工作效率自然也就受影响。因此，在人际沟通过程中要尽可能地保持乐观、积极、向上的态度，避免消极、悲观的态度，在沟通中保持平和的心态，这样才能够达到沟通的预期效果。

2）坚持实事求是，以理服人

为人处世不讲道理，戴着有色眼镜看人，就没有立身之地，所以在人际沟通过程中，不仅说话办事要实事求是，言论行为要符合社会规范，相处交往要体谅他人，而且需要有判别力、洞察力和严密的逻辑思维以及分析推理的能力，待人接物要善于抓住事物的本质。与人交往难免发生矛盾，而且常常不是一方绝对有理，当你遇到这种情况时，最好的办法就是避实击虚，即避开对方最有力的攻击，寻找对方的薄弱环节有理有力地进行反击，以理服人。这种方法在企业竞争、经济谈判和"打官司"中用得最多。如果与人交往中发现自己确实错了，切不可强词夺理，不妨主动认错、赔礼道歉，这样显得诚恳而又豁达，更易赢得别人的谅解、同情和赞许。

3）以情动人

在人际沟通过程中，要善于驾驭自己的感情，根据不同的人、事以及环境和气氛，恰当地情真意切地表达自己的喜、怒、哀、乐，以打动对方。例如，老友重逢时的喜悦和激动；同事、朋友相聚时的愉快和欢乐；面对遭受挫折和不幸的人的同情和悲痛；当企业遇到困难和风险时，领导在部下和群众面前所表现出来的从容和镇静。凡此种种，皆是以情动人。情不真就不动人，意不切就会失态。只有真正的感情才具有力量，才能够感染和打动人。

4）正确地运用语言

在人际沟通过程中，评议是必不可少的工具。若一个人驾驭语言的能力强，谈吐自如，能根据不同的人、事、环境等选择准确恰当的词语，充分显示自己说话、办事的逻辑性和严密性，就能够保证人际沟通获得更大的成功。如果说话吞吞吐吐、词不达意，甚至颠三倒四，不仅达不到沟通的目的，而且还可能造成冲突。要想在人际沟通过程中正确地运用语言，需要注意两个问题：一是遣词造句要准确恰当，中心要鲜明突出，思维逻辑要严密；二是语言要流畅，语气声调要依人依事来选择，使之恰到好处。

5）随机应变

人们在交往过程中，常常会遇到一些意外的情况或问题。在这种情况下，有的人处事死板教条，有的人不知所措、慌乱尴尬，而有的人则随机应变，采取灵活多样的方法进行恰当的处理。例如，小李与朋友相约到另一位同事家去玩，小李带了一些糖果作为礼品。到同事家时，他发现朋友们都未带礼品。这时，小李既没有当着大家的面叫主人将礼品收下，也没有将礼品悄悄放在某个角落，而是大大方方地对主人和朋友们说："我带来点东西助助兴，大家都来尝尝吧!"礼品本来是送给主人的，小李这么灵活处理，不仅没有使未带礼品的朋友感到难堪，反而使主人和朋友们都感到高兴。

6）保持良好心态，进行换位思考

在人际沟通过程中，要常常进行心理换位，把自己想象成对方，了解一下若自己处在对方情境中的心理状态和行为方式，体会一下他人的心理感受，就会理解别人的态度和行为，做到"己所不欲，勿施于人"。同时，还要保持良好的心态，积极主动地与他人进行沟通，做到不卑不亢、平等真诚，这样才能避免自卑和自负造成的沟通障碍，赢得他人的信赖。

6.2 人际沟通的技巧

6.2.1 交谈的技巧

人世间的快乐和烦恼、友谊和仇恨，大多产生于人们的言谈话语中，这正是俗话所说的"病从口入，祸从口出"。会说话的人，其言谈让人听了感觉很舒服；不会说话的人，其言谈让人听了感到恐惧和厌烦。要做个会说话的人，掌握下面的交谈技巧是非常必要的。

1）要主动地问候

在交往开始时，要注意问候，这样不仅能够表现出对对方的亲近之情，还可以营造良好的谈话氛围。一般来说，年轻人应主动问候长辈，下级应主动问候上级，男士应先问候女士。问候时目光要注视对方，面带微笑，语调清晰、温和，切忌显出一副心不在焉、无可奈何的样子。

2）要礼貌地告辞

在交谈结束时，要礼貌地告辞，并表示以后还想相见的愿望，这样有利于保持良好的人际关系。告辞时态度要谦逊、诚挚，不要趾高气扬。临走时说声"再见"、"对不起，先走一步"等均可。

3）多谈对方感兴趣的事情

在交谈中人们往往对与自己有关的问题较感兴趣，比如自己所缺乏的东西、所认识的人、所看见过的东西以及所经历过的事情，或与自己的经历有关的种种事情。因此，在与别人谈话时，不能一味地谈"我……"，这会使对方反感和厌烦。最明智的做法就是谈论对方感兴趣的问题，多让对方谈，再穿插自己的东西，这样更易于获得对方的好感。

4）重视每一个人

在有众多人参与的谈话场合，如果你只跟自己谈得来的人说话，而使某些人遭受冷落，这是极不明智的做法。假如被冷落的恰巧是来日对你事业前途起关键作用的人物，那么你就可能为此付出沉重的代价。因此，在谈话时千万不要冷落任何人，要留心每一个人的面部表情及其对你谈话的反应，让每个人都有被重视和尊重的感觉。

5）学会使用"万能语"

所谓"万能语"，一般具有以下几个特征：一是使对方觉得你很有礼貌；二是听起来平易近人，用起来简单方便；三是给人一种舒心的感觉；四是富有弹性。最常见的万能语有：噢，是的；真是太不好意思了；请多多包涵；哪里，哪里，实不敢当；真是太感谢你了；请多指教；拜托，拜托。万能语是人际关系的润滑剂，巧妙使用能收到意想不到的效果。

6）注意停顿

说话时的停顿其实也是一种艺术。巧妙地运用停顿，不仅能使讲话层次分明，还能突出讲话的重点，吸引听话人的注意力，让听话人更容易明白所讲的内容。如果不懂得运用停顿，滔滔不绝地一直讲下去，势必使对方感到一种压迫感，从此怕听你说话。

7）恰当使用幽默

幽默的谈吐能使人轻松愉快，还可活跃气氛。有些人在与领导谈话或异性交谈时，显得很紧张，脸色潮红、语无伦次，此时运用幽默的语言可以迅速打破过于拘谨的气氛；与比较熟悉的同事、同学交谈，适当开几句玩笑可以活跃交往气氛。但如果说笑话不注意时间、场合，甚至开玩笑过头，则可能适得其反，既损伤了对方自尊心，又使双方关系变得十分紧张。

8）用词准确易懂

使用的语言要准确精炼，不要拖泥带水，否则会使别人抓不住要领。语言必须通俗易懂，让人一听就明白。在非专业性交往中不要使用专业术语，除非双方学的是同一专业。语言还应朴实无华，既不要滥用词汇，使人产生故弄玄虚之感，也不要干巴枯燥，令人感到索然无味。

9）不要轻易打断对方的谈话

一方在谈论某个问题或叙述某件事时，倾听者不应该轻易打断说话者的话，应该等其说完后再提问或发表自己的见解。如果中间确有必要插上一两句话，应预先打招呼，说声"对不起，我插一句话"，说完后应礼貌地请说话者继续说下去。

课堂互动6-3

能力测评：对下面各题，请选择一个最符合自己实际情况的答案。

1.你说话的声音是否听起来清晰、稳重又充满自信？

A.是　　　　　　B.也许是　　　　　　C.不是

2.你说话的声音是否充满激情与活力？

A.是　　　　　　B.也许是　　　　　　C.不是

3.你说话的声音是否坦率而明确？

A.是　　　　　　B.也许是　　　　　　C.不是

4.你是否在说话的时候保持一定的语速？

A.是　　　　　　B.也许是　　　　　　C.不是

5.你说话时是否几乎不用"你知道吗"这样的发语词？

A.是　　　　　　B.也许是　　　　　　C.不是

6.你是否能够十分正确地说出每一个人的姓名？

A.是　　　　　　B.也许是　　　　　　C.不是

7.你发出的声音，让人听起来不会感到单调乏味吗？

A.是　　　　　　B.也许是　　　　　　C.不是

8.在你情不自禁讲话时，能否压低自己的嗓门？

A.是　　　　　　B.也许是　　　　　　C.不是

9.别人喜欢听你讲故事吗？

A.是　　　　　　B.也许是　　　　　　C.不是

10.你说话时是否能够避免使用"喔"、"哟"这样的词语？

A.是　　　　　　B.也许是　　　　　　C.不是

11.别人能从你的话语中感到轻松愉快吗？

A.是　　　　　　B.也许是　　　　　　C.不是

12.你说话时能够避免屈尊俯就、低三下四吗？

A.是　　　　　　B.也许是　　　　　　C.不是

得分与评价：

A=1　　　B=0　　　C=−1

如果你的得分在8分以上，说明你说话能力较强。

如果你的得分在0~8分之间，说明你说话能力一般。

如果你的得分在0分以下，说明你说话存在较大问题。

6.2.2　电话沟通的技巧

随着通信技术的发展，电话已经成为人际沟通最普遍、最快捷的沟通工具。人们在工作、生活中经常要打电话或接听电话，因此掌握电话沟通的技巧对于搞好人际沟通是十分重要的。

1）打电话的技巧

不管你打电话是出于私人交流，还是为了商务活动，都需要具备一定的常识和礼节，尤其是在商务活动中，掌握一些打电话的方法和技巧，对于提高商务活动的成功率大有益处。以下几点是你打电话时应该考虑的：

（1）理清自己的思路。

拿起电话听筒之前，应先考虑一下自己想要说些什么，不要在毫无准备的情况下给他人打电话。你可以在脑海中设想一下要谈的话题或草草写下想说的事情。

（2）养成随时记录的习惯。

在你的办公桌上应时刻放有电话记录用的纸和笔。打电话时应一手拿话筒、一手拿笔，以便能随时记录。

（3）立即表明自己的身份。

电话接通后，首先应表明自己的身份以及自己所属的组织的名称，然后以"您好!""你最近怎么样?""一切都还顺利吗?"或类似的问候语作为谈话的开场白。电话交谈时应称呼对方的名字，以便让对方了解到你知道他的名字，缩小你们之间的距离感。

（4）确定对方是否处于合适的通话时间。

当你给他人打电话时，对方也许正忙于自己的某件事情。这时，你应当表明自己尊重对方，能够给对方足够的时间做适当的调整。例如，你可以在开始讲话时先询问对方："您现在接电话方便吗?""您现在忙吗?""您现在有时间同我谈话吗?""这个时候给您打电话合适吗?""您能抽出点儿时间听我讲话吗?"

（5）表明自己打电话的目的。

接通电话后，你应立即向对方讲明自己打电话的目的，即迅速进入正题。专家们认为，商场上的机智就表现在你能否在30秒内引起他人的注意。

（6）给对方足够的时间做出反应。

即便你想迅速解决某一紧急的事务，也应该给对方足够的时间，让他们对你的要求做出反应。如果你拿起电话说个不停，那么对方会误以为你正在朗读材料而无暇思考。

（7）避免与旁人交谈。

在打电话的中途与身边的其他人说话，这是极不礼貌且不合适的行为。如果万一这时有一件更加重要的事情需要马上处理，你应该向对方道歉，并讲明理由，然后在最短的时间内处理完这些事情，不要让对方久等。如果你估计让对方等候的时间可能会很长，也可以向对方道歉，说明你会过一会儿再打过去，但最好避免这种情况的发生。

（8）设想对方要问的问题。

当你在电话中与他人进行商务谈话时，对方肯定会问你一些问题，所以你应该事先准备好如何回答。例如，总公司的一位总经理助理给城外的分公司的一位专家打电话，请他参加总公司的会议，那个专家听后问："为什么我要跑这么远去参加这个会议呢?"在这种情况下，一个拙劣的回答可能是："我想您最好来这儿。"但如果你事先考虑过这样的问题，就能十分机智地回答："您是这方面的专家，而且我们讨论的问题恰巧在您的研究范围之内，如果您能光临，会对我们有很大帮助。"听了这些话，那个分公司的专家可能当时就会表态："好的，我会准时参加的。"

（9）道歉应该简洁。

有时，你不在的时候会有人给你打电话，并且要求代接的人记下电话转告你。当你回这些电话的时候，不要在道歉上浪费时间，只需用一两句话表示一下歉意即可，例如："对不起，我没有尽早给您回电话。""抱歉，接到您的口信我就立即给您回电话，但是您一整天都不在。"因为所有这些都是过去的事情，过多解释是毫无意义的，只会延误你谈正题。

（10）不要占用对方过多的时间。

当你主动给别人打电话时，要尽可能避免占用对方过多时间。如果你要求对方查找一些资料或说出某个问题的答案，就可能占用电话时间过长。因为在大多数情况下，对方不一定马上就能替你找到资料，或者立即给你一个肯定的答案，你必须给予对方一定的时间。而这么长时间的通话可能会令对方十分反感，因为也许他正急着处理某一事情，希望你尽快结束通话。因此，当你预计对方可能要过一段时间才能给你答复时，你可以先挂上电话，要求对方回电告诉你，或者你过一会儿再打过去，这样就不会过多占用他人的时间，影响他人的正常业务。

2）接听电话的技巧

当你给他人打电话时，你应调整好自己的思路。而当你的电话铃响起时，你应该尽快集中自己的精力，暂时放下手头正在做的事情，以便你的大脑能够清晰地处理电话传来的信息。当然，上述过程应该迅速完成，否则对方会因电话铃响得过久无人接而挂断电话，你便会失去得到信息的机会。以下几点是你在接电话时可以参考和借鉴的技巧：

（1）随时记录。

在手边放置纸和笔，随时记下你所听到的信息。如果你没有做好准备，而不得不请求对方重复，则会使对方感到你心不在焉，没有认真听他说话。

（2）自报家门。

你拿起电话后应清晰说出自己的全名，有时也有必要说出自己所在单位的名称。同样，一旦对方说出其姓名，你可以在谈话中不时地称呼对方的姓名。

（3）转入正题。

接听电话时，不要"哼哼哈哈"地拖延时间，而应立即做出反应。一个好的开场白应是立刻切入正题的，例如："您需要我做什么？"当你觉出对方有意拖延时间，你应立即打断他，如可以说："对不起，真不巧！我正要参加一个会议，不得不在五分钟后赶到会场。"在很多情况下，这样说会防止你们谈论不必要的琐事，加速谈话的进程。

（4）避免将电话转给他人。

自己接的电话尽量自己处理，只有在万不得已的情况下才可以转给他人。转给他人时，你应该向对方解释一下原因，并请求对方原谅。例如，你可以说："对不起，这件事我没有参与，不太清楚情况。我让负责此事的同事跟您联系吧！"在你做出这种决定之前，应当确定对方是否愿意你将电话转给他人。例如，你可以问："布朗先生会处理好这件事的，请他和您通话好吗？"

（5）避免电话中止时间过长。

如果你在接电话时不得不中止电话而查阅一些资料，那么你查阅的动作应当迅速，你还可以有礼貌地问对方："你是稍候片刻，还是过一会我再给您打过去？"另外，让对方等候时，你可以按下等候键。如果你的电话没有等候键，也可把话筒轻轻地放在桌子上。如果查阅资料的时间超过你所预料的时间，你可以每隔一会儿拿起电话向对方说明你的进展。例如，你可以说："我已经快替您找完了，请您再稍候片刻。"当你查找完毕，重新拿起电话时，应说"对不起，让您久等了"，以引起对方的注意。如果有人在你正在通话时打进另一部电话，你可以礼貌地让与你通话的人稍候，然后拿起另一部电话说："您能否稍等，我正在接听一个电话。"一般而言，如果后打来电话的人所说的事不是很紧急，他会同意等待或稍后再打过来，而你应迅即转向处理前一个电话，让对方意识到你很忙而加速你们的讨论。

课堂互动6-4

光明纸业公司是环球百货公司的长期供应商。小赵是光明纸业公司销售部员工，老王是环球百货公司采购部经理，小李是环球百货公司采购部员工。由于天气原因，光明纸业公司无法按时向环球百货公司供货。这时小赵要与环球百货公司采购部经理联系，以说明情况，接电话的是小李。请三位同学分别扮演小赵、老王和小李进行电话沟通。

6.2.3 表扬的技巧

表扬是种既不用资金，也不用设备，但却能产生多方面效果的利器。表扬正确，会给被表扬者带来极大的精神鼓舞，并对其他人产生强烈的示范效应；表扬不当，则会产生许多消极影响和副作用。所以，管理者在进行表扬时，既要注意表扬的方式与方法，也要讲究表扬的策略和技艺。概括而言，常用的表扬方法和技巧主要表现在下述几个方面：

1）当面表扬与背后表扬相结合

当面表扬就是在被表扬者在场的情况下进行表扬。当面表扬有当众表扬和个别表扬之分。如果被表扬者的行为突出，对组织的发展有方向性指导作用，或者希望在全体员工中发扬这种良好行为，可以采取被表扬者在场的大会、工作例会或黑板报等形式当众表扬，特别是对一些荣誉感强的员工，采用当众表扬可起到较大的鼓舞作用。除了当众表扬外还可采取个别表扬。

背后表扬就是在被表扬人不在场时所进行的表扬，或者通过第三方表扬。背后表扬能使被表扬者感觉到领导对他的表扬是有诚意的，是实事求是的。因此，作为领导者，如果你想表扬某个人，又不便当面提出，如想表扬的人是对你抱有成见的下级，当面表扬他，他反而觉得你是别有用心，会听不进去，这时，你可以在跟他经常接触的人或他的知心朋友面前把他夸奖一番，用不了多久，这个表扬的信息就会传到被表扬者的耳中，被表扬者听到这种表扬后，就会感动你对他的诚意和公正，对你的成见就会逐渐消除，双方的关系就会更加亲密。

2）表扬方式因人而异

对不同的人应采取不同的表扬方式。对年轻人，在语气上可稍带夸奖；对有威望的长者，在语气上应带有敬重的意味；对机敏的人，只要三言两语他就能感觉到，甚至稍加暗示就能使之心领神会；而对于有疑虑的人，表扬则应该明显，把话说明白、说透，否则可能会让被表扬者产生误解，还以为是在讽刺他或是变相批评他。

3）表扬的态度诚恳热情

不要认为表扬只是走形式，不带感情、应付差事地说上几句赞美之辞，这样是不会有什么效果的。在表扬别人时，要对他的优点发自内心地赞赏，以满腔热情的态度对他表示赞扬，并热切地期望他能够把这些优点坚持下去，做出更大的成绩来。这样的表扬才能和对方做到感情交流，发挥促进作用。

4）表扬要实事求是，恰如其分

表扬是一种有效的激励手段，但必须实事求是。如果把七分成绩说成十分成绩，甚至任意夸大，评价失实，不仅起不到表扬的作用，反而会引起各方面的不满，降低自己的威信。因此，表扬必须实事求是、恰如其分，才能真正起到作用。领导者应该特别注意，表扬要公平合理，不能掺杂私人成见，不能有亲疏远近之分，否则将会起到相反作用。

5）表扬人的行为

对一个人的表扬，要着重表扬他的行为。例如，他做了某件有意义的事情，就应表扬他这种行为。这会激励他重复这种行为，做出更大的成绩。如果笼统地肯定他整个人，如某某真了不起、某某觉悟真高、某某是个高尚的人等，这样的表扬，不仅不能帮助被表扬者认准具体的努力方向，而且还可能使之产生盲目自满情绪，也容易引起其他人的不满。

6.2.4 批评的技巧及应注意的问题

1）批评的技巧

好听的话即使言过其实也不会引起倾听者的反感，而难听的话即使恰如其分也不会使倾听者高兴。愿意听到赞美而不愿意遭受批评，这是人们心理需求的基本规律。但在现实生活中，批评又是难以避免的，如果不了解批评的方法和技巧，直接地批评别人，往往是伤了和气又达不到目的。所以，要进行有效的批评，必须讲究批评的方法和技巧。

（1）考虑批评的必要性。

对于所有的管理者来说，在批评别人之前，一定要考虑批评的必要性，要清楚地了解别人的什么举动惹恼了你，分析你的批评是试图改善工作状况，还是仅仅为了发泄自己的恼怒；要弄清你的批评哪些与自己有关、哪些与别人有关。只有这样，你才能把握批评的真正目的和意图。

（2）批评要公道正直，实事求是。

在规章制度、道德规范面前人人平等，该不该批评对谁都要坚持一种原则，不能对亲者宽、疏者严，否则，被批评者会不服气，其他员工会鸣不平，领导者会因此失信于下属，造成矛盾和混乱。同时，批评必须尊重事实，在批评之前务必搞清错误的大小、轻重，一是一、二是二，绝不可夸大事实、无限上纲以及随便给人戴帽子，更不能道听途说，无确凿证据就随便指责人，也不能轻信个别人的反映，否则一旦批评错了，既会伤害对方的感情，也会失去自己的威信。下级对领导的话都是很在意的，如果批评过度或不正确，则不仅达不到批评的目的，还会增加下级的抵触情绪。

（3）批评要对事不对人。

批评他人是比较严肃的事情，所以在批评时一定要就事论事，对事不对人。一定要记住：批评他人，并不是批评对方本人，而是批评他错误的行为，千万不要把对人的行为的批评扩大到对人的批评上，更不可否定别人的人品和人格，那样就会造成不可调和的矛盾。例如，某位员工没有准时完成你交给他的某一项工作，但这并不说明他本人是个懒惰、不准时的人，他可能是个非常好的员工并且很多事都做得很好。所以，就此事向他提出批评时不要说："你太懒了，办事总是如此。"否则，他会立刻反驳："难道我昨天交给你的材料也晚了吗？"所以，你要针对对方的某一行为和情况做出批评，而不要笼统地对个人做评价。

（4）保持批评的建设性。

批评的目的在于帮助别人认识自己的错误，让其知道怎样加以改进，而不是简单地指出他们错在哪儿。保持批评的建设性的有效方法是为受批评者的个人发展着想，使受批评者了解自己所犯的错误对个人以及工作造成的危害和不利影响，以便于受批评者从错误中吸取教训，把错误变成财富。

（5）选择适当的批评场合。

批评要当面批评，不可背后批评。对下级的批评，一定要当面进行。这样能够让他听清楚你的意见，明白你的态度，也便于双方交流意见。如果背后批评，不仅起不到应有的作用，反而会使对方产生错觉，以致造成误解。但在当面批评时，最好不要当着外人的面批评，也不要当着被批评者的下级的面批评，因为别人在场会增加被批评者的负担，从而影响其接受批评的态度。所以，批评时通常应该采取和被批评者个别交谈的方式，这样可以使被批评者体会到领导者对他的关怀和爱护，有利于其认识自己的问题。若有些问题需当众批评或通报，应事先做好对方的工作，帮助其打消顾虑，缓解其抵触情绪。

（6）选择合适的时机。

批评时机的选择很重要。通常情况下，如果对员工早该批评，你却视而不见、任其发展，那可能会造成一些意外的不良后果。大多数员工的问题并非突然产生，而是在工作中慢慢形成的，如果上级不能及时将自己对员工的看法表达出来，及时与员工沟通，彼此之间的怨气就会在心中日积月累，终有一天会爆发出来。如果能够及早提出批评意见，员工就能够慢慢改正缺点，你们的隔阂也可以逐渐消散。一般情况下，人们总在事情发展到无法控制的地步时才提出批评，而这时他们往往怒不可遏。在这种情况下，对员工进行批评是最糟糕的，会伴以尖刻的讽刺、威胁以及一大堆牢骚、抱怨。这类并非批评的攻击会导致恶劣的结果，受批评者往往会变得非常愤怒。

（7）友好地接近对方。

提出批评时采取的方式越周全、越体谅和越直接，对方的回应效果就越好。你可以用眼神加强沟通效果，并且注意说话的语调，谨慎选择用词，避免类似"你总是"、"你从不"或"你应该"这样的话。这类词语往往被看做一种攻击，使人产生抵触情绪。同时，应避免以嘲笑、玩笑的形式提出批评。当你嘲弄对方，或以开玩笑的形式批评对方时，对方会认为你对他有敌意，以为你对他不尊重。而当你直接地表达你的批评观点时，你的批评意见就会被人慎重对待。

（8）称赞与批评相结合。

很多管理者对于表扬十分吝啬，对批评却非常慷慨。有些人对于表扬和批评的技巧掌握极少。无论你做得多么杰出，他们也从不说什么，但如果做错了什么，他们就追着指责你。有些员工除非犯了错误，否则他们不会从老板那里听到对他们工作的评价。作为管理者，当你认为你必须批评一个人时，你可以先称赞一下对方再指出其不足之处，这能够使后面的批评意见变得柔和并且易于被听取和接受，但要保证是一种真诚的称赞，如果不诚恳的话，对方会认为你虚伪。

（9）批评的方式要因人而异。

由于人的经历、知识和性格等不同，接受批评的能力和方式也不同。管理者要针对不同人的不同特点采取不同的批评方式。对性格比较温顺的人，宜用"温和式批评"，即和他慢慢讲道理，逐步加以引导，启发他自觉地认识问题，批评的方式应该婉转些。对惰性心理、依赖心理和试探性心理较突出的人，宜用"触动式批评"，通过语言的强刺激，用"情"来触动他，使其醒悟，但注意不要引起对抗情绪。对自尊心较强、主观见解难以改变的人，宜用"渐进式批评"，即批评时要有层次、逐步深入，不要一下子和他"摊牌"，这样能使他逐步适应、逐渐接受。对反应速度快、脾气暴躁、行为容易被语言所激发的人，宜用"商讨式批评"，即用缓和的方式、商讨的态度，平心静气地把批评的信息传递给对方，这种方式的优点在于通过和对方平等商讨问题，改变对方可能发生的对抗动机，稳定他的情绪，在这个基础上帮助他认识问题。

同步思考 6-1

为什么孙小姐没有使用批评的字眼，却达到了批评的效果呢？

某电子公司会计孙小姐正在制作公司本月的销售汇总表。当她快要做完时，经理要她去找一份资料，于是她马上就离开位置，等她再回来时，发现刚才那个未完成的表格文件已经不在了。原来，同事林先生在她出去时乱动电脑，结果导致电脑死机，文件没有保存，已经丢失了。当时孙小姐特别生气，因为这个文件是总经理马上就要看的，但是又想，现在生气也没有用，重要的是应该让林先生从这件事情中吸取教训。

孙小姐：我听说你最近经常抽空学习电脑？

林先生：是啊。我们年纪大了，很多新的知识都不懂，需要学习啊！

孙小姐：看得出你是一个很爱学习的人，工作这么忙，你还能认真学习，真是不简单。

林先生：不学习会被淘汰的。

孙小姐：电脑方面我可以帮帮你。

林先生：真的？那就太好了。

孙小姐：不过，以后我的电脑在用的时候你最好不要动它，不然把我的资料弄丢会给我带来很大麻烦的。

林先生：哦，真太不好意思了，我以后不会了。

2）批评应注意的问题

有效的批评能够使被批评者心服口服，更好地改正缺点和错误；无效的批评不仅不能使批评者改正缺点，受到教育，反而会产生更大的消极作用。因而，要使批评产生应有的效果，还必须注意下述问题：

（1）不要伤害对方的自尊。

在批评别人时，一定要尊重对方的人格，要把对方所犯的错误与其人格区分开来，尽量表达自己的感受，而不是一味地责备对方。如你可以说："我遇到了麻烦，需要和你讨论一下。对你的所作所为我有些不太好的感觉。我是否可以提些意见，并且告诉你我对你的看法？"对于你的这种批评，被批评者是不会觉得反感、不会认为你伤害了他的自尊的。同时，当你向别人提出意见的时候，不要乱下断言，更不能否定别人的工作，攻击别人的品行，说某人愚蠢或无能，这都是错误的方法，受批评者是不会接受你对他的这类劝告的。

（2）不要算总账。

批评应针对当前发生的问题来提出，以帮助对方提高认识、改正错误，不要把过去发生的问题拉扯出来。有些领导者为了说服对方认识问题，把对方以往的错误，如哪一天迟到了、哪一天说了什么、哪一天怎么做的，像流水账一样都数落了出来。这样会使对方认为你一直在注意收集他的缺点，这一次是在和他算总账，从而产生对立情绪。要知道，批评的目的是为了帮助其改正错误，只要他现在的错误改正了，过去的类似错误不必再提。

（3）不要与对方争吵。

往往有这种情况，当领导批评下级的时候，下级表示不服，而领导为了说服下级，证明自己正确，就和下级争辩起来，这么做是很不好的，因为这样一来，群众会认为这是谁和谁吵架，被批评者也会认为自己"理由"很充足，非但毫无接受批评之意，反而对领导产生了意见。当发现某些被批评者不愿接受批评，甚至还提出了无理的要求，想要和你争吵时，你要特别冷静地对待，心平气和地和他谈问题，有时应对其生硬态度加以回避，待他平静下来后，再和他谈实质性问题。

（4）不能以权压人。

领导握有批评下级、纠正下级错误的权力，但是不能倚仗这种权力去压制下级。有些人和下级发生争论时常说"是你说了算，还是我说了算"、"你这是目无领导"等，甚至用处分、撤职、调动工作来威胁下级。采用这种压服手段，往往是压而不服，反而会遭到下级的反抗，即使下级当面不说什么，心里也会为此结上了疙瘩。

课堂互动6-5

请与同桌就以下情景谈谈自己的做法。

当你犯了错误的时候，你希望别人采取什么样的方式批评你？当别人犯了错误的时候，你会采取什么样的方式批评他？

6.2.5 拒绝的技巧

拒绝别人或被人拒绝，在日常工作生活中司空见惯，但有些人不知道该如何拒绝别人，因而结下了许多怨恨，原本是比较要好的朋友，却因此不再往来。那么，到底该怎样拒绝别人，才能既达到拒绝的目的又不至于给别人造成不快呢?语言的艺术就是要把这种给别人造成的不快控制在最低的限度之内。常见的拒绝方式有下述几种:

1) 学会沉默

在人际交往过程中，经常会遇到无法答应或满足别人要求的情况。对这种情况，最简单的回答就是"不"。这种回答虽然干净利落、态度明确，但会让别人感到很生硬，甚至难以接受。其实有时你完全不必把"不"字说出口，只要你一直维持倾听的姿态，在对方要你发表意见时保持沉默，或一笑置之，别人就会明白你的意思。

2) 巧妙推脱

当别人邀请你参加某项活动，而你确实没有时间参加或不想参加时，巧妙的推脱就成为拒绝的最常用办法。如一位朋友对你说:"今天晚上有空吗?我想请你吃饭。"如果你实在不想去或没有时间去，你可以说:"真不巧，我晚上正好有事，改天吧。"值得注意的是，在推脱别人的邀请或请求时，一定要选择适当的理由和借口，不能胡乱地任意推脱，否则可能会弄巧成拙。

3) 诱导否定

面对对方提出的问题，并不马上回答，而先讲一点道理，再提出一些重要任务或一个问题，诱使对方自我否定，自动放弃原来提出的问题。

4) 运用"当然……不过……"句型

心理学研究表明，当一个人听到肯定的回答时，他的肌体就呈现开放状态，使他在轻松的心理感受中继续接受信息。因此，拒绝时采用"当然……不过……"的句型会收到较好效果。尽管最终是拒绝，但这种柔和地叙述反对意见的做法，对方较易接受。如果你的意见和领导的看法不一致，你不妨这样说:"当然，您说的一点不错。不过，这么一来，会不会……呢?请允许我谈谈我的看法，好吗?"这么说会令领导乐于考虑你的建议而不会招致反感。

5) 做好拒绝之后的弥补工作

拒绝别人，不管你多么小心翼翼，都可能会使对方有所不满，因此除了注意语言的艺术之外，还要做好拒绝之后的弥补工作，与被拒绝者重建意见交流的渠道。应站在一个被拒绝者的立场上，想想自己遭到拒绝后的滋味，体会在拒绝别人之后可为对方做点什么。比较理想的办法是打电话、写信或者找个时间登门造访，以诚挚的态度来弥补此次交涉失败的不快经历，以期下一次交往成功。

课堂互动6-6

　　端午小长假到了，朋友邀请你去绵山游玩，可你已经去过绵山好几次了，这个节假日你想去五台山游玩，这时你如何回复朋友的邀请?

6.3 人际冲突处理

6.3.1 认识冲突

1）冲突的基本类型

由于冲突在不同的背景下会以各种形式出现，所以很难给冲突下一个确切的定义。一般来说，冲突是指个体或群体之间所产生的摩擦和碰撞。尽管冲突的表现形式多种多样，但归纳起来，冲突大致可分为内心冲突、人际冲突、组织冲突三种类型。

（1）内心冲突。

内心冲突发生在个人本身时通常表现为目标冲突和认识冲突。所谓目标冲突，指的是积极的和消极的两种结果间的相互作用，只要个人的行为与所产生的效果互不相容或不一致时，就会产生目标冲突。如有的工作收入较高，但危险性较大；有的工作对个人未来发展有利，但当前待遇不高；而有的工作环境相当安逸，但没有发展前景。也就是说，只要存在多目标决策，就必然产生目标冲突。当个人意识到其想法、态度、价值观与行为有分歧的时候，便产生了认识冲突。如在公交车上遇到小偷行窃，想自己挺身而出，又担心受到伤害，想不管不问，自己又于心不忍，这时一个潜在的我和现实的我就会发生冲突，这就是人们通常所说的思想斗争。产生了认识冲突，会让人感到紧张和不适，解决这种冲突的途径在于改变自身原有的想法、态度、价值观和行为，使认识和行为保持一致。

在一些重要的决策中，目标冲突与认识冲突往往并存。一般来说，在决策前目标冲突越大，决策后认识冲突就越突出。

（2）人际冲突。

人际冲突指的是人与人之间在认识、行为、态度及价值观等方面存在的分歧。只要人与人之间存在目标、价值观或行为的不一致或相互排斥，便会产生人际冲突。可以说，人际冲突是客观存在的，只要有人的地方，就会产生人际冲突，人的责任似乎就在于解决冲突的同时又制造冲突。有人说，人际冲突是破坏性的，没有冲突当然要比有冲突好，但这只是一种良好的愿望，是不现实的，冲突是一种人们不得不面对的客观存在。其实，人际冲突并非都是破坏性的和消极的。尽管在大多数情况下人际冲突在很大程度上是消极的，但某些起因于工作的人际冲突却可以帮助人们发现存在的问题和隐患，甚至可能是解决问题的途径。

（3）组织冲突。

组织冲突包括组织间冲突和组织内冲突。当组织与组织之间在利益、信仰、价值观等方面产生差异时，就会产生组织间冲突，如企业之间的竞争、国家之间的战争等都是组织间冲突的具体表现形式。组织内冲突指的是组织成员相互之间发生的摩擦和碰撞，这种摩擦和碰撞不仅影响组织凝聚力，而且影响组织工作效率。一般来说，组织内冲突主要有两种形式：一是纵向冲突，即组织内不同级别之间的冲突，主要表现为上下级之间的冲突。这类冲突常常是由上级控制过严，以致下级不服所产生的。二是横向冲突，即组织内相同级别之间的冲突，主要表现为同级之间的冲突。这类冲突常常是由于各部门在目标、利益以及态度上存在差异而产生的，如部门之间经常会在报酬公平性和福利计划等方面产生冲突。

课堂互动6-7

请与同桌谈一谈自己的内心冲突，并说明你将如何化解？

2）冲突的积极作用与消极作用

冲突或摩擦是日常生活及工作中的一个组成部分。冲突太少，工作、生活会单调枯燥；冲突太多，工作会面临太多的压力，生活会变得太紧张。可见，有冲突并不完全是坏事，冲突对于一个组织来说既有消极作用也有积极作用。我们当然希望冲突的积极作用更多一些，同时希望尽力避免冲突的消极作用。

（1）冲突的积极作用。

由于冲突的消极作用，许多人都害怕冲突，因而在实际工作中总是设法回避冲突，然而冲突也能带来正面的影响。实践表明，冲突有时不仅有助于现存系统的发展，而且能防止系统的停滞及消亡。同样的道理，在企业中冲突的解决会迫使人们寻找改进的方法。通常，我们认为冲突的价值在于带来创新和变革。和他人冲突时，我们不得不对问题进行评估。当冲突被有效解决后，它能引进竞争机制，增强创新意识。例如，我们每个人都有一定的工作模式，只有当我们的效率受到挑战时，我们才会考虑新的工作方法。有效的冲突能使我们远离常规，在企业中冲突的解决过程会促进积极变革和创新。

（2）冲突的消极作用。

我们知道，冲突会造成严重的消极影响，致使组织无法达到既定目标。冲突会消耗资源，尤其是时间和金钱。严重的冲突还会影响员工的心理健康，由此产生的抵触的想法、观点会导致憎恨、紧张和焦虑。这些情绪的产生是因为冲突给其个人目标和信仰带来了威胁。在较长的一段时间内，冲突会使企业内相互支持、相互信任的关系变得紧张，从而分裂人际间相互支持、相互信任的关系以及群体间的关系甚至整个组织关系。许多人在和谐的状态下能够有效地进行沟通，但是由于在冲突中沟通能力会变得较差，往往因此丧失影响他人的能力，错失果断决策的良机。作为一名出色的管理沟通者，在冲突条件下也应具备较强的沟通能力，无论是为自己还是为组织，都必须为达到组织目标而努力。

由此可见，冲突水平太低，组织革新和变化就会变得困难，组织将难以适应环境，其行为将受阻；冲突水平太高，将导致各种混乱，危及组织的生存。冲突所具有的这种双重性见表6-1。

表6-1 冲突的双重影响

冲突的积极作用	冲突的消极作用
促进问题公开讨论	影响员工心理健康
促进问题尽快解决	造成组织内部不满与不信任
提高员工参与程度	造成人际关系紧张
增进员工之间的沟通与了解	导致员工和整个组织变得封闭、孤立、缺乏合作
化解矛盾与积怨	阻碍组织目标实现

6.3.2　人际冲突产生的原因

人的性格、特点和思想的多样性，决定了人际冲突产生的原因也是多种多样的。归纳起来，人际冲突产生的原因主要包括下述六个：

1）缺乏沟通

缺乏沟通是产生人际冲突的重要原因之一。有关研究表明，语义理解困难、信息交流不充分以及沟通渠道中的"噪音"等因素都构成了人际沟通的障碍，从而成为冲突产生的潜在原因。具体而言，人们之间缺少或没有沟通、工作范围或工作性质的不同、人们选择性的存在以及对他人缺乏必要的了解等，都可能造成人们在沟通时对对方语义的理解困难。沟通过少或沟通过度都有增加冲突的可能性；信息传递中的过滤、正式与非正式通道的沟通偏差等也有可能造成冲突。

2）对有限资源的争夺

资源的有限性与需要的无限性是人类社会面临的基本矛盾，怎样用稀缺的资源来满足不同组织不断增长的需要，既是经济学研究的中心和主线，也是组织之间相互竞争的焦点。为了占有和使用有限的资源，组织之间不可避免地会发生冲突，历史上的无数次战争无不是为了争夺有限资源而导致的结果。同样的道理，在企业中，各个部门为了各自的目标和利益，也常常因为争夺材料、资金、人员等诸方面资源而发生人际冲突。

3）目标和利益的差异

有调查表明，在企业生产经营活动过程中，生产部门对组织结构的规范化、程序化有较高的要求，人事部门对人际关系有较高的要求，销售部门关注的是产品销量和收入。当不同的部门追求不同的目标时，就容易发生分歧，各部门在工作目标上的差异是产生人际冲突的主要原因之一。另外，企业中的人际关系还取决于各个成员的背景、思维方式和需要，当成员拥有共同的工作目标和利益时，沟通协调比较容易；当不同的部门和群体成员在利益和目标上存在差别时，就有可能产生分歧和冲突，如新员工和老员工之间由于利益的差别有可能引起冲突。

4）相互依赖性的协作

社会化的大生产必然要求分工，分工的结果必然要求各部门、各环节之间进行协作，而协作的结果必然是各部门、各环节之间的相互联系和依赖。这种相互联系、相互依赖的关系不可避免地会引起冲突。按照各部门相互依赖、相互作用的程度高低，可将部门之间的协作关系分为三种形式，即联合式、顺序式和互惠式。当两个部门功能相对独立，以并行联合的形式为组织目标做出贡献时，这两个部门就属于联合式的协作关系，如大学中的各个院系之间的关系。当一个部门的工作依赖于另一个部门的工作结果时，这两个部门就是一种单向的顺序式的协作关系，如企业中的原材料供应部门与生产部门、生产部门与销售部门之间的关系。当两个部门互相交换它们的投入与产出时，它们便是互惠式的协作关系，如销售部与产品开发部之间就存在着高度的互惠关系，这种高度的互惠关系可以转化为更多的相互作用和更高的协作要求，但也更加容易产生冲突。

5）工作的不确定性

所谓不确定性工作，是指那些非常规性的、随时可能变化和遇到例外情况的工作。在企业中，市场研究部门和产品开发部门的大部分工作属于这一类。与那些从事确定性工作的部门相比，从事不确定性工作的部门和人员需要更多的信息，需要与其他部门有更多的相互作用和接触，他们面临的冲突也更为频繁。

6）个人因素

个人的价值观和个性特征也是冲突的来源。有的人认为人与人之间应当互相理解、互相帮助，有的人则认为做好自己分内的事才是最重要的；某人对某件事评价甚高，另一个人却不以为然，这些都是人们在价值观上的差异，同样会导致人际冲突。而某些个性特征，如专制、武断、教条、冷酷、敏感、以自我为中心等，也是引起冲突的原因。

6.3.3　人际冲突的处理策略

充分了解人际冲突的性质及其产生原因，并且能够采取十分恰当的方法来避免或解决冲突，对于任何负有管理责任的人来说都是非常重要的。一般而言，个人对待人际冲突大致有五种不同的策略，即回避、竞争、妥协、迎合及合作。在处理人际冲突过程中采取何种策略，主要取决于冲突个人本身的需求或目标。上述五种冲突处理策略在自持性倾向与合作性倾向两方面的不同表现如图6-1所示。

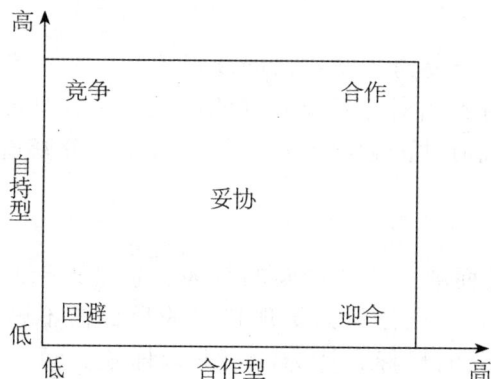

图6-1　两纬度下的人际冲突处理策略

1）回避

回避是指在冲突的情况下采取退缩或中立的倾向。采取这种策略的人会不惜一切代价避免冲突，其中心思想就是逃避，因为冲突让他们感到不舒服或非常害怕。实践证明，对于重要问题采取回避的态度往往是不明智的，因为回避不仅无助于问题的解决，甚至有可能导致问题的恶化。回避策略反映了回避者对紧张和挫折的恐惧及厌恶情绪。

但是，在下列情况下选择回避策略可能是有效的：当冲突微不足道，或还有更紧迫、更重要的问题需要解决时；当你认识到对方不可能满足你的要求时；当问题得以解决还不如不解决好时；当收集信息比立刻决策更重要时；当其他人能有效地解决冲突时；当这一问题与其他问题无关或是其他问题的导火索时。

2）迎合

迎合是指在冲突的情况下尽量弱化冲突双方的差异，更强调双方的共同利益。这是一种不坚持自己的利益和具有较高的合作倾向的态度，反映的是一种退让的风格，是一种利他的行为，或者是对别人愿望的一种服从，或者是一种与别人长期合作的策略。采取这种策略的人对待冲突的态度是：不惜一切代价维持人际关系，很少或不关心双方的个人目标，他们把退让、抚慰和避免冲突看做维护人际关系的主要方法。采取这种策略的人往往会赢得别人的好评，但也可能被认为是软弱的表现。

在下列情况下适宜选择迎合策略：当你发现自己错了，希望倾听、了解更好的观点时；当你想表现出自己的通情达理时；当该问题对别人或组织比对你更为重要时；当你希望为以后的交往建立信用时；当你处于弱势，希望能尽量减少损失时；需要融洽和稳定至关重要的关系时；当你允许下属从错误中得到教训和经验时。

3）妥协

妥协是指冲突双方在互相让步的过程中达成协议的一种局面。采取这种策略的人既要考虑目标又要考虑双方关系，倾向于将不同的利益和观点加以平衡，同时采用"给予—获取"的方法来解决冲突。妥协策略不追求各方的最佳满意程度，而是取得各方适中的、部分的满足。由于在妥协过程中各方可以将他们的损失降到最低限度，同时又能够有所收获，因而妥协策略经常能够奏效。妥协可以被看做一种基本的合作举动，也是解决冲突比较实际的准则，因而妥协策略在解决各种冲突中被广泛运用，也往往得到人们的好评。

在下列情况下可以选择妥协策略：当问题很重要，而你左右不了局面，过于坚持己见可能造成更坏后果时；当对方具有同样的影响力，并且准备提出其他目标时；当你需要为复杂问题找到临时性的解决办法时；当时间十分紧迫，需要找到一个权宜之计时。

4）竞争

竞争是一种支持己见而缺乏合作倾向的行为。它是人际冲突中的"赢—输"处理模式。采取这种策略的人，往往只为实现自己的目标而不顾别人的利益，甚至以牺牲别人的利益来达到自己的目标，认为冲突非赢即输，只有顺利实现自己的目标才能体现其地位和能力。竞争策略常涉及权力的控制方面，它往往会导致人们的不良评价。

但在某些情况下可选择竞争策略：当处于紧急情况下，迅速果断的行动极其重要时；当问题很重要，需要采取不受欢迎的行动时，比如缩减开支、制定惩罚制度等；当你知道自己是正确的，并且问题的解决有益于组织，需要对付那些从非竞争性行为中受益的人的时候。

5）合作

合作策略是既坚持己见又与他人合作的行为。它是人际冲突中一种"双赢"的冲突处理模式。采用合作策略的人对待冲突的态度是：一个人的行动不仅代表自身利益，而且也代表对方的利益，当遇到冲突时，应注重维持人际关系，并确保双方都能达到目标。人际冲突调查结果表明，采用合作策略的人或团体往往是较成功的管理者或绩效很好的企业，其能利用冲突带来的积极影响，并能充分看到对方的长处，对自己的绩效及能力进行良好的评价。

下列情况下可以选择合作策略：当你发现问题非常重要，不允许妥协时；当你需要综合不同人的不同意见时；当你需要把各方意见合并而实现承诺时；当你希望建立或维持一个重要的相互关系时；当有可能扩大双方共同的利益时；当你向他人表示信任、坦诚和合作时。

知识连接6-1

成功的冲突管理

被奉为成功企业家典范的通用电气（GE）前任运行长官杰克·韦尔奇十分重视建设性冲突的积极作用。他认为，开放、坦诚、建设性冲突和不分彼此，是他的唯一管理规则——企业必须反对盲从，每位员工都应有表达反对意见的自由和自信，要把事实摆在桌面上讨论，要尊重不同意见。韦尔奇称此为建设性冲突的开放式辩论风格。正是建设性冲突培植了GE的独特企业文化，也成就了韦尔奇的旷世伟业。

"日本的爱迪生"——索尼公司总裁盛田昭夫从管理实践中早就体会到，激发良性冲突可以让员工表达出不满和发表批评意见。对企业而言，良性冲突非但不是不幸，反而有利于培养上下级一体的工作关系，使组织少冒风险。盛田昭夫常驻机构常常鼓励员工公开提出意见，即使对上司，也不要怕因公开提意见而与之发生冲突。他认为："不同意见越多越好，因为这带来的最后结论必然更为高明，会减少公司犯错误的风险。"

国内也有很多企业把提倡良性冲突作为管理理念。联想集团的联想研究院有3条议事规则：缺乏反对意见的重大决策必须慎重决定；提倡建设性冲突；只有专家，没有权威。倡导良性冲突，使得联想研究院造就了对事不对人的氛围，它令联想新产品层出不穷，业务始终处在同行业前列。

资料来源 南志珍，等.管理沟通[M].北京：中国市场出版社，2006.

课堂互动6-8

请举出你与家人或朋友发生冲突的例子，并说明你通常是怎样处理冲突的。

● 知识题

一、选择题

单选 6.1 人际沟通中人们常讲"精诚所至，金石为开"，这符合人际沟通的（ ）原则。

A.与人为善原则 　　　　　B.灵活多变原则
C.以诚相待原则 　　　　　D.利义结合原则

多选 6.2 人的认知会产生偏见，从而造成人际沟通障碍，通常人们的认知偏见包括（ ）。

A.晕轮效应 　　　　　B.第一印象效应
C.定式效应 　　　　　D.投射效应

单选　6.3　某位员工没有准时完成你交代的一项工作，你批评他时说了这样的话："你太懒了，办事总是这样。"该员工听了很不舒服，也很不服气。这说明你在批评时主要没有考虑（　　）。

A.选择适当的批评场合　　　　　　B.对事不对人

C.公道正直　　　　　　　　　　　D.称赞与批评相结合

多选　6.4　一般而言，冲突的表现形式多种多样，大致可分为（　　）几种类型。

A.内心冲突　　　　　　　　　　　B.组织冲突

C.没有冲突　　　　　　　　　　　D.人际冲突

多选　6.5　有效克服人际沟通障碍一般要做到（　　）。

A.态度积极　　　　　　　　　　　B.随机应变

C.心态良好　　　　　　　　　　　D.正确使用言语

二、简答题

6.1　人际沟通应该遵循哪些原则？

6.2　人际冲突产生的主要原因有哪些？

6.3　人际沟通的障碍有哪些？

6.4　如何才能克服人际沟通的障碍，实现有效沟通？

6.5　简述人际冲突的处理策略。

●实训题

实训项目6.1　冲突解决风格测评

此问卷可以帮助你了解在处理人际冲突时你可能会选择的战略以及你在面临压力时处理冲突的风格。本问卷包括35个问题，表明人们处理冲突的方式，选择一个参照框架（比如工作冲突等），回答问题时想着此参照框架。

打分标准：

1=完全不同意　　　　2=不同意　　　　3=有点不同意

4=无所谓　　　　　　5=有点同意　　　　6=同意

7=非常同意

当与他人发生冲突时，我一般会做出以下举动：

1.我回避对方。

2.我换一个中性的话题。

3.我试图理解对方的观点。

4.我试图将冲突变成一次玩笑。

5.我认真倾听对方的谈话。

6.即使我不认为自己错了，我也承认自己有不够好的地方。

7.我退让。

8.我要求得到比预想还多的东西。

9.我运用自己的支配力不让对方达到目的。

10.我试图找到与对方的异同点。

11.我试图达成妥协方案。

12.我假装同意。

13.我尽量向解决问题的方向努力。

14.我请另外一个人来决定是非。

15.我提出一项让双方各有所得的方案。

16.我威胁对方。

17.我奋战到底。

18.我试图弄清对方的目标。

19.我随心所欲地抱怨。

20.我退让，但要让对方知道我的苦衷。

21.我道歉。

22.我放弃某些观点以换取其他的东西。

23.我争取最好的结果，不管这个结果是什么。

24.我推迟讨论问题。

25.我寻找中间地带。

26.我避免伤害对方的感情。

27.我把一切问题都摆到桌面上。

28.我牺牲自己的利益以维持与对方的关系。

29.我折中双方的立场。

30.我不得不放弃。

31.我让对方提出解决办法。

32.我试图强调我们的共同点。

33.我试图让对方提出妥协方案。

34.我试图说服对方信服我的认证逻辑。

35.我试图满足对方的目标。

处理冲突风格得分：

- 合作型：选项第3、5、10、13、18、27、32总分为＿＿＿。
- 妥协型：选项第11、15、22、25、29、30、33总分为＿＿＿。
- 迎合型：选项第6、7、20、21、26、28、35总分为＿＿＿。
- 竞争型：选项第8、9、16、17、19、23、34总分为＿＿＿。
- 回避型：选项第1、2、4、12、14、24、31总分为＿＿＿。

实训项目6.2　批评能力测评

完成下面的测试，然后根据自己的得分来判断你的批评能力如何。对每个题目，请选择一个最符合你自己的想法或做法的答案。

1.你是否小心谨慎地开始批评，并在批评他人之前认真地了解了对方的什么举动惹恼了你？

A.一直是　　　　　　　　　　　B.有时是　　　　　　　　　　　C.从不是

2.你是否将自己的心里话脱口而出，不管自己的话对他人造成多大伤害？

A.一直是　　　　　　　　　　　B.有时是　　　　　　　　　　　C.从不是

3.你是否避免将对方置于防卫之地，并努力控制自己不以一种敌对、非难的方式抨击对方，同时做到不过分直率和坦诚？

A.一直是　　　　　　　　　　　B.有时是　　　　　　　　　　　C.从不是

4.当你试图改善关系，或帮助某人改变不良行为时，你是否注重他人什么事情做得出色，并且以积极的方式提出否定的意见？

A.一直是　　　　　　　　　　　B.有时是　　　　　　　　　　　C.从不是

5.当你提出批评时，是否也考虑到了积极有效的解决办法？

A.一直是　　　　　　　　　　　B.有时是　　　　　　　　　　　C.从不是

6.你是否能避免在自己生气、疲惫或愤怒的时候批评人?或者是当事情发展到对他人比对你更有利时你才提出批评？

A.一直是　　　　　　　　　　　B.有时是　　　　　　　　　　　C.从不是

7.当你从他人身上看到一些你并不喜欢的特点，你是否能控制自己不要对别人过于挑剔？

A.一直是　　　　　　　　　　　B.有时是　　　　　　　　　　　C.从不是

8.你是否会找一个安静的、无人偷听的场所提出你的批评？

A.一直是　　　　　　　　　　　B.有时是　　　　　　　　　　　C.从不是

9.当别人觉得自己没有价值、没有希望和用武之地时，你是否能避免利用这些攻击对方？

A.一直是　　　　　　　　　　　B.有时是　　　　　　　　　　　C.从不是

10.你是否在事情发生后当即提出批评意见？

A.一直是　　　　　　　　　　　B.有时是　　　　　　　　　　　C.从不是

11.你是否能限制你批评的时间，并避免漫无边际的谈话？

A.一直是　　　　　　　　　　　B.有时是　　　　　　　　　　　C.从不是

12.你是否能精确、老练地讲话，并避免一般化？

A.一直是　　　　　　　　　　　B.有时是　　　　　　　　　　　C.从不是

评分标准：

A=5　　　　B=3　　　C=1

结果评价：

◆如果你的得分在45分以上，表明你在批评人时非常注意方法和技巧，批评能力较强。

◆如果你的得分在36~45分之间，表明你的批评能力一般。

◆如果你的得分在36分以下，表明你的批评能力较低，应加强批评技巧方面的训练。

实训项目6.3 人际沟通能力测试

人际沟通能力是指与同事、客户等相互传递信息并交换意见，处理人际关系、解决人际冲突、沟通情感的能力。请通过下列问题对自己的该项能力进行差距测评。

1. 当你的同事对你进行劝告或批评时，你的态度如何？

A.很乐意接受　　　　　　　　　B. 能接受一部分

C. 比较抵触，难以接受

2. 在你非常忙碌时，你的同事请你帮忙，你会怎么做？

A.尽力而为 B. 有时会推辞

C. 拒绝的时候比较多

3. 你与下属共同谈论工作时，你一般会怎样？

A.以赞扬和鼓励为主 B. 赞扬多，批评少

C. 通过批评不断让其改进

4. 同事的性格、生活方式等与你有很大的出入时，你会如何处理？

A.很快适应，能融洽相处 B. 通过沟通会慢慢适应

C. 很难适应

5. 当你到一个新的环境或单位时，你如何面对你所不认识的人？

A.很快就能熟悉 B. 能和部分人很快熟悉起来

C.慢慢熟悉他们

6. 当你的同事做了一件让你感到很不舒服的事时，你会如何处理？

A.沟通后能原谅他们 B. 能站在他们的角度重新审视问题

C. 敬而远之

7. 当你在工作中遇到难题时，你会如何处理？

A.喜欢向同事求助 B. 在无能为力时求助同事

C.从不求助，自己解决

8. 当同事取得重大成就时，你会如何表示？

A.祝贺他并愿意倾听他的经验 B. 表示祝贺

C. 很羡慕，希望自己也能取得

9. 公司里有人在背后说别人的坏话时，你会如何做？

A.如果能制止，就制止他们 B. 绝不参与其中

C. 即使听到，也不扩散

10. 在与客户进行沟通时，你能迅速发现客户的兴趣点吗？

A.见面的几分钟内就能发现 B. 要经过一段时间的沟通

C. 要通过几次沟通才能发现

评分标准：

选A得3分，选B得2分，选C得1分。

结果评价：

24分以上，说明你的人际沟通能力很强，请继续保持和提升。

15~24分，说明你的人际沟通能力一般，请努力提升。

15分以下，说明你的人际沟通能力很差，急需提升。

●案例题

马陆和苏丽的冲突

马陆今年34岁，在一家保险公司工作，由于工作出色，不久前，他被公司任命为索赔部经理，那是一个受到高度重视的部门。走马上任后，马陆了解到在自己谋求索赔部经理这一职位的同时，另外还有两名业务能力很强的同事（吴豪和苏丽）也曾申请这个职位，他确信公司之所以任命他到这个位置，部分原因也是为了避免在两个有同等能力的员工中做出选择。

马陆在索赔部第一个月的业绩很不错，他因此而对部门员工的素质及能力感到十分满意。即使是吴豪和苏丽也表现得很合作。于是马陆信心百倍地决定用培训员工及安装新计算机系统的计划来推动部门快速发展。

然而，当马陆提出实施这一计划时，苏丽却埋怨说他在还没有完全了解部门运作程序前就这样干，显然有些操之过急。马陆认为苏丽可能还没有完全地接受他得到她想要的职位的事实，当吴豪来找马陆的时候这一点似乎得到了证实。吴豪说，在面对所有即将到来的变革时要关注一下员工的士气，他甚至对马陆暗示说某些人正考虑要提出调任。尽管吴豪没有指名道姓，马陆确信苏丽是问题的根源。

因此，马陆一方面谨慎地推出新计划，另一方面对苏丽的言行保持一定的警觉。在日后的工作中，苏丽隐约地觉察到这位新上任的马经理正在与她疏远，这使她陷入苦恼之中。

问题：马陆和苏丽的冲突在哪里？

分析提示：冲突主要来源：第一，马陆认为苏丽曾经与自己竞争过索赔部经理这一职位；第二，马陆对自己的判断和做法太过自信，甚至偏听偏信以及对部门事务不太了解。

团队沟通技能

★知识目标

了解团队的概念和特征

了解团队沟通的要素及特点

熟悉团队沟通的程序

★能力目标

能够分析团队沟通障碍

熟练运用团队沟通技巧,开展团队活动

★素质目标

遵守团队规范,认清团队角色,在团队中顺畅沟通交流,实现团队目标

引例

李明的困惑

李明的公司正在采取一个大变革的行动,包括通过一个员工授权计划来发展自主式管理的团队。李明一直都是按照旧式管理风格做事的一个中层管理者,现在他成为一个帮助团队发展的促进者。

李明支持变革并致力于变革的实施,但是最近他遇到了一个有关授权的问题,即如何运用策略处理团队提出的不宜实施的建议而又不会挫伤团队成员的积极性,更不会阻碍他们将来贡献更多新主张的热情。简而言之,虽然所有提交给他的主张与建议都是团队成员怀着热情提出的,但不是所有的主张与建议都是可行的。李明不希望被员工认为是一个拒绝变革的人,但又不希望为了取悦他们而简单地不参与决策,这会使问题更复杂化。在变革以前,他一直是一个很称职的、博得员工赞赏的管理者,但他现在发现要维持这样一个好的管理者的形象是多么不容易。

他意识到了这个问题的存在，心里思考着三种并不理想的做法：可以批准团队的主张，即使他感觉这是个不好的主张，但是这样就违反了对组织负责的道德规范，虽然这可以表示支持组织授权的变革；可以忽略团队的任何一个他认为不可靠的建议，但这样他对团队的行为就有悖于支持和鼓励组织变革的原则；也可以反对团队的建议，这样就会被员工简单地认为是一个墨守成规的人。

李明应该怎么做?你认为李明有什么其他选择。

这一案例表明：在现代企业中，团队工作方式已经成为企业和其他组织赖以生存和发展的一种必要手段。然而，团队的出现对管理者提出了更高的要求，他们需要摒弃原有的管理风格，去适应新的管理模式。团队管理者的能力决定了团队工作的有效性。换句话说，团队的管理者必须重视、理解、创造一种良好的团队沟通氛围，掌握相应的团队沟通技巧。在本案例中，由于李明缺乏有关的团队管理及沟通知识，致使他在面临新挑战时束手无策。

7.1 认识团队沟通

7.1.1 团队基本分析

1) 团队的概念

20世纪70年代，团队精神受到企业的高度关注和重视。团队建设与团队精神在企业再造和建立学习型组织及无边界组织中得到了广泛的运用，已经成为组织提高其竞争力的一种基本手段。在管理科学和管理实践中，人们对团队有着基本一致的看法。所谓团队，是指一个组织在特定的可操作范围内，为实现特定目标而建立的相互合作、一致努力的由若干成员组成的共同体。作为一个共同体，其成员们努力的结果，能够使该组织的目标较好地达到，且可能使绩效水平远大于个体成员绩效的总和。

任何团队都包含五个要素，简称为"5P"：①目标（purpose）。每个团队都应该有一个既定的目标，这可以为团队成员导航，使其知道向何处去。没有目标的团队是没有存在意义的。②人员（people）。个人是构成团队的细胞，一般来说，三个人以上就能构成团队。团队目标是通过其成员来实现的，因此人员的选择是团队建设与管理中非常重要的部分。③团队定位（place）。团队的定位包含两层意思：一是团队整体的定位，包括团队在组织中处于什么位置，由谁选择和决定团队的成员，团队最终应该对谁负责，团队采取什么方式激励成员等；二是团队中个体的定位，包括成员在团队中扮演什么角色，是指导其他成员制订计划，还是帮助其他成员具体实施或评估等。④职权（power）。团队的职权取决于两个方面：一是整个团队在组织中拥有什么样的决定权；二是组织的基本特征，例如，组织的规模有多大，业务是什么等。⑤计划（plan）。从团队的角度看，计划包括两层含义：一是由于目标的最终实现需要一系列具体的行动方案，因此可以把计划理解成目标的具体工作程序；二是按计划进行可以保证团队的工作顺利，只有在计划的规范下，团队才会一步步地贴近目标，从而最终实现目标。

同步思考7-1

团队与群体有何区别?

答:团队与群体有着明显的区别,主要表现在以下方面(如图7-1所示):

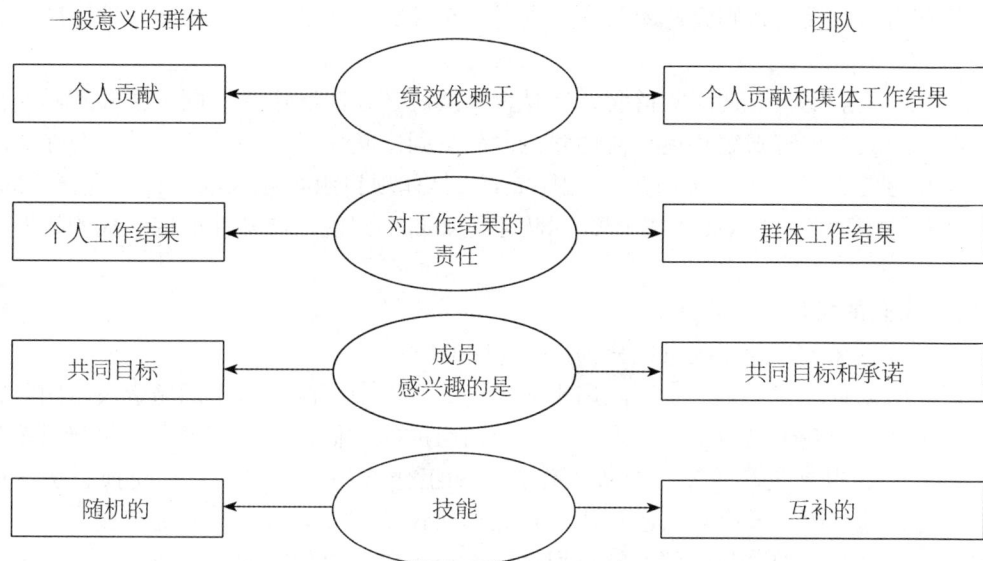

一般意义的群体   团队

个人贡献	←	绩效依赖于	→	个人贡献和集体工作结果
个人工作结果	←	对工作结果的责任	→	群体工作结果
共同目标	←	成员感兴趣的是	→	共同目标和承诺
随机的	←	技能	→	互补的

图7-1 团队与群体的区别

可以看出,团队与一般意义的群体的明显区别在于:首先,群体的绩效依赖于群体中的每个成员,而团队的绩效不但取决于每个成员的贡献,还应该产生团队共同的工作成果。其次,在群体中,尽管群体成员将自己的资源聚集在一起实现目标,但一般来讲,个人只为个人的工作结果承担责任,个人不必为群体承担责任;而在团队中,工作结果的责任则被视为团队共同的责任。再次,团队不但像一般的群体一样有着共同的目标,而且还要对这个目标做出承诺。最后,在群体中,群体成员的技能有时是相同的,有时是不同的;而在团队中,团队成员的技能通常是互补的,他们在各自擅长的领域发挥作用,共同实现目标。

2)团队的构成

在团队中,起主导作用的是团队成员之间的相互配合与成员之间能够进行有效的团结与协作,从而能够产生个体功能相加之和的效果;反之,若团队成员之间相互摩擦掣肘,能量相互抵消,团队则会一事无成。因此,加强团队成员之间的相互协作与配合,就成为团队建设与管理的核心问题。一般来说,团队的构成主要包括以下方面:

(1)团队大小。团队有一定的人数限制。国外对小型团队的规模问题曾做过大量研究。有人提出小型团队的规模最好是3~9人,而有人则主张为20~40人。一般来说,小型团队的人数应以8~10人为团队的绝对标准。一个小型团队的人数应根据它的性质而定:第一,小型团队人数的下限要能保证一般地完成任务;第二,人数应以保证团队工作效率达到最佳程度为准;第三,超过了上限人数,工作效率就会下降,出现人浮于事的现象。所以，团队人数有一个最佳值的问题，过少或过多都会影响团队的能力。

（2）团队结构。团队的结构是指团队成员的组成，包括年龄结构、专业结构、能力结构、性格结构、知识结构等。一个团队的构成应是这些结构因素的有机结合，这也是团队成员的搭配问题。各种人员搭配协调一致、取长补短、紧密团结，能提高工作效率，激发团队的创新力；反之，则会使团队产生内耗甚至冲突，降低团队的效率，使团队失去应有的创新力。

（3）团队搭配。所谓团队搭配，就是指团队成员在团队中的不同地位和不同作用的安排分配。团队角色有固定角色和流动角色之分。固定角色是个性特征显著，并在团队活动中地位稳定的主要人物；流动角色是围绕某一具体项目组合起来的发挥一定作用的人物。固定角色与流动角色必须合理搭配，团队才能如同一架由不同部件严密组成的机器一样高效运转。

3）团队的类型

从一般意义上讲，团队可以分为以下4种类型：

（1）问题解决型团队。在团队出现的早期，大多数团队都属于问题解决型团队，即是由同一个部门的若干名员工临时聚集在一起而组成的。他们每周都聚会，一起讨论如何提高产品质量、提高生产效率、改进工作程序和工作方法等问题，互相交换看法或提供建议。但是，这些团队没有对自己形成的意见和建议单方面采取行动的决策权。

（2）自我管理型团队。问题解决型团队在员工参与决策方面权力缺乏、功能不足，为了弥补这种缺陷，就需要独立自主地解决问题，并对工作的结果承担全部责任的团队，即自我管理型团队。

自我管理型团队的人数通常为10～15人，他们承担了一些原本是上级所承担的责任。一般来说，他们的责任范围包括控制工作的节奏、决定工作任务的分配等。这种自我管理型团队甚至可以自由组合，并让成员相互进行绩效评估，这就使得主管人员的重要性相应下降，甚至可能会取消主管人员的职位设置。

（3）多功能型团队。多功能型团队是由来自同一等级、不同领域的员工组成的，他们聚集在一起的目的就是完成一项特定的任务。可以说，盛行于今的项目管理与多功能型团队有着内在的联系。

多功能型团队是一种有效的形式，能使组织内不同领域的员工互相交换信息，激发出新的观点，协调复杂的项目，解决面临的问题。在其形成的早期阶段往往要消耗大量的时间来使团队成员学会处理复杂多样的工作任务，使背景、经历和观点不同的成员之间建立起相互信任的关系。

（4）虚拟型团队。随着通信技术的普遍应用，一种新型的团队形式应运而生，这就是所谓的虚拟型团队。虚拟型团队是一种以虚拟组织的形式出现的新型工作组织模式，是一些人由于具有共同的理想、共同的目标或共同的利益，结合在一起所组成的团队。虚拟型团队只需通过电话、网络、传真或可视图文来沟通协调，甚至通过共同讨论、交换文档，便可以分工完成一份事先拟定好的工作。换句话说，虚拟型团队是在虚拟的工作环境下，由进行实际工作的真实的团队人员所组成的，能够在虚拟组织的各成员相互协作下提供更好的产品和服务。

4）团队发展的五个阶段

从团队的创建和发展过程来看，一般可以分为成立、震荡、规范化、高产和调整五个阶段。

（1）成立阶段。在团队的成立阶段，要有团队创建人，要完成一系列的准备工作，要得到上层领导的支持。这一阶段首先要考虑的问题是团队的定位，这包括：第一，创建者必须根据团队的任务、目标来思考创建一个什么样的团队，即团队的类型与功能；第二，本团队应该控制在多少人的规模；第三，本团队应该包含哪些必需的技术人才、管理人才等，各自的角色是什么。对这些问题，创建者必须拿出一个明确的规划来。如果目标不明确，在选择团队成员的时候，就会出现成员配合不当的问题。当团队得到正式认可并召开第一次会议后，这一阶段的工作即告完成。

在团队成立阶段必须得到上层领导的支持。在团队创建人拿出具体规划的时候，很可能要在整个组织内部挑选成员，这就涉及组织内部的协调和沟通问题，尤其是和人力资源部门的配合问题，任何一点小的失误，都会影响创建的热情和改变创建的初衷。因此，要明确本团队直接向谁负责，谁是团队的最终裁定者，并争取得到其有力支持。

（2）震荡阶段。团队在经过了成立阶段后，原先的新鲜感和冲动感逐渐消失，成员们彼此的性格特征和行为风格的差异会逐渐暴露出来，冲突也在产生，这就需要学习如何协调和沟通，需要在工作任务方面进行磨合，这时，团队运作就进入到了震荡阶段。

震荡阶段的团队可能有以下表现：①成员们的期望与现实产生脱节，隐藏的问题逐渐暴露出来；②成员有挫折感和焦虑感，对目标能否完成失去信心；③团队中人际关系紧张，冲突加剧；④对领导权不满，尤其是当出现问题时，个别成员甚至会挑战领导者的权力；⑤组织的生产力持续遭受打击。

针对这一阶段出现的问题，具体的措施有：首先，安抚民心，这是最重要的措施。管理者要认识并能够处理冲突，不能以权压人。管理者还应当鼓励团队成员对有争议的问题发表自己的看法，积极进行有效沟通。其次，建立工作规范，领导要以身作则。最后，调整领导角色，适度对团队授权，鼓励团队成员参与决策。

（3）规范化阶段。在团队建设的过程中，经过了震荡阶段，团队开始逐步走向稳定和成熟，沟通之门逐渐打开，相互信任加强，团队内部成员的人际关系由分散、矛盾逐步走向凝聚、合作。团队成员开始关心团队的共同发展问题，并开始建立工作规范和流程，团队的工作特色逐渐形成，成员们的工作技能也有所提升。

这一阶段也成为组织建设团队文化的最有利时期。团队文化建设的内容是培养成员互助合作、敬业奉献的精神，增强对团队的归属感和凝聚力，促进团队共同价值观的形成，鼓励团队成员为共同承诺的团队目标尽责。

这一阶段的最大问题是：团队成员怕发生冲突，怕得罪他人而不提问题，不正面提建议。

（4）高产阶段。"高产"是组织的目的，也是团队建立的原因。团队只有接受和完成好任务，才能充分体现出团队的绩效，也才能对团队成员的合作状态进行检验。如果是一个真正的团队，而且团队成员之间已经非常默契，他们就会把全部的精力投入到如何提高团队绩效上来，这时的团队就真正成为了团结合作的集体。

团队在高产阶段的表现：①团队成员具有一定的决策权，能自由分享组织的信息；②团队成员信心强，具备多种技巧，能协力解决各种问题；③组织和团队用民主的、全通道的方式进行平等沟通，化解冲突，分配资源；④团队成员有着成就事业的高峰体验，有完成任务的使命感和荣誉感。

（5）调整阶段。随着工作任务的完成，很多团队会进入调整阶段。这个调整有时就是中止。在此阶段，大部分任务型团队会解散，有的团队会继续工作，但往往会休整一段时间，或许会发展新成员。在这一阶段，成员反应差异很大，有的沉浸于团队的成就中，有的则很伤感，惋惜团队中融洽的合作关系不能再继续。

5）团队的作用

团队是组织的重要组成部分，是由个体构成的，但它不是个体简单的聚合，而是有组织、有领导、有规范、有共同目标的人群结合体。它能把每个成员的个体力量汇合成整体力量，这一整体力量将大于各个个体力量的机械相加，其增加的力正是团队力。团队不仅影响组织与个人绩效，而且是上下沟通联系的桥梁和纽带。团队的具体作用如下：

（1）完成组织的任务。一个组织有总目标和总任务，组织会把总任务逐级下达给所属的团队并由这些团队去推进和完成。团队在接受上级下达的任务后，就要组织团队成员根据本团队的分目标制定出每个人的具体目标，团队领导要通过宣传、鼓励和思想教育工作，使大家齐心协力地、出色地完成各自的任务。为了确保完成组织交给的任务，团队要协调人际关系，促进团结，增进友谊，促使个人目标的实现，从而达到分目标的实现。

（2）满足团队成员的心理需求。团队成员有着不同的处境和经历，使得他们有不同的信息需求，而团队在这方面有满足他们心理需求的作用。第一，团队中的个体通过建立联系，进行沟通，可以获得同情、支持与友谊，避免孤独、寂寞；他们会产生归属感、安全感；并满足交际的需要，个体由此会产生自我确认感。第二，当遇到困难时，个体会得到其他成员的帮助和支持，从而增强自信心、力量感。第三，团队有润滑、协调人际关系的作用。团队成员认识上的分歧、利益上的冲突，需要团队领导进行调节。团队领导还需改善人际关系、调解矛盾，妥善处理实际问题，润滑成员间的关系，促进成员的团结与进步。

7.1.2 高效团队的特征

团队始终是组织内部的一个"任务的接收者"、"问题的发现者和解决者"及"发明的创造者"。一个高效和成功的团队一般具有以下特征：

1）适度的团队规模

一个高效的团队，其规模一般都比较小。如果团队成员有十多个甚至更多的话，就很难顺利地沟通和开展工作，而且如果团队成员太多，大家相互之间缺乏了解和理解，难以形成凝聚力和相互信任。有学者指出，富有成效的团队，其成员人数控制在12人以内为宜，如果一个单位人数众多，而管理者又希望采取团队模式，可以采取把一个工作群体分成几个工作团队的做法。

团队规模还受许多其他因素的影响。研究表明：①当期待团队采取行动时，团队规模不宜过大；②当团队的任务是做出高质量的复杂决策时，最好由7~12人组成；③当团队的主要任务是解决矛盾和冲突并取得协议时，最好由3~5人组成；④当团队既要取得协议，又要做出高质量决策时，最好由 5～7 人组成；⑤当团队要迅速做出决定并采取行动时，团队成员人数最好是奇数而不是偶数。

2）合理的成员能力结构

一个成功的团队不仅注重个人的技能和价值，而且更加注重团队成员之间技能的互补和融合，更加看重具有不同技能的人的价值，因为这些人具有不同的视角、不同的专长，从而能发挥出不同的作用。团队的主要职责就在于将不同特质的人结合在一起，并使他们互相协作，以尽可能地完成团队的任务。一般来说，要想有效运作，一个团队需要有三种不同技能类型的成员：其一，具有技术专长的人员；其二，具有解决问题和决策技能的成员，这些成员能够发现问题，提出解决问题的建议，并权衡这些建议，然后做出有效的选择；其三，若干善于倾听、反馈、解决冲突及拥有处理人际关系技能的成员。

3）共同的愿景和目标

美国著名心理学家马斯洛说："杰出团队的显著特征，是具有共同的愿景与目标。"可以说，拥有共同的愿景与目标是企业获得成功的重要因素之一。所谓愿景，就是一种描绘组织目标、使命和核心价值理念的浓缩的未来发展"蓝图"，是一个组织最终希望实现的美好前景。所谓目标，是指个人与组织进行某种活动所从事范畴或追求对象的具体标准。目标与愿景有着紧密的、内在的联系。愿景作为一种远见，比具体的目标要宽、要大、要高。团队对于要达到的团队愿景要有清楚的了解，并坚信这一愿景包含着重大的意义和价值，这种意义和价值往往要有所体现，而目标正是共同愿景在客观环境中的具体化，并随着环境的变化而有所调整。共同的愿景和目标包含了个人愿景和个人目标，充分体现了个人意志与利益，它们是鼓舞成员斗志、协调成员行为的核心力量，具有强大的凝聚力和吸引力，使团队中的各个成员都愿意为之而努力奋斗。

4）强烈的团队意识

团队意识主要表现为团队成员对团队的责任感、满足感、自豪感和归属感。这种意识能凝聚人心、鼓舞斗志，吸引团队成员自觉地实现团队目标，自愿地为团队做贡献。例如，中国科学院心理研究所曾对某工厂一个"信得过"的班组进行了个案分析。研究表明，这个拥有 14 人的先进班组的基本特点就是具有很强的团队意识。形成团队意识的条件有以下几条：第一，共同的利益和共同的目标就是具有很强的团队意识；第二，合理的管理制度和奖惩制度有利于团队意识的形成；第三，开展团队之间的竞争有利于团队意识的形成；第四，自然形成的群众领袖人物是形成团队意识不可缺少的条件；第五，友爱互助是团队意识的纽带。

5）良好的行为规范

团队规范是团队成员都必须遵守的行为准则，影响着团队成员的行为，并规定团队对其成员行为可以接受或不能容忍的范围。每个成功的团队都具有良好的行为规范，这种行为规范或者是明文规定的，或者是不成文的。这种行为规范能够对团队成员产生积极而主动的影响，团队成员能够通过团队的行为规范自觉约束自己的行为，也能够通过观察和学习其他团队成员的行为来使自己更好地符合团队的规范。

6）通畅的沟通渠道

一个团队如果拥有了全方位的、正式的和非正式的沟通渠道，信息沟通便会畅通高效，层次少，基本无滞延，沟通的气氛也会开放坦诚，成员在团队会议中既能够充分发表自己的意见，也能够接纳他人意见，并能够及时得到反馈意见。

7）团队成员互相激励

在一个成功的团队中，团队成员不仅有过硬的专业知识、实用的技能和丰富的经验，更重要的是，团队成员能够相互合作、互相学习，能够公而忘私，把团队的利益放在第一位，并且能够勇挑重担、不断进取。当遇到困难时团队成员能够相互激励、互相帮助、齐心协力，共同战胜困难；当发现错误时，团队成员能够相互包容，而不是相互指责、埋怨；当团队取得成功时，团队成员能够彼此分享成功的喜悦，并由衷地产生自豪感和荣誉感。总之，一个成功的团队能够荣辱与共，在失败和成功中接受考验和锻炼。

7.1.3 团队沟通的要素及特点

1）团队沟通的要素

一般来说，团队沟通的要素包括团队的行为规范、团队成员的角色和团队领导者的素质等。

（1）团队的行为规范。团队的行为规范是团队成员共同遵守的行为准则，是团队内部的法律。一般来说，团队的规模越大，团队的行为规范可能就越复杂。团队的行为规范可以以明文规定的方式存在，如规定、条例等，也可以以心照不宣的方式存在。前者容易被遵守，而后者往往被团队新成员所忽略，或在不经意中触犯。

通常校正"违规者"的行为可以采取以下几种方式：①让时间来校正，潜移默化；②以幽默轻松的方式提醒；③调侃、嘲笑违规行为或严肃劝说等。

团队的行为规范对团队来说非常重要，通过理解并遵守团队的行为规范，不仅可使团队成员知道自己该做什么、不该做什么，而且能够建立起相应的团队规则和秩序，增强团队成员相互合作的主动性和自觉性。但团队的行为规范也有其消极的一面，例如，会阻碍团队成员创造性地工作，维护低效率或已经过时的做法，也有可能产生团队内的不公平现象等。所以，团队领导者要对团队的行为规范给予调整和引导，以便于充分发挥团队规范的积极作用，而把团队的行为规范的消极作用降到最低程度。

（2）团队成员的角色。每个团队由若干个成员组成，这些成员在团队成立之后到团队解体之前都扮演着不同的角色。按照团队成员所扮演的角色对团队工作所起的作用，可将团队成员角色分为积极角色和消极角色两大类。

在团队中，起积极作用的角色主要包括：①领导者。善于确定团队目标，并激励下属完成任务。②谋划者。善于为团队工作出谋划策，能为解决团队存在和遇到的问题提出改进和处理的新方法、新见解。③信息员。善于为团队工作提供信息、数据及事实依据。④协调员。善于通过积极有效的沟通妥善解决团队成员之间的矛盾和冲突，缓解团队工作压力。⑤评估者。善于承担工作方案分析和计划等工作。⑥激励者。善于增强团队凝聚力，提高团队成员士气。⑦追随者。善于认真负责地实施计划。

在团队中也有起消极作用的角色：①支配者。试图操纵团队，干扰他人工作，只想提高自己在团队中的地位。②绊脚石。固执己见，与团队其他成员唱对台戏。③自我标榜者。在团队中总想自吹自擂，夸大其词，从而来寻求他人的认可。④逃避者。在团队中与他人保持距离，对工作消极应付。

需要说明的是，团队中一个成员可能同时扮演着几个角色，也可能几个成员扮演着同一个角色。团队成员所扮演的角色是动态的，往往会因为团队领导的不同风格，团队工作的目的、性质、结果及工作环境的变化而发生变化。在一个团队中，如果积极角色多、消极角色少，则该团队沟通会通畅有效。

（3）团队领导者的素质。沟通能力能够充分反映一个人是否具备领导潜质。领导者的素质包括胜任能力、把握方向的能力、适应能力、可信度等。①胜任能力。在一个团队中，技术卓越超群者未必一定具备领导能力，只有那些善于在任务前做充分准备而且能成功完成任务者，即具有超前意识者，才真正具备领导者的素质。②把握方向的能力。坚持道德标准的领导者会在团队中营造一种平等、公正的沟通氛围，不会将自己的意志凌驾于他人之上，同时还会积极地影响团队成员，从而确保团队沿着正确、健康的方向前进。③适应能力。一个成功的团队领导者必须随时调整其行为来适应团队的目标、价值观、特有的风格以及在具体情形下团队成员的需求，只有具备适应环境能力的领导者才是称职的。④可信度。一般而言，可信度是通过以下几个方面来体现的：一个人自身的能力、客观公正的态度、令人信赖的品质、与团队保持一致的目标、充沛的精力。除此之外，人们还往往会依据地位、级别、年龄、性别、影响力等因素来判断可信度。

2）团队沟通的特点

所谓团队沟通，是指为了更好地实现团队目标，团队成员之间所进行的信息传递与交流。概括来说，团队沟通的特点如下：

（1）具有平等的沟通网络。在团队内部团队成员之间的沟通关系是平等的，是一种任务的协作与分工，而不是管理与被管理的关系。因此，团队形成了内部平等的沟通网络，团队成员之间是平等的沟通关系。另外，在团队内部既有正式的沟通渠道也有非正式的沟通渠道，信息传递高效、直接，中间环节少。

（2）规范的沟通。与非正式团队相比，由于团队是一种工作的协作方式，团队成员为同一个目标而工作，团队中的每一个成员共同对团队所要达到的目标负责任，同样也对团队采用的工作方法负责。所以，在这种情况下，团队的沟通是以任务为导向的，并且有一定的群体规范和路径。

（3）具有融洽的沟通气氛。在团队内部成员之间不仅能有效地进行工作任务方面的沟通，而且能进行情感上的沟通，充满了健康、坦诚的沟通气氛。团队成员之间能做到有效地倾听他人意见，并清楚地表达自己的观点。

（4）良好的外部沟通。团队要有效地实现自己的目标，必须处理好各方面的关系。①团队要与组织内处于垂直关系的部门建立良好的关系，使信息和资金流动通畅。②团队要与水平层次上的其他团队及企业的职能部门关系融洽，从而能方便地获得技术支持和职能部门的帮助。③团队要处理好与外部顾客的关系、与社会公众的关系以及团队制度、作风、文化与整个组织制度、作风、文化之间的关系。只有处理好这些关系，才能实现自身团队与其他团队之间的配合和协调，并最终更好地实现团队目标。

（5）团队领导沟通技巧高超。首先，善于沟通的团队领导者能够将团队的目标和对成员的期望有效地传达给成员，担当好"牧师"的角色。其次，在团队的实际运作中，有效的领导者能充分倾听成员的心声，根据实际情况适当放权，调动成员的积极性，共同决策并参与计划的制订，当好"教练员"的角色。也就是说，作为领导者，应了解和理解团队成员的心理，尊重他们的要求，通过自己的组织协调能力以及令人拥戴的领袖魅力去影响和引导团队成员按照既定的方向完成组织目标，而不是监管、控制他们。

知识链接7-1

施乐公司的团队沟通方式

崛起于20世纪60年代的美国影印机市场巨人施乐公司在经历了灰色的70年代后，新总裁大卫·柯恩斯以"塑造团队精神"为法宝狠抓质量管理，终于使公司在1989年扭亏为盈，基本达到了全盛时期的市场占有率水平。施乐公司的团队建设充分体现了公司对团队沟通的重视，公司的团队沟通主要表现出以下特点：

● 团队建设过程中鼓励员工之间"管闲事"。对同事工作中遇到的困难应该尽全力去帮助。这种"管闲事"的精神体现在公司的三句口号之中：把每个人之间的墙推倒；让互助成为一件自然的事情；合作从"管闲事"开始。

● 在挑选团队成员时，坚决把性格高傲的人拒之门外。他们认为，这种人往往对团队具有破坏力，团队需要的是能够促进彼此成就的人。

● 施乐公司非常强调经验的互相交流与分享。

● 在施乐公司的团队会议中，允许参加者发牢骚、谈顾虑，发表自己的独到见解，即提倡"头脑风暴法"。这样，每个人思维中的闪光点都会给他人以启示，修正、完善他人思维的缺陷，拓宽思路。

7.2 团认沟通的程序、障碍及技巧

7.2.1 团队沟通的程序

1）团队成员相互了解

团队成员相互了解是团队沟通的前提和基础。团队成员在执行任务之前需要相互了解与交流，包括了解团队成员的姓名、专业特长、性格特点、兴趣爱好、工作方式、生活习惯以及在研究、分析、组织、协作等方面所具有的技能，既要了解团队成员各自的优点，也要正确看待团队成员各自的不足。团队成员只有建立广泛的对话与交流，才能认识、熟悉进而建立起良好的人际关系，营造和谐、融洽的团队氛围，才能提高团队工作的效果和效率。

2）设定团队目标

团队一旦组建起来就必须制定明确的目标。在实现目标的过程中，还应根据环境的变化及时对目标进行调整。应当说，团队本身目标的设定过程与团队成员个人目标的设定过程是一样的。但是，如果强调"团队"的目标，这时所看重的是成员齐心协力共同完成某一项任务。正因为团队的目标必须由团队成员共同完成，因此这些目标必须是大家都能接受的，也就是说，团队里的每一个成员都应有机会参与团队目标的制定。此外，个人目标必须和团队目标相容共处，并且能够相互支援。

（1）了解团队成员的想法和愿望。在设立团队目标之前，不妨借用一些技术手段，了解团队成员对目标的投入程度，了解他们在完成团队目标时愿意付出多少时间和精力。这当然不是要求每个人发誓竭尽全力，每个人都有自己的需求和行事风格，不可能要求所有成员完全一致。这里强调是通过了解团队成员的想法和愿望，使团队成员能够更好地为了实现目标而同舟共济。随着团队绩效的取得，团队成员对团队的忠诚度会逐渐提高。当他们在合作过程中体会到成功的滋味时，他们会更加积极、更加愿意为团队目标的实现投入精力和时间。

（2）设定团队目标。①每一位成员都选择团队目标。如果团队所有成员都能够选择团队目标，则其投入的程度将会大大提高。应该鼓励所有团队成员尽量挑选那些既能使团队获益，又能满足个人需求的目标。②目标要有挑战性。具有挑战性的目标可以调动成员的潜能和工作热情，当有挑战性的目标完成时，会给整个团队带来一种成就感。

（3）制订行动方案。在明确目标之后，需要制定出具体的行动步骤。首先，应根据团队的目标、任务等情况设计调查问卷，要求每位团队成员根据自己对团队目标、任务的理解给出团队的具体行动方案。其次，通过分析、综合团队成员对团队目标、任务的理解情况，进一步制订出有效的团队行动方案。最后，将团队行动方案变成工作计划，并制定相关的措施来保证工作计划的实施。

3）明确团队责任

团队必须明确自己应承担的责任，具体来说，包括以下几个方面：

（1）营造良好的沟通氛围。团队是一个规模较小的组织，团队成员既是目标的具体落实者，同时也是目标的领导者。这就要求团队成员必须具有主动意识，要从全局的角度来明确团队任务、所追求的目标等，以便统筹安排自己的工作，并不断与其他成员主动进行沟通。

（2）明确时间进度。团队从一开始就应能在时间、工作方式等方面形成统一意见，如每人每天、每周、每月要花费多少时间开会，花多少时间做准备工作，每个人愿意贡献的时间是多少，团队工作时间是多少等。另外，还需制定准时开会、不缺席以及必须在最后期限内完成任务等一系列时间规则。

（3）建立双向沟通机制。团队在维持关系和完成任务的过程中应保证双向沟通。团队建立时要考虑如何在成员之间进行沟通，如何让迟到和缺席的人了解信息。为了让团队成员能够相互了解，增强凝聚力，团队成员应该互相交换电话号码，了解各自的日程安排，并确定团队共同开会的时间。在团队协作期间应确定具体开会的时间和次数，并且保证每个人都很清楚这样的时间安排。

（4）及时向组织汇报工作。团队既有相对的独立性，又要在组织的支持下开展工作，这就要求团队应保持和组织的互动，随时向组织报告工作的进展情况，以获得组织的信任和支持。

4）培养团队精神

团队精神是团队得以成功的关键。所谓团队精神，是指团队整体的价值观、信念和奋斗意识，是团队成员为了实现团队的利益和目标而相互协作、共同奋斗的思想意识。它主要表现在以下几个方面：

（1）团队凝聚力。团队凝聚力也称内聚力，是指一个团队中的成员围绕团队，尽心于团队的全部力量，具体来说，表现为以下几个方面：①归属意识，即希望自己在组织中有一定的位置，从而获得物质上和精神上的满足。②亲和意识，即个人愿意与他人建立友好关系和相互协作的心理倾向。团队成员应相互依从、相互支持、密切配合，建立平等互信、相互尊重的关系，如同处在一个家庭中。③责任意识，即团队成员有着为团队的兴盛而尽职尽责的意识，具体包括恪尽职守、完成任务、勇于创新、遵守团队规则。④自豪意识，即团队成员认为自己所在的团队有令他人羡慕的声誉、社会地位和经济收入等的荣耀心理。

（2）运作上的默契。在团队成员之间的关系上，团队精神表现为成员之间创造出的一种"运作上的默契"。正如在一流的球队中球员既有自我发挥的空间又能协调一致一样，杰出的团体也会发展出"运作上的默契"，即每一位成员都非常留意其他成员的工作状态，而且人人都会采取相互配合、协调一致的方式，主要表现为：一是团队成员视自己为团队大家庭中的一员，大家同舟共济、相互依存；二是成员之间相互信任，能够互相容纳各自的差异性，真诚相处；三是在工作中相互帮助，共同进步。

5）营造和谐人际关系和履行任务

团队成员之间必须互相配合、互相沟通才能顺利地实现目标。而实现目标的关键在于营造团队中和谐的人际关系，保证成员之间彼此理解、精诚合作，并能全力以赴地投入时间和精力去履行任务。事实上，团队成员在相互交往的同时也在履行着各种不同的任务。一般来说，营造和谐的人际关系就是团队成员之间进行充分的信息交流和传递的过程，既包括个人信息，也包括团队及团队任务方面的信息。可以说，团队成员正是通过语言和非语言的沟通手段来实现团队成员之间以及团队成员与团队之间的和谐互动。履行任务是指团队成员明确自己的职责，全身心地完成工作的过程。这个过程包括收集整理信息、分析问题、找到解决问题的方案并加以论证和实施。

7.2.2 团队沟通的障碍

在团队沟通过程中，常会受到各种因素的影响和干扰，使沟通受到阻碍，影响沟通的效果，主要表现在以下几个方面：

1）社会因素障碍

社会因素障碍主要有地位障碍、职业障碍及组织结构障碍。

（1）地位障碍。发送者和接收者由于地位悬殊，产生畏惧感，容易造成沟通障碍。在管理实践中，信息沟通的成败主要取决于上级与下级、领导与员工之间能否全面有效的合作。研究表明，一般上级容易存在一种"心理巨大性"，下级则容易产生一种"心理微小性"。"心理巨大性"易使上级满不在乎，而"心理微小性"易使下级不敢畅所欲言，这会阻碍上下级之间的信息沟通。如果上级过分威严，给人造成难以接近的印象，或者上级缺乏必要的同情心，不愿体恤下级，都容易造成下级的恐惧心理，影响上下级沟通的通畅。如果上级平易近人、和蔼亲切，以普通劳动者的身份和下级接触、交流，就容易消除地位障碍。

知识链接7-2

沟通漏斗

研究表明，沟通过程中总是有信息的流失，这种现象被称为沟通漏斗（如图7-2所示）。之所以会出现沟通漏斗现象，是因为人类的思想和感情之丰富，用现有的文字符号是无法完全表达出来的，就算是能完全表达出来，接收者也不见得能完全理解和记住。

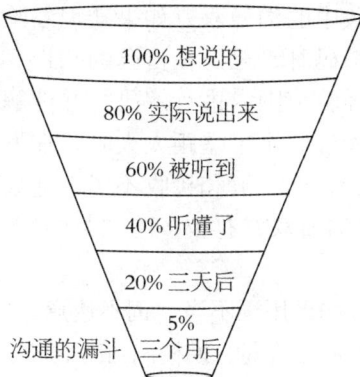

```
100% 想说的

80% 实际说出来

60% 被听到

40% 听懂了

20% 三天后
                5%
沟通的漏斗    三个月后
```

图7-2　沟通漏斗

沟通漏斗的现象表现在组织中，就成为组织的上下级之间在信息沟通中可能出现的信息流失现象。例如，董事会决议知晓情况（如图7-3所示）。

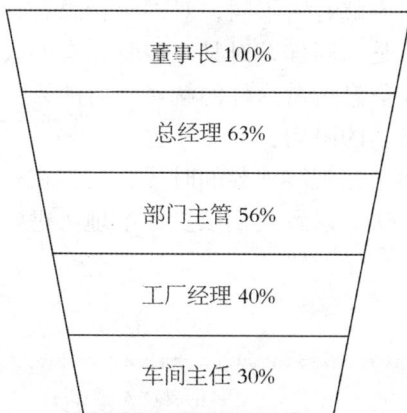

```
董事长 100%

总经理 63%

部门主管 56%

工厂经理 40%

车间主任 30%
```

图7-3　董事会决议知晓情况

（2）职业障碍。俗话说"隔行如隔山"，由于职业上的不同，或者研究领域的不同，听不懂对方的行业用语，也会造成沟通的困难。消除障碍的办法是最好使用双方都能听懂的语言进行沟通，并在社交场合尽量不使用专业术语。

（3）组织结构障碍。在管理中，合理的组织结构有利于信息的沟通。如果团队规模过于庞大，中间层次过多，信息传递既浪费时间又影响效率，会直接影响到沟通的效果。如果团队成员太多，大家相互之间也很难形成充分的认识和理解，难以形成凝聚力和相互信任感。

2）个人因素障碍

个人因素障碍主要是由团队成员个体的文化、知识、经验等方面的因素所造成的沟通障碍。

（1）文化程度障碍。如果团队成员中沟通双方的教育程度、文化素质相差太大，就会使对方理解不了或难于接受。例如，大学生向文盲讲科学道理，文盲是难以深刻理解其意的。

（2）知识经验障碍。团队中的沟通双方如果知识经验水平差距太大，也会产生沟通障碍。这是因为发送者将信息编码时，只是在自己的知识、经验范围内进行编码；同样，接收者也只能在自己的知识、经验范围内进行解码，并理解对方传送信息的含义。因此，当发送者与接收者的知识水平、经验水平差距太大时，在发送者看来很简单的问题，接收者因为没有这方面的知识、经验，而理解和接收不了。造成这种情况的原因是双方没有"共同知识经验区"；相反，如果沟通双方有较多的"共同知识经验区"，则信息就能很容易地被传送和接收。

（3）表达障碍。沟通双方如果用词不当、词不达意、口齿不清，或者字体难以辨析，或者观念含糊、逻辑混乱，或者无意疏漏、模棱两可等，都会使对方难以了解发送者的意图。

（4）语义障碍。人与人之间的沟通，主要借助于语言来进行，包括口头语言和书面语言。语言作为交流思想的工具，并不是思想本身，而是用以表达思想的符号系统。因此，在日常生活中，一词多义的情况是常见的，这就使沟通容易产生语义上的障碍。人的修养不同，表达和理解语言的能力就有所不同，对同一种思想、观念或实物，有些人表达得很清楚，有些人则表达得不清楚。同样，对某一信息，有的人能马上理解，有的人听来听去还是不能理解；有的人接收信息后做这样的解释，有的人会做那样的解释。因此，用语言表达意思，往往会产生语义上的障碍。

（5）以推论当事实。通常在观察外界的时候，人们在获得所有的必要事实之前就开始进行推论，推论的形成相当快，以致我们很少仔细地考虑它们是否真地代表事实。

同步思考7-2

银器被盗

一位先生和他的太太想将自己的房子重新装修。下午5点装修师傅离开了，这位先生和他的太太清理了房子，并将橱柜上锁，因为橱柜中锁着银器，然后也离开了。次日早晨，他们发现一扇窗户开着，而且橱柜里面的银器不翼而飞。警察来了以后，在窗台上发现了一组指纹。这些指纹被送往警察局对比指认，警察局的答复是：窗台上的指纹正与声名狼藉的大盗的指纹相符。

资料来源　赵慧军.管理沟通——理论·技能·实务[M].北京：首都经济贸易大学出版社，2004.

问题：（1）银器被偷。

（2）大盗拿了银器。

（3）大盗将其指纹留在窗台上。

在上述陈述中，哪些与故事有关，哪些是推论，哪些是事实？

分析提示：银器被偷和大盗将其指纹留在窗台上是事实，而大盗拿了银器是推论。

诸如此类的陈述或推论在日常工作中经常会遇到。"他未完成工作，因为他偷懒"、"如果您听了我的建议，您就了解我的意思了"，这些语句表示的并非是事实，而是推论。因此，不良的沟通就产生了。

3）心理因素障碍

由于沟通双方的心理因素，如认知障碍、态度障碍、情绪障碍和人格障碍等都会给沟通造成一定的障碍。

（1）认知障碍。认知方面的障碍是由于双方认知失调而引起的。由于各人的认识水平不同、需求动机不同、看问题的角度不同，对同一信息往往会做出不同的理解和评价。此外，认知偏差也容易导致沟通障碍。①刻板印象。人们对于一些事物，容易形成具有偏见色彩的刻板印象。所谓刻板印象，就是我们对具有某种特点的一类人的看法。例如，干部是什么样的人，教师是什么样的人；南方人什么样，北方人什么样等。刻板印象一旦形成，不但影响沟通时的诚意与信心，而且会加深彼此的怀疑与猜测，进而使有效的沟通成为不可能的事。②知觉的选择性。由于人们的知觉具有选择性，对信息的重视程度不同，凡他认为价值大的信息会引起注意，认真接受；凡他认为价值不大或没有价值的信息，就会不重视甚至不予理睬。③过早下结论。

（2）态度障碍。如果沟通双方存在偏见，持不同的态度，也会给沟通造成一定的障碍。

（3）情绪障碍。情绪障碍对信息的传递影响很大。如果双方都处在情绪和心境不佳的状态，就难以沟通意见，甚至会歪曲对方的信息。当某人情绪较好时，对别人的意见和建议会爱听并乐于接受；当某人情绪不佳时，则对别人的意见和建议大打折扣，接受程度就差。即使是同一人，由于其接受信息时的情绪状态不同，也有可能对同一信息做出不同解释和行为反应。极端的情绪体验，如狂喜或悲痛，都可能阻碍有效的沟通。这种状态常常使我们无法进行客观而理性的思维活动，代之以情绪性的判断。

（4）人格障碍。一个人的性格、气质、价值观等方面的差异，常常会成为沟通时的障碍。通常一个诚实、正直的人，发出的信息容易使人相信；反之，一个虚伪、狡诈的人，发出的信息即使是真实的，也难以使人相信。同样，气质也影响沟通的效果。情绪急躁的人对信息的理解容易片面，情绪稳定的人能较好地接收、理解信息。

人们在沟通时，由于价值观的差异，往往会按照自己的观点对信息进行筛选：符合自己观点和需要的，很容易听进去；不符合自己观点和需要的，就不愿意听；尽量使信息适合自己的"胃口"，或者从自己的需要出发猜测别人的意图，或者从别人的谈话中找"言外之意"，或者从文件中找"弦外之音"。

4）客观因素障碍

客观上的障碍主要包括自然障碍、机械障碍、距离障碍等。

（1）自然障碍。例如，刮风下雨、闪电雷鸣或环境中存在较大的噪音干扰，都会给沟通造成障碍。

（2）机械障碍。例如，通信设备的性能不好、质量不高甚至发生故障，都会造成沟通困难甚至信息失真、沟通中断。

（3）距离障碍。空间距离过远、环节过多，同样会影响信息的传递，造成沟通困难。例如，人与人之间距离过远，听不清对方的声音或看不清对方的表情、手势，都会影响沟通的效果。

7.2.3 团队沟通的技巧

1）建立团队沟通制度

要将团队中的沟通当做一项长期性的工作，最好能够建立一种沟通的制度，以确保团队成员之间能够及时沟通。下面提供一个公司的团队沟通制度（见知识链接7-3）。

知识链接7-3

团队沟通制度

第一章　总则

为了公司团队成员之间能够有效地进行沟通，促进团队工作的顺利进行，特制定本制度。

第二章　沟通方式

第一条　沟通是指团队成员之间进行工作的交流。

第二条　沟通可以通过召集会议、发送电子邮件以及书面、口头沟通等方式进行。

第三章　团队联络员

第一条　每一个团队都要有明确的团队联络员。

第二条　在工作正式开始前，团队联络员要向团队成员公布团队工作计划，以方便团队成员协助工作。

第三条　如果团队联络员出差，团队领导要指定临时联络员，并将名单公布。

第四章　召集会议

第一条　由团队联络员发起、召集会议，至少在会议的前一天公布正式的会议通知。

第二条　由团队联络员协助团队领导进行会议的筹备工作。

第三条　团队联络员负责记录团队联络通知单。

第四条　会议要有明确的议题，会议结束后要对议题有明确的结论。

第五条　对于重要议题的结论，需要全体与会人员签字。

第六条　团队联络通知单要向相关人员公布。

第五章　冲突处理

当沟通无法达成一致时，团队联络员要及时向团队领导讲明情况，以请示协助解决。

第六章　附则

第一条　本制度由团队发展部负责解释。

第二条　本制度自公布之日起实施。

沟通的好坏直接影响着团队成员的工作效率和工作业绩，因此许多知名企业都把沟通列为企业文化建设的重要组成部分。

知识链接7-4

IBM的沟通渠道

在IBM，不必员工提醒，老板自会给其涨工资。考虑给员工涨工资是其直属经理工作的一部分。如果员工自我感觉非常好，而年初却没有在工资卡上看到自己应该得到的奖励，则会有不止一条途径让其提出个人看法，比如直接到人力资源部去查自己的奖励情况。IBM的文化中特别强调双向沟通，不存在单向命令和无处申诉的情况。IBM至少有四条制度化的通道给员工提供申诉的机会。

第一条通道是与高层管理人员面谈。员工可以借助与高层管理人员面谈的制度，与高层经理进行正式的谈话。这个高层经理的职位通常会比员工的顶头上司位置高，也可能是公司的经理或是不同部门的管理者。员工可以选择任何个人感兴趣的事来讨论。这种面谈是保密的，由员工自由选择。面谈的内容可以包括个人对问题的倾向性意见和自己所关心的问题。员工反映的这些情况，公司将会交给有关部门分类集中处理，而不暴露面谈者的身份。

第二条通道是员工意见调查。这条路径定期开通，IBM通过对员工意见进行征询，可以了解员工对公司管理层、福利待遇、工资待遇等方面有价值的意见，使之协助公司营造一个更加完美的工作环境。很少能看到IBM经理有态度恶劣的情况出现，这也许与这条通道的设置密切相关。

第三条通道是"直言不讳"。在IBM，一个普通员工的意见完全有可能会送到总裁的信箱里。"直言不讳"就是一条直通通道，可以是员工在毫不牵涉直属经理的情况下获得高层经理的答复。没有经过员工的同意，"直言不讳"的员工身份只有一个人知道，这个人就是负责整个"直言不讳"通道的协调员，所以员工不必担心畅所欲言的风险。

第四条通道是申诉，IBM称其为"门户开放"政策。这是IBM一个非常悠久的民主制度。IBM用申诉来尊重每一个员工的意见。员工如果有对工作或公司方面的意见，可以与自己的直属经理讨论，也可以向各事业单位主管、公司的人事经理、总经理或任何代表申诉，这种申诉会得到上级的调查。

资料来源　孟汉青，郭小龙.团队建设操作实务[M].郑州：河南人民出版社，2002.

2）团队沟通的一般技巧

（1）积极倾听。有关倾听的内容，在前面章节我们已经做过比较详细的分析。

在团队沟通过程中，除了要掌握有效倾听的基本技巧外，还要注意顺利转换倾听者与说话者的角色。对于在课堂上听讲的学生来说，可能比较容易形成一个有效的倾听模式，因为此时的沟通完全是单向的，教师在讲而学生在听。在大多数团队活动中，倾听者与说者的角色在不断地转换。积极的倾听者能够使从说者到倾听者以及从倾听者再回到说者的角色转换十分流畅。从倾听的角度而言，这意味着全神贯注于说者所要表达的内容，即使有机会也不去想自己接下来要说的话。

在团队中，言谈是最直接和最重要、最常见的一种沟通途径，有效的言谈沟通很大程度上取决于倾听。有人发现，具有良好倾听技能的人往往可以在工作中自如地与他人沟通。对全美国最大的500家公司进行的一项调查表明，做出回应的公司中有超过50%的公司为它们的员工提供倾听培训。作为团队，成员的倾听能力是保证团队有效沟通和保持团队旺盛生命力的必要条件；作为个体，要想在团队中获得成功，倾听是基本要求。有研究表明：成功的经理人大多是很好的倾听者。

（2）加强语言沟通。既要一个整体良好的团队，又要独立的私人生活，这两种愿望带来的压力便流露在每个成员在讨论时发表的意见中。因此，要去除这种压力，团队成员必须进行对话，即成员们必须交换和适应相互的思维模式，直到所有人都能对所讨论的意见有一个共同的认识。

对话是一种交谈，通过这种交谈，人们可以琢磨出他们能够认同的含义。对话经常需要对想法进行重新界定。这就要求在沟通时运用坦诚、负责、肯定以及恰当的语言，创造一种成员之间相互关注、支持交流、降低防卫的氛围。①坦诚。坦诚指的是开放性的沟通，了解自己，关注他人，关注你的需求或明确要他人知道的事情。一个坦诚的陈述通常很直接，但它同时很谦恭有礼，并且顾及他人的感情。坦诚是为自己的沟通负责，不让别的人来操纵你的反应。坦诚之人既展示自我，希望影响他人，又高度重视他人的权利。坦诚之人知道怎样运用外交手段和沟通手段。②负责。负责的语言为他人改变其观点和观念留下余地。当语言更富假设性而非肯定性时，团队就会有更多的合作、更少的防御。缓和你的语气，接受他人的观点以保持开朗、合作的氛围。③肯定。当别人承认你的想法和感受，真正倾听你并做出回应时，你会有被认可的感觉。当你被肯定时，就容易坦诚，容易出效率，也容易对团队做出贡献。肯定一位团队伙伴将有助于他全力以赴地工作，也有助于团队创造一种合作的氛围。④恰当。恰当是指使用适合团队成员、自己及团队情况的语言。能否选择恰当的语言取决于你是否对他人敏感，以及你如何判断想要达到的目的。这种选择同时需要用心和用脑。恰当包括你能考虑到的知识层次、背景和感受。

（3）注重非语言沟通。非语言沟通是指人们从语言中包含的指示或语言之外的提示中解析出的含义。人们常常没有意识到其眼神、身体、脸部表情和声音中存在的非语言信息。人们对你的看法，包括你的能力、可信度、亲和力，与你的非语言沟通有直接的关系。①运用肢体语言。不太开放的成员不善于抓住说话的机会，需要有人帮其一把。要帮助他人参与沟通，根本在于你的关注。你可以通过保持目光接触和用让他人感到舒服的姿势，为他人着想，如用面向说话人、往前靠这样的方式，对成员表示你的反应。②表现出强烈的自信心。假如有一个令你兴奋、激动的主意，但你又担心面临质疑。在解释这个想法时，假设你全力以赴，你的脸、身体、嗓音都能表露出积极的情绪，对方会受这种情绪的感染，就会听你的建议。因此，当你沟通时需要你的脸、身体、声音、演讲能力的全力支持，使你传递的信息有趣、可信。

知识链接7-5

知名企业的团队沟通技巧

● 口头表扬。表扬不但被认为是当今企业中最有效的激励办法，事实上也是企业团队中的一种有效的沟通办法。日本松下集团很注意表扬人，创始人松下幸之助如果当面碰上进步快或表现好的员工，他会立即给予口头表扬；如果不在场，松下还会亲自打电话表扬下属。

● 返聘被辞退的员工。日本三洋公司曾经购买美国弗里斯特市电视机厂，日本管理人员到达弗里斯特市后，不去社会上公开招聘年轻力壮的青年工人，而是聘用那些以前曾在本厂工作过而眼下仍失业的工人。只要工作态度好、技术上没问题，厂方都欢迎他们回来应聘。

● 动员员工参与决策。福特公司每年都要制订一个全年的"员工参与计划"，动员员工参与企业管理。此举引发了员工对企业的"知遇之恩"，使员工的投入感、合作性不断提高，合理化建议也越来越多，生产成本大大降低。

● 鼓励越级报告。惠普总裁的办公室从来没有门，员工受到顶头上司的不公正待遇或看到公司发生问题时，可以直接提出，还可越级反映。这种企业文化使得人与人之间相处时，彼此之间都能做到互相尊重，消除了对抗和内讧。

● 帮助员工制订发展计划。爱立信是一个百年老店，每年公司的员工都会有一次与人力资源部经理或主管经理的单独面谈机会，并在上级的帮助下制订个人发展计划，以跟上公司业务的发展，甚至超越公司发展的步伐。

● 解除员工后顾之忧。某航空公司总裁凯乐尔了解到员工最大的担心是失业，因为很多航空公司都是在旺季时大量招人，而在淡季时辞退员工。凯乐尔上任后宣布永不裁员。他认为不解除员工的后顾之忧，员工就没有安全感和忠诚心。从此，该公司以淡季为标准配备人员，当旺季到来时，所有员工都会毫无怨言地加班加点。

● 聊天。奥田是丰田公司第一位非丰田家族成员的总裁，在长期的职业生涯中，奥田赢得了公司内部许多人士的深深爱戴。他有1/3的时间在丰田城里度过，常常和公司的多名工程师聊天，聊最近的工作，聊生活上的困难；另有1/3的时间用来走访5 000名经销商，和他们聊业务，听取他们的意见。

● 讲故事。波音公司在1994年以前遇到一些困难，总裁康迪上任后，经常邀请高级经理们到自己的家中共进晚餐，然后在屋外围着个大火堆讲述有关波音的故事。康迪请这些经理们把不好的故事写下来扔到火里烧掉，以此埋葬波音历史上的"阴暗"面，只保留那些振奋人心的故事，以此鼓舞士气。

资料来源　叶龙，吕海军.管理沟通——理念与技能[M].北京：清华大学出版社、北京交通大学出版社，2006.

●知识题

一、选择题

多选 7.1 团队沟通的要素包括（　　）。

A.团队的行为规范　　　　　　　B.团队成员的角色

C.团队领导者的素质　　　　　　D.团队的目标

多选 7.2 从一般意义上讲，团队可分为（　　）类型。

A.问题解决型团队　　　　　　　B.自我管理型团队

C.多功能型团队　　　　　　　　D.虚拟型团队

单选 7.3 在团队成立阶段，团队创建人要完成一系列准备工作，这一阶段首要考虑的问题是（　　）。

A.团队凝聚力打造　　　　　　　B.团队任务

C.团队的定位　　　　　　　　　D.团队沟通

单选 7.4 当团队的任务是做出高质量的复杂决策时，团队的规模最好在（　　）。

A.7～12人　　　　　　　　　　B.人数越多越好

C.人数越少越好　　　　　　　　D.不一定

多选 7.5 在团队成员的角色中，起积极作用的团队角色一般包括（　　）。

A.团队领导者　　　　　　　　　B.团队激励者

C.团队协调员　　　　　　　　　D.团队追随者

二、简答题

7.1 什么是团队?高效团队的特征有哪些?

7.2 团队的发展可分为哪几个阶段?

7.3 团队沟通的要素是什么?

7.4 团队沟通中的障碍有哪些?

7.5 团队沟通有什么技巧?

●实训题

实训项目：解手链

实训目的：

1.让学生体会在解决问题方面的一般步骤。

2.揭示倾听与沟通的重要性。

3.使学生深刻领会团队的合作精神。

实训步骤：

1.学生分组，每组为10～15人。

2.教师宣布每个小组围成一个圆圈。

3.学生按照老师的指令去做：①举起你的左手和右手交叉放在胸前，并握住身边那两个人的右手和左手；②在不松手的情况下，把这张网打开，成为一个组员之间手拉手的圈；③请每组学员共同想办法把圆理顺，使同学之间手拉手的形式变成正常情况下不交叉的形式，而且必须在不松手的情况下做到这一点。

4.讨论分享：

（1）你在开始时感觉怎么样，是否思路很混乱？

（2）当你解开了一点以后，你的想法是否发生了变化？

（3）最后问题得到了解决，你是不是很开心？

（4）在这个过程中，你学到了什么？

5.教师总结评估：

（1）在面对一个复杂问题的时候，我们会感到无从下手，所以往往站在原地不动。

（2）有些人会不停地动，尝试一些新的办法。如果你的尝试获得了一些效果，你就会开始变得积极。

（3）很多人都只是从个人的角度去考虑怎样解套，实际上，应该从整体的角度来解决这个问题。

● 案例题

希丁克的故事

足球比赛是团队的活动，其中团队沟通对比赛结果有重要的影响。

2002 年的世界杯足球赛，韩国队打入四强，震惊世界，一鸣惊人。韩国队的球员成了国家英雄，韩国队的荷兰教练希丁克成为韩国人的偶像。取得如此辉煌成绩的一个重要的原因就在于希丁克打破了韩国年轻队员不敢和长辈辩解、遇到问题也不敢越级沟通的规矩，创造了一种年轻队员与老队员之间、队员与教练之间能够顺畅沟通的环境和气氛。

上任初期，希丁克发现韩国队球员速度快，组织力不错，训练也积极认真，态度诚实，但缺乏沟通。队员无论做什么事情都按年龄排出顺序，相互之间不习惯主动沟通，甚至人与人之间有长幼级别的沟通障碍。

"有一天早上训练结束后，我看他们按年龄顺序分坐了三个桌子，年龄小的球员和年长的球员之间不说一句话；拿饭菜时，也按年龄顺序排队，一直到吃完饭，互相没说过一句话！"希丁克认为，像这样没有一点沟通的球员，是不能在一个队参加比赛的。

这种"年龄排序法"在赛场上也同样如此，球员在赛场上几乎没有什么沟通。他们从来不在场上交流"往哪儿传球"、"盯住对手的哪个人"、"谁负责那个位置"……甚至在最关键射门前的传球中，即使年轻的球员站在比较好的射门位置，传球的球员也会把球传给年长的球员去射门。希丁克找出以前比赛的录像，发现了同样的问题。大家知道，足球进球率很低，一场比赛往往一个球就决定胜负。如果在最好的时机错失机会，是非常令人痛心的。

　　希丁克认为长幼顺序是团队沟通和发挥团队威力的绊脚石。为了解决队员间沟通不足的状况，希丁克提出了一系列要求：不许球员间再使用"大哥"这样的称呼，也不许使用任何尊称；年轻球员不论在战术训练还是在比赛中，都要经常开口和前辈说话；吃饭时，要前辈和年轻队员穿插坐在一起，随意地交谈；按摩时也不要前辈先做按摩，谁先到房间谁先做按摩；安排宿舍时故意把前辈和年轻球员安排在一起，让他们相互了解。

　　通过一系列的沟通训练，希丁克顺利地把球员与球员之间、球员与教练之间的自上而下的"垂直式沟通"、"金字塔式沟通"转化为双向的"水平式沟通"、"矩阵式沟通"。

　　当顺畅的双向沟通成为一种习惯后，训练场上的气氛马上活跃起来，韩国队的成绩也取得了大幅度的提高，并于2002年世界杯足球赛上取得了进入四强的好成绩。

　　问题：希丁克带领韩国足球队的成功给了我们什么样的启示？

　　分析提示：足球是团队的活动。一个团队如果沟通不畅，肯定不能发挥其应有的威力，从而影响整体效果。希丁克的成功既得益于团队沟通方式的改变，也得益于沟通带来的融合、了解、协作、自信和鼓励。

组织沟通技能

学习目标

★知识目标

了解组织沟通的含义和功能

认识影响组织沟通的因素

明确组织沟通的渠道和方式

掌握提高组织沟通效率的措施及组织危机沟通的策略

★能力目标

学会正确处理与上级的关系

学会正确处理与同事的关系

学会正确处理与下级的关系

★素质目标

在组织内部，建立良好的沟通，顺利处理组织内外各种关系

引 例

工作丰富化与员工的"消极怠工"

健康食品公司是一个中型的保健食品企业，最近，总经理张云一直在为员工工作兴趣的低下而担忧，因为这导致了包装质量问题的产生。如果质量问题在检查阶段被发现，袋装食品就会被送回流水线，否则它们将最终被客户所拒绝。在工厂经理的建议下，在重要工段设置了管理监督岗位，由他们进行随机检查，但是这样不仅增加了成本，而且对返回率的降低并没有起到预期的作用。

张云召集职能部门管理者举行质量讨论会议，来讨论形势并商讨有效的对策。工厂经理李松认为一些问题是由策划部门引起的，他建议在设计阶段进行检查。人事部门也被指责没有精心招聘到合适的员工，以致公司面临人员频繁流动及缺勤的问题。策划及人事部门的主管都为自己辩护。策划部门的主管周扬认为设计并没有什么问

题，而提高质量标准则意味着要耗费更多的钱。人事部门的主管王妃则觉得由于劳动力市场上劳动力紧缺，她无法在雇用过程中提出更加严格的要求，她还说包装工作枯燥乏味，希望员工对此类工作产生更大的兴趣也不合理，并且提出了使员工对其所从事的包装线工作增加兴趣的一些建议。建议之一就是要求扩大包装线个人的工作范围。在她的建议下，每个员工将与其他员工一起处理几个操作程序，而不是只做单纯的一项工作。另外，她还建议采取工作轮换，以使员工们的工作更具挑战性。

张云非常赞同这个建议，并采取措施立即付诸实施，但是在实施变革的一周内，员工们却对这些变革表达出许多不满，而且还存在着一种"消极怠工"的状况。员工们觉得他们要进行更多的作业，而工资却没有增加。

总经理和部门主管，尤其人事部门主管，都对员工们的反应感到吃惊。王妃泄气地说："我被搞糊涂了，似乎他们并不想使自己的工作更有趣。"

资料来源　康青.管理沟通[M].北京：中国人民大学出版社，2006.

这一案例表明：组织沟通的好坏，沟通是否到位，将直接关系到工作结果是否有效。案例中人事部门主管王妃在提建议时，没有与员工进行很好的沟通，致使她的建议被采纳并执行后却没有取得预期的效果。组织沟通中一种最为频繁的沟通路径：中层管理者——基层管理者——员工的沟通，即纵向沟通。如何把握?相信本章有关组织沟通的详细论述，将有助于你加深对组织沟通内涵的清晰认识，同时也将提升你对组织沟通问题的洞悉能力。

▶ 8.1　认识组织沟通

8.1.1　组织沟通的功能

1）组织沟通的含义

让我们想象一下，缺少沟通的组织里会发生什么事?毫无疑问组织将陷入瘫痪。缺少沟通的组织，犹如太空没有空气、没有声音，死寂一片。而正是沟通，犹如神来之笔，画龙点睛，使组织顿生灵气，变得生机勃勃。

简单地说，组织沟通是指发生在组织环境中的人际沟通，是在组织结构环境下的知识、信息及情感的交流过程。说到底，在组织沟通中，仍然是人们在相互地进行沟通，而不是组织本身。

💭 同步思考8-1

组织沟通与人际沟通有什么不同?

分析提示：组织沟通不同于一般意义上的人际沟通，主要表现在以下几个方面：

第一，组织沟通有明确的目的。其目的是影响对方的行为，使之与实现组织的整体目的相符，并最终实现组织目标。这种行为的改变包括知识的增加、态度的改变或行为的变化。

第二，组织沟通活动是按照预先设定的方式，沿着既定的轨道、方向、顺序进行的，是作为一种日常管理活动而发生的。

第三，组织沟通与公司的规模有关。如果公司规模大，就可能比较规范，沟通过程也就会较长；而如果公司规模小，其组织沟通相对来讲可能不完全依赖正式、规范的沟通体系和顺序，沟通过程也较短，沟通的结果也容易控制。

第四，组织沟通活动作为管理的一项日常活动，组织对信息传递者有一定的约束，管理者必须为自己的沟通行为负责，并确保实现沟通目的。

2）组织沟通的功能

（1）组织对内沟通的功能。①组织沟通是润滑剂。由于员工的个性、价值观、生活经历等方面的差异，个体之间难免会有磕磕碰碰，产生矛盾冲突。在组织中通过沟通，使员工懂得尊重对方和自己，不仅了解自己的需要和愿望，也能通过换位思考，彼此理解，建立信任、融洽的工作关系。②组织沟通是黏合剂。组织沟通将组织中的个体聚集在一起，将个体与组织黏合在一起，使组织中的员工在公司的发展蓝图中描绘自己的理想，或在构建自身的人生道路中促进公司的发展，同时与组织中其他个体紧密配合，在实现公司愿景和目标的努力工作中，追求个人的理想和人生价值。③组织沟通是催化剂。通过组织沟通可以激发员工的士气，引导员工发挥潜能，施展才华。研究表明，一些规模中等、制度健全的公司，其员工平均只将15%的潜力施展在其工作中，主要原因是员工不清楚组织发展的目标，以及组织目标与个人目标的关系。良好的组织沟通可以通过上司与下属、员工与员工的沟通和交流，增进员工对组织目标、愿景的了解和理解，从而激发员工内在的潜力。

（2）组织对外沟通的功能。一个企业要想生存和发展，离不开与外界的沟通和联系。只有与组织外部如顾客、股东、社区及媒体等进行相互沟通与信息交流，企业形象才会走向社会。组织外部沟通不仅有助于企业获得充分的外部支持及提高经济效益，也是企业回馈社会的重要途径，具体来说：①获取信息和知识。组织在与外界沟通过程中，主要有信息的交流，组织需要有关价格、竞争、技术、财务以及有关商业循环和政府服务等方面的信息，这些情况有助于企业了解有关产品研制、生产数量、产品质量、市场战略、各种生产要素间的组合等信息并为企业内部决策提供了基础资料。在信息流动的同时，伴有知识的流动。②协调组织间的关系。组织与外部沟通在形成信息流的同时，伴随着物质流、资金流和人才流，最终将协调组织间的关系。③维护组织形象。良好的企业形象，对于改善企业与供应商、合作企业、顾客、政府等的关系都有积极作用。④为顾客提供服务。在竞争激烈、顾客决定企业能否生存的情况下，企业最普遍也是最重要的外部沟通功能就是为组织的顾客提供服务交流活动，特别是对企业来说，只有与顾客关联，才能体现企业价值，而与顾客的关联则离不开沟通。

8.1.2 组织沟通渠道

所谓沟通渠道，是指信息在沟通时流动的通道。组织通常具有一定的结构，依据信息在组织结构中的传递方向，可以分成下行、上行、平行和斜向等信息流（如图8-1所示），这些不同方向的信息流又构成了具有一定稳定性的沟通网络。

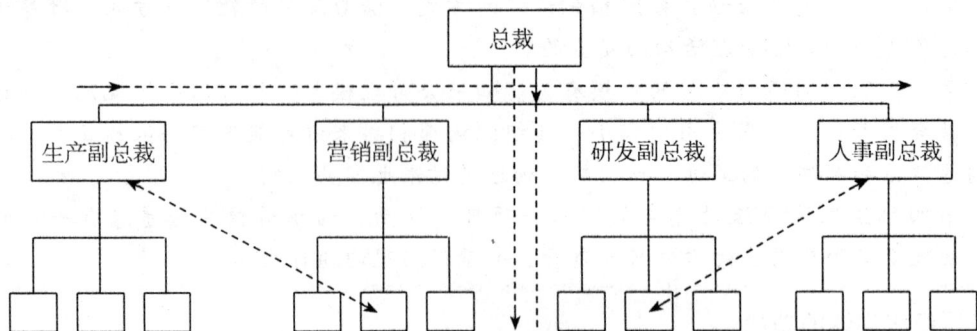

图8-1　组织结构与信息流

1）下行沟通

（1）下行沟通的内容。下行沟通是指信息由组织中的高层结构向低层结构的传递，是组织中最重要和最强大的沟通流程。发送者是上级、管理层、组织的代表，接收者是下级、工作群体和团队、全体员工。下行沟通的内容通常是组织决策、规章制度及其解释依据、工作目标和要求、对工作业绩的反馈等经营管理中正式的和严肃的内容。

（2）下行沟通的形式。下行沟通包括几种类型：备忘录、指令、政策、命令、布告、面试、会议和演示等。具体来说，根据下行沟通采用的介质不同可以分为三类：①书面类，包括指南、声明、公司政策、公告、报告、信函、备忘录等；②面谈类，包括口头指示、谈话、各种会议（评估会、咨询会、批评会）、小组演示乃至口口相传的小道信息；③电子类，包括闭路电讯系统的新闻广播、电话会议、传真、电子信箱等。

（3）下行沟通的障碍。造成不良下行沟通的原因是多方面的。

第一，公司发展所带来的组织结构的复杂化。当公司规模较小时，管理层与员工有频繁的面对面接触；随着公司的成长，出现了更多的层次和职权结构，这就可能导致信息延误、送错人或根本就不发送的情况。

第二，对沟通的疏忽。许多公司不断地修订长期目标和短期目标，却很少注意用有效的沟通去传达这些目标，以让全体员工都理解并接受。

第三，员工和管理层隔离。由于员工和管理层之间的隔离，产生"我们"和"他们"之感，非参与式的管理模式也常使员工想要的信息和上级所给的信息完全不同。

第四，管理层很少检查自己的沟通技巧。一些管理者养成了一些与下属沟通的方式和习惯，但很少考虑这些方式和习惯是否恰当，是否需要改进或者是否存在更加有效的方式，甚至不知道信息是否被接收或正确地被接收了。

第五，管理层把信息当做权力和工具，有意隐瞒真相和信息，或将其作为奖赏，给予个别员工。

第六，信息传递中的曲解或遗漏。组织结构的层级越多，信息传递中的遗漏和曲解就越多。另外，不恰当的沟通媒介也会给信息传递造成损失。

知识链接8-1

第一次世界大战中，美军某部在一个小村子炸死过一名记者。调查表明，该师的总部曾发给某旅一条命令："绝对不能炸毁这些小村子（On no occasion must hamlets be burned down）。"该旅致电给下属营："除非你绝对确信越南人在其中，否则别炸毁村庄（Do not burn down any hamlets unless you are absolutely convinced that the Viet Cong are in them）。"而该营致电给在村庄的某陆军连："如果你认为那个村庄中有越南人，炸毁它（If you think there are any Viet Cong in the hamlet，burn it down）。"最后，陆军连长下达命令："炸毁那个村庄（Burn down that hamlet）。"

（4）下行沟通的策略。为了确保下行沟通畅通无阻，管理者有必要掌握一定的沟通策略。

第一，制订沟通计划。为了保证每个管理者及时有效地下传信息，必须制定相应的沟通政策，明确沟通目标。这些政策包括以下内容：①必须将公司计划、指令和目标告知员工。②必须鼓励、培育和建立一个稳定的双向沟通渠道。③必须就有关重大事件的信息及时与员工沟通。④划拨足够的资金和工作时间实施公司的沟通政策。此外，还应制定具体的细则来规范具体的沟通活动，如面谈、开会和组织出版物等。

第二，减少组织沟通环节。优秀的企业力求用简单的机构和精炼的系统来回应扩张发展的策略，许多企业通过分权来抑制企业的管理队伍的扩充，减少整个管理的中间层。他们建立临时的项目小组或产品小组来控制组织结构的复杂化。一般的美国公司在首席执行官和生产线的监督之间有15层的中间管理者，而日本的丰田只有5层。因此，组织要用简单的结构和精炼的系统来保证沟通的顺利进行。

第三，确保上层信息准确、可靠。不管是好消息还是坏消息，来自上层的信息必须准确、可靠。信息在某一情况下可能有一个意义，在另一情况下可能是另一个意义，因此应当使信息明确、简洁，不要有意隐藏信息的某种意义。

第四，利用多种信道、使用多种方式进行沟通。例如，一个电脑公司的主管每月和他的员工举行讨论会，并且每月在公司的刊物上发布公司的最新消息。福特汽车CEO纳瑟创造了"让我们谈谈生意吧"（简称交谈时间）的沟通方式。每周五傍晚，他会寄一封电子邮件给全世界大约10万名员工，分享自己对经营事业的看法。在邮件中他会谈全球的发展趋势、谈克莱斯勒与奔驰的合并、谈福特的亚洲市场发展前景等主题，让员工了解高层主管的经营观点，进而也让他们有类似的思考角度。同时，他也鼓励所有的员工回寄任何想法、观点和建议。

课堂互动8-1

与下属的沟通能力测试

上级在分配任务、解决问题、协调工作、培训指导、提升绩效等工作上，需要不断地同下属进行沟通。请通过下列问题对自己的该项能力进行差距测评。

1. 当你给下属分配任务时，你站在怎样的角度上同下属沟通？（　　　）

A.绩效伙伴的角度　　　　　　　B. 责任人的角度

C. 领导的角度

2. 你如何通过沟通为团队成员分派任务？（　　　）

A.团队沟通，共同协商　　　　　B. 单独沟通，协商分配

C. 通过沟通，直接指派

3. 当下属在工作中遇到问题时，你如何同下属沟通？（　　　）

A.鼓励性沟通　　　　　　　　　B. 启发性沟通

C. 告知性沟通

4. 当团队成员的工作需要协调时，你会怎样做？（　　　）

A.与双方当面沟通　　　　　　　B. 和其中的一方沟通，说服他

C.促使双方沟通

5. 你的下属初犯错误，现在让你同下属沟通，你沟通的内容应是什么？（　　　）

A.帮助他分析犯错误的原因　　　B. 进行指导，以免重犯

C. 严厉斥责

6. 对于比较重要的事情，你一般采用怎样的方式同下属沟通？（　　　）

A.面对面沟通　　　　　　　　　B. 书面交代

C. 电话或电子邮件沟通

7. 为了鼓励下属完成任务，你如何同下属沟通？（　　　）

A.进行信任性沟通　　　　　　　B. 进行奖励性沟通

C. 进行情感性沟通

8. 面对下属的不认同，你如何同下属沟通？（　　　）

A. 让下属说出自己的想法并进行共同分析

B. 详述自己的理由

C.用自己的经验说服下属

评分标准：

选A得3分，选B得2分，选C得1分。

结果评价：

18分以上，说明你与下属沟通的能力很强，请继续保持和提升。

18～9分，说明你与下属沟通的能力一般，请努力提升。

9分以下，说明你与下属沟通的能力很差，急需提升。

2）上行沟通

（1）上行沟通的内容。上行沟通是指信息从组织的低级结构向高级结构传递的过程，即由下级到上级的沟通。发送者与接收者的关系与下行沟通正相反。沟通的内容主要是下级的工作汇报、工作总结、当前存在的问题、工作行为和反映、申诉、建议和意见等。依靠上行沟通，组织和管理层可以了解下级和整个组织的工作及运营状况，也可以了解员工对工作和组织的态度，以及时发现问题、解决问题。

（2）上行沟通的形式。上行沟通的形式也有很多，可以采用口头汇报、员工座谈、书面工作总结、意见书等形式。具体来说，正规的上行沟通途径有：①意见反馈系统。意见箱是最常见的保障上行沟通的途径之一。意见箱产生的最初动机是为了提高产品的质量、提高生产效率，管理者相信一线员工肯定对此有独到且有效的见解。所以，收集生产建议的意见箱由此逐渐演变成收集员工反馈信息的渠道，形成了倾听员工心声的上行沟通渠道。②员工座谈会。每个部门选派若干名代表与各部门领导、高层领导一起举行员工座谈会，也是一种颇具效果的上行沟通途径。

（3）上行沟通的障碍。导致上行沟通障碍的原因可能是多方面的，主要表现在：①内部沟通机制不健全。员工发出的信息要么需费很大的周折才能到达上层管理者，要么石沉大海，无声无息。②信息失真。在上行沟通过程中有信息过滤和扭曲的现象，有些中层管理者对上级报喜不报忧。③主管与下属的关系不良。由于主管和下属之间缺乏信任，双方又不肯花时间去相互了解和真诚沟通，这样下属就会不愿意向上级提供信息。

（4）上行沟通的策略。成功的组织沟通效果来自下行和上行沟通的平衡。为了保证上行沟通顺畅可采取以下策略：①建立信任。从本质上讲，信任是主体对客体未来采取行动的能力的正面预期。换言之，如果上级对下级充满信任，表现为他对下级下一步将采取的行动很有把握。然而，信任是双向的，信任不会从天而降，管理者必须投入时间、资源建立信任。②设立员工意见箱。允许员工提出问题和看法，并得到高层管理者的解答。③建立恳谈会制度。定期举行高层管理者与下级员工的座谈会，与下级员工进行对话与交流。④对管理者的沟通技能进行培训，提高他们的沟通技能，使其重视面对面的直接交流。

课堂互动 8-2

与上级的沟通能力测试

下属与上级沟通时要讲究方法，并合理运用沟通技巧，以保持良好的上下级关系。请通过下列问题对自己的该项能力进行差距测评。

1. 当你面对工作中的难题时，你是如何解决的？（　　）

A.与上级沟通，寻求支持　　　　　　B. 与同事沟通，寻求支持

C. 自己想办法

2. 你一般采取怎样的方式和上级沟通？（　　）

A.面对面沟通　　　　　　　　　　　B. 电话或电子邮件沟通

C. 定期书面沟通

3. 当你和上级的意见不一致时，你采用怎样的方式表达自己的意见？（　　）

A.面对面沟通　　　　　　　　　　　B. 书面报告给上级

C.通过其他方式

4. 面对不同性格和处事风格的上级，你如何同他们沟通？（　　）

A.从沟通对象的角度　　　　　B. 注意沟通技巧

C. 对事不对人

5. 面对比较强势的上级，你如何同他沟通？（　　）

A.思路清晰，逻辑缜密　　　　B. 先赞同，然后再提意见

C. 书面或电话沟通

6. 面对效率型的上级，你如何同他沟通？（　　）

A.简单明了，直指问题　　　　B. 尽量采用封闭式问题

C. 加强时间观念

7. 面对权威型的上级，你如何同他沟通？（　　）

A.表示出足够的尊重　　　　　B. 采用请教的方式

C. 采用书面建议的方式

8. 面对指导型的上级，你如何同他沟通？（　　）

A.采用请示汇报的方式　　　　B. 采用书面建议的方式

C. 采用询问的方式

9. 你如何使用电子邮件与上级沟通？（　　）

A.尽量简单，直指结果　　　　B. 直接陈述观点

C. 非常注意措辞

10. 你是否在与上级的沟通中经常与其发生冲突？（　　）

A.从来未发生过冲突　　　　　B. 很少有这种情况

C. 偶尔会因为观点不同而有冲突

评分标准：

选A得3分，选B得2分，选C得1分。

结果评价：

24分以上，说明你与上级沟通的能力很强，请继续保持和提升。

15～24分，说明你与上级沟通的能力一般，请努力提升。

15分以下，说明你与上级沟通的能力很差，急需提升。

3）横向沟通

（1）横向沟通的内容。横向沟通是指发生在同一工作群体的成员之间、同一等级的工作群体之间，以及任何不存在直线权力关系的人员之间的沟通。根据沟通主体是否来自同一管理阶层，又可将横向沟通分为两种：一种是同一层次中成员的平行沟通，包括各部门管理者之间和成员之间的相互沟通；另一种是指处于不同层次但没有隶属关系的人员之间的交叉沟通（也称斜向沟通）。横向沟通代表沟通者之间的共事关系，除了上行和下行沟通以外的所有组织沟通都可以视为横向沟通，如各部门经理间的沟通、团队成员之间的沟通、某部门经理与其他部门工作人员的沟通等。

（2）横向沟通的形式。不同类型的横向沟通采用的沟通形式不同。跨部门的横向沟通通常采用会议、备忘录、报告等形式。其中会议是最经常采用的沟通形式。对于部门内员

工之间的横向沟通,更多地使用口头交谈、备忘录、工作日志等形式。由于沟通双方相互熟知,并且有着相同的业务背景,此类沟通的效果通常比较理想。而对于部门员工与其他部门的管理者或员工的沟通,通常使用面谈、信函和备忘录比较合适。

(3) 横向沟通的障碍。从理论上讲,横向沟通的主体是平等自主的,不存在等级差异,沟通应该更加有效。然而事实上,横向沟通的现状同样令人担忧。正因为没有权力关系的约束,许多沟通主体采取事不关己、高高挂起的态度,使横向沟通成为组织沟通中最难以控制、效果最不理想的沟通方式。①部门"本位主义"和员工短视行为。工作业绩评估体系的存在,是造成部门"本位主义"泛滥和部门员工短视行为的主要原因。在很多情况下,一些部门为了达到自己的目标,强调本部门业绩,无视其他部门乃至整个组织的利益而擅自行事,许多人也认为没有必要去了解其他部门正在发生的事情。②员工之间、部门之间为工作资源、职位和认可的竞争与冲突,也是横向沟通常见的障碍。谁拥有的资源越是稀缺和不可替代,谁在组织中的影响力就越大。有时,为了保持这种稀缺性和不可替代性,人们可能会采取被认为是不合逻辑的行为。例如,不愿透露自己的工作技巧和经验,或者编撰专门的语言和术语以防止别人了解他们的工作,或故意神秘行事,使工作看起来显得比实际更复杂和更困难。③对公司组织结构抱有偏见。有些部门对其他部门的先入为主的偏见会影响横向沟通的顺利进行,就好比戴上有色眼镜去看待事物。例如,营销部门认为本部门天生比其他部门重要。这种认为组织部门有贵贱等级之分的成见,显然会降低横向沟通的效果。

(4) 横向沟通的策略。横向沟通的策略有很多,主要可采取以下方式:①构建真实的组织结构图,标明职权关系,加强沟通流程的管理,减少员工方面的不必要猜忌。②准确制定个人的工作说明,使每一个员工明确知道自己的工作内容、方法、工作关系,列出垂直和平行的沟通关系,并创造条件促进沟通。③鼓励定期的会议或其他交流信息的方式,互通情况。

课堂互动8-3

与同事的沟通能力测试

与同事沟通时要讲究方法、策略和技巧的有效运用。请通过下列问题对自己的该项能力进行差距测评。

1.面对同事的缺点和错误时,你会怎样做?(　　)

A.委婉沟通,引导其发现

B.直言相告

C.跟我的关系不大

2.发现同事的优点或者同事取得好的业绩时,你会怎样?(　　)

A.及时赞美和祝贺

B.非常关心,想学习其经验

C.羡慕

3.当你听到同事在背后说别人的坏话时,你会怎么办?(　　)

A.不传话   B.有时会加以制止

C.在一定范围内告诉别人

4.你和同事之间经常怎样看待对方?(　　)

A.相互讨论双方的优点   B.相互讨论双方的缺点

C.能很好地谈论对方

5.表达时,你会注意自己的语气和语调吗?(　　)

A.每次都非常注意   B.重要场合下会注意

C.很少注意

6.你在表达时,如何把握词语的使用?(　　)

A.总能找到准确的词语   B.偶尔找不到合适的词语

C.经常词不达意

7.同事在工作中出现重大错误时,你会怎样做?(　　)

A.直言相告并帮助补救   B.告知上级并共同补救

C.视关系而定

8.当同事对你的工作提出意见时,你会持何种态度?(　　)

A.积极沟通,找出差距   B.接受意见,自我检查

C.表面接受

9.当你和同事出现误会时,你会怎么办?(　　)

A.及时沟通,消除误会   B.通过第三方沟通

C.等待对方找自己沟通

10.当你进入一家新公司时,你如何认识新同事?(　　)

A.主动认识每个人   B.积极认识部门里的人

C.在工作中慢慢熟悉

评分标准:

选A得3分,选B得2分,选C得1分。

结果评价:

24分以上,说明你与同事的沟通能力很强,请继续保持和提升。

15~24分,说明你与同事的沟通能力一般,请努力提升。

15分以下,说明你与同事的沟通能力很差,急需提升。

8.1.3　组织沟通方式

所谓组织沟通方式,指的是组织沟通所采用的具体方法和手段,有时也称为沟通方法。组织沟通的方法多种多样,既有外部沟通的方式,如广告、谈判、公关等,也有内部沟通的方式,如请示、汇报、会议与个别访谈等。

1)组织内部沟通方式

(1)发布指示。指示具有强制性与权威性,是上级对下级指导工作时常用的管理沟通方式,它可以使一项活动开始,也可以使一项活动的内容、方式变更或中止。指示明确规定了上下级之间的关系以及各自的职责,它由上级发布,由下级服从并执行。如果上级不

能正确地向下级下达命令、发布指示，则会导致下级无所适从，上级的权威也将难以树立；如果下级不服从指示或不恰当地执行了指示，那么上级的指示就会失去作用，下级的职位也将难以维持。为了避免这种情况的出现，就要求上级在发布指示之前必须进行调查研究，征求各方面的意见，并对下级进行必要的训导，这样才能保证上级的指示正确并使下级能够贯彻执行。

在管理过程中，上级应根据不同的情况采取相应的指示方法。常用的有以下三类：①一般指示或具体指示。一项指示是一般的还是具体的，取决于管理人员对周围环境的预见能力以及下级的响应程度。熟悉情况的管理人员应采用具体指示，而在对周围环境情况不可能预见时，大多采用一般指示。②书面指示或口头指示。在决定指示是书面的还是口头的时，应考虑上下级之间关系的持久性、双方的信任程度，以及指示的重复性等。如果上下级之间关系持久、信任程度较高，则可用口头指示。如果是为了防止指示的重复和司法上的争执，或者是对所有人员宣布一项特定的任务，则书面指示大为必要。③正式指示或非正式指示。对每一个下级准确地选择正式指示或非正式指示是一种艺术。一般而言，当上级启发下级时适宜采用非正式指示，当上级命令下级时则适宜采用正式指示。

（2）请示和汇报。请示是下级向上级表达要求的一种常用的沟通方法，可采用书面与口头两种方式。如果要求上级给予支持的事项较为复杂，且涉及的部门较多，可采用书面请示形式；如果要求上级给予支持的事项较为简单，且不需经繁杂与严谨的手续和程序就可以解决的，则可采用口头请示的形式。

汇报是下级在执行上级指示及工作任务的过程中，将其所遇到的困难与问题、工作的进展等情况向上级反映并提出设想的一种沟通方式。汇报通常也可以分为书面汇报与口头汇报两种。若所碰到的问题需要经过上级批示或需要两个以上部门的协调才能加以解决的，一般采用书面汇报的形式；只向上级反映工作进度的，可采用口头汇报的形式；带有总结性质及规划意向的，为显示其严肃性与权威性，通常采用书面汇报与口头汇报相结合的沟通方式，如年度工作总结及工作计划，经常采用的就是书面汇报与口头汇报相结合的沟通方法。

（3）召开会议。人与人之间的沟通是人们思想、情感的交流，开会就是给人与人的沟通提供交流的场所和机会。会议的种类很多，包括汇报会、研讨会、论证会、总结会、表彰会、座谈会等。必须强调的是，在信息技术相当发达的今天，随着人们生活节奏的加快、竞争的加剧以及人们效率意识的不断提高，企业内部相当数量的会议完全可以利用计算机网络来进行。用网络开会可以打破空间的界限，克服会议人员难以集中的困难，提高会议的效率。

（4）个别访谈。个别访谈是企业内部为了收集信息或了解工作进展情况而向员工进行访问谈话的沟通方式。这种沟通方式能够拉近上下级之间的情感距离。由于它是一对一、面对面的直接沟通，因而能够消除人们沟通中的心理压力，所获得的信息可信性也相对较强。在这种情况下，人们往往更愿意表露自己的真实思想，提出不便于在会议场所提出的问题，因而有助于领导者掌握下属的思想动态。

（5）内部沟通制度。要搞好企业内部沟通，除了要掌握企业内部人际关系类型、了解各种沟通模式之外，还必须具备一套系统的、完善的沟通制度，这样才能取得最佳的沟通效果，使企业走上科学化、程序化、规范化的道路。内部沟通制度主要包括员工建议制度、领导接待来访制度、例会制度等。企业应根据本企业实际情况制定相应的沟通制度，并把沟通制度落到实处，切实贯彻执行。为此，应注意以下几点：第一，必须有专人负责实施沟通制度。第二，及时反馈信息。"有去无回"会挫伤员工的积极性，使企业沟通失去真诚的协作。第三，适当的奖励。这是保证员工积极参与沟通的重要措施。

（6）员工手册。员工手册主要是用来向新员工或来访者详细介绍企业发展概况、规章制度、工作性质及有关要求的一种沟通形式。员工手册涉及企业的建议制度、医疗方案、利润分享、劳保措施、退休制度、娱乐设施、培训教育以及企业的方针、政策等多项内容，它使员工在工作和生活中能非常方便地查找到所需的专门信息。员工手册不仅能使员工更好地了解企业，而且能让员工清楚地知道自己该做什么、该怎样去做、该向谁负责。

（7）内部刊物。内部刊物主要是以企业内部员工为读者对象的刊物，主要有报纸、杂志、电子读物等形式，内容包括时事通讯、企业消息、文化艺术、体育娱乐等。内部刊物一般是定期或不定期发行。我国许多企业的内部刊物大多以免费赠阅的方式发行。内部刊物是企业内部沟通的重要手段之一，企业管理人员必须掌握为企业内部刊物写作、编辑、摄影、设计的有关知识和技能，不断提高内部刊物的质量。

2）组织外部沟通方式

组织外部沟通构成了组织有机的外部社会关系，它与组织内部沟通紧密相连。一个企业要生存、发展，离不开与外界的沟通和联系，只有与组织外部如顾客、股东、社区及媒体等进行相互沟通与信息交流，企业的形象才会走向社会（如图8-2所示）。

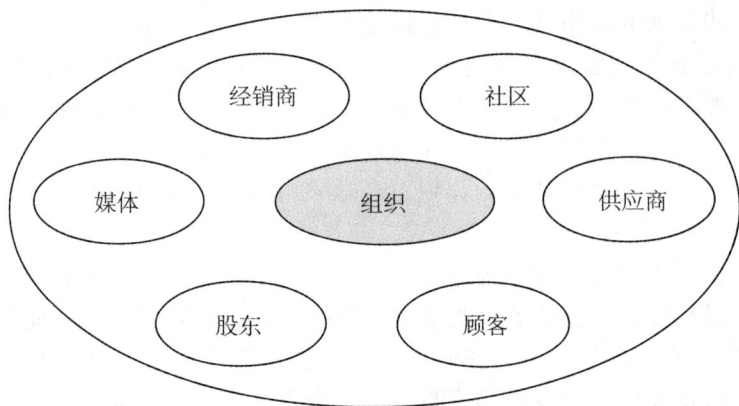

图8-2　组织的外部社会

（1）与顾客沟通的方式。顾客是企业最重要的外部公众。企业与顾客几乎时时刻刻在进行沟通，企业的产品和服务是企业与顾客沟通的基本载体，企业需要经过不断地调查以明确顾客利益之所在，同时要随时检验自己是否做到了与顾客的充分沟通。企业与顾客沟通的方式大致包括：①提供优质的产品和服务。对于许多顾客而言，他们与企业的唯一接触就是购买了企业的产品和服务，因此企业的产品和服务就成为传达企业信息的唯一工具和载体。提供优质的产品和服务是企业与顾客沟通的根本所在。②发放顾客调查问卷。这是企业与顾客沟通的一种基本方式。通过调查了解顾客需求的现状及趋势，从而可以采取相应的措施以达到提高顾客满意度的目标。③与顾客直接接触。通过直接接触，倾听顾客的意见，不仅是留住顾客的良方，而且是企业不断创新的源泉。④微笑服务、人性化服务。这些可以创造企业与顾客沟通的奇迹。例如，产品销售没几天，咨询服务电话就到家；产品运行中出现故障，服务人员马上上门检修；时逢服务质量月，邀请消费者参加客户联谊会……凡此种种，都有助于融洽企业与顾客之间的关系，疏通企业与顾客之间的沟通渠道。

（2）企业与上下游企业沟通的方式。企业的生产经营活动离不开上下游企业，与上下游企业之间紧密沟通，联合求发展几乎是企业竞争制胜的唯一选择。企业与上下游企业沟通的方式主要包括：①建立电子通信网络。随着计算机与通信技术的迅猛发展，电子通信网络在改善上下游企业之间的沟通方面所起的作用越来越大。企业可充分利用现代通信设施，建立企业与供应商、经销商之间的有效沟通与联络。大大缩短交货时间，提高服务水平，降低企业经营成本。②互派人员参与彼此的重大决策。对于紧密型合作的上下游企业，企业要采取重大举措时，应邀请对方参与，至少要尽早让对方获悉，这样可以减少许多猜疑、不信任感和误会。③增加信息交流。通过开展一些庆祝活动等，保持企业与合作伙伴之间经常性的互访，增加感情，增进了解，改善工作关系，增加信息交流的机会。

（3）企业与媒体沟通的方式。媒体是企业与一般公众进行沟通的最广泛、最有效的渠道之一。各种媒体对于企业来说都是一把双刃剑。当它对企业做正面宣传时，无异于免费广告，然而当它对企业进行负面报道时，就如同雪上加霜。企业与媒体沟通的主要方式包括：①新闻发布。这是企业与新闻媒体沟通的基本方式之一，企业的许多活动都是新闻的理想题材，比如，公司历史、产品和服务、企业营销、企业形象及社会活动等。②记者招待会。对于企业而言，这是一种给新闻界留下深刻印象，并进行自我推销的很好的方式。③企业高层直接参与沟通。企业的高层管理者直接参与同媒体的沟通，对企业大有益处，不但可以增加企业发言的权威性，还可以使公众更加了解管理者和企业的实际情况，同时也能使媒体产生受尊重的感觉。

（4）企业与股东的沟通方式。股东是企业的特殊公众。与股东沟通的目的主要是为了获得广大股东的信赖与支持。企业与股东之间的沟通可以通过中报、年报、召开股东大会等形式，向股东通报有关企业的境况，树立股东对企业投资的信心。

（5）企业与社区的沟通方式。企业不是建立在真空之中的，总是与周边环境发生着各种关系，社区是企业最直接的外部环境。企业管理者要主动保持与社区的沟通，积极参加社区讨论、赞助慈善活动、组织志愿者活动等，这样可以帮助企业从社区中获得资源和支持，使社区成为塑造企业形象的可靠依托。

8.2 组织沟通的影响因素及其效率的提高

8.2.1 影响组织沟通的因素

影响组织沟通的因素有很多，既有一般性因素，又有组织的个性特征等重要因素，具体来说，表现在以下方面：

1）影响组织沟通的一般性因素

影响组织沟通的一般性因素可分为三类：一是主观性因素，包括发送者和接收者的个人主观因素；二是环境因素；三是沟通渠道和方式。

（1）主观性因素。沟通的过程涉及两个或两个以上的主体。发送者的信息发送方式、情绪、态度都会影响沟通效果。接收者同样也会对沟通造成影响，接收者对信息的解码，受自己主观的知识、经验、价值观等影响。在面对面的沟通中，信息的发送者与接收者的角色是不断转换的。

（2）环境因素。沟通的环境也是影响组织沟通的一个重要因素。这种环境包括组织的整体状况、组织中人际关系的和谐程度、组织的文化氛围和民主气氛、领导者的行为风格等。

（3）沟通渠道和方式。前面我们已经介绍过组织沟通渠道和方式。选择了不同的组织沟通渠道和方式，沟通效果便很明显地各有不同。对于一个特定的组织，在渠道和方式的选择上要根据公司自身的特点来决定。

2）组织的个性特征是影响组织沟通的重要因素

（1）社会环境是影响组织沟通的基本因素。不同的社会环境具有不同的文化价值观念，这些价值观又左右着人们的沟通行为。在美国的社会文化背景下，组织中的民主气氛浓厚，下级可以直言不讳地向上级提出自己的意见，管理人员也随时欢迎下级来沟通情况、交换想法，因此沟通程度较深。但在日本，等级森严，沟通在一般情况下都是逐层进行的，而且其沟通信息的范围十分有限。在我国，组织的沟通受环境影响更为严重。

（2）组织的结构形式。组织的结构形式在某种程度上决定着组织内的权力线和信息流动的渠道。组织内的正式沟通渠道在很大程度上取决于组织的结构形式，所以结构形式对有效的组织沟通有决定性的作用。组织行为学告诉我们，传统的组织结构形式包括直线制、职能制、直线职能制等，现代的组织结构形式包括事业部制、矩阵制、虚拟组织等许多形式。

为了分析组织结构形式对组织沟通的影响，我们可以将组织结构形式分为科层制和网络化两大类。科层制的特点是具有较严格的等级概念，其命令的指示和情况的汇报都具有较严格的指挥链条，因此企业基本上全部依赖正式渠道进行沟通。但由于科层组织往往具有多种层次，因此在信息的传递过程中常常受到过滤的限制。这样仅仅依靠正式渠道又很难达成正式沟通的效果。所以在这种组织结构形式中，非正式沟通也占了很大的比例。另外，网络化的组织结构形式可以充分利用现代化的通信技术，使得沟通更为迅速和便捷。

（3）企业文化。企业文化是企业在长期的生产经营实践中所创造和形成的具有本企业特色的精神和某些物化的精神，包括共同的价值观、行为方式及经营风格，以及蕴含在企业制度、企业形象、企业产品及员工行为中的文化特色。由于企业文化是企业员工价值观的根本体现，在很大程度上影响着员工的各种行为，当然对组织的沟通也有十分重要的影响。企业文化中的精神文化反映了企业的核心价值观，对员工的精神面貌、工作态度、沟通的积极性等有决定性的作用。而企业的制度文化又直接以文件规范的形式规定着企业中信息传递的流程和方式、各种信息的披露程度和层次。企业中的行为文化直接决定着员工的行为特征、沟通方式、沟通风格等。企业的物质文化决定着企业的沟通技术状况、沟通媒介和沟通的渠道。所以，企业文化不仅仅影响组织沟通过程中的主观性要素——信息发送者和接收者，而且还决定着沟通的媒介、沟通的渠道、沟通的环境等客观因素，从而全方位地影响着组织的有效沟通。

（4）组织角色。组织中的每个人都处在不同的位置，都具有不同的组织角色。例如，上层管理者和下层的员工，其组织角色各不相同；不同职能部门中的工作者，由于其工作的不同也表现为不同的组织角色。所担任的角色不同，看问题的方式和角度便不一样，就会产生不同的态度和观点以及不同的利害关系，因而每逢接触到新的信息时，就会从本角色加以估量，导致不同的意见和结论。组织角色对沟通影响的典型事实便是上下级之间沟通的问题。

8.2.2　组织沟通效率的提高

要想提高组织的沟通效率，必须根据组织的特点和具体的环境条件，选择并设计合理化的沟通渠道，并采用恰当的沟通方式，再针对影响组织沟通的因素采取具体的对策。

1）选择合理的沟通渠道

作为一个组织，要充分考虑组织的行业特点和人员心理结构，结合正式沟通渠道和非正式沟通渠道的优缺点，设计一套包含正式沟通和非正式沟通的渠道，并结合组织结构形式选择恰当的沟通方式，以便组织内各种需求的沟通都能够准确、及时而有效地实现。

一般来说，正式沟通效果较好，较为严肃，约束力强，易于保密，并可以使信息保持权威性。其缺点是依靠组织系统层层传递，很刻板，沟通速度较慢，也存在信息失真和扭曲的可能。而非正式沟通具有较大的弹性，可以是水平或者是斜向的，一般也较为迅速，有些来自非正式沟通的信息反而会获得接收者的重视。但是过分依赖这种非正式沟通也有很大的危险，因为信息遭受扭曲或发生错误的可能性相当大，而且无从查证。

2）采用恰当的沟通方式

组织沟通效率的提高不仅仅取决于合理的沟通渠道，沟通方式的选择也很重要，因为组织内沟通的内容千差万别，针对不同的情况，应该采取不同的沟通方式。

（1）依据沟通任务的复杂性选择沟通方式。依据沟通任务的复杂性，按由简到繁的顺序，可以把任务分为：①传达命令；②给予或要求信息或资料；③达成一致意见或决议。当意见有分歧时，第③中沟通的任务尤其复杂。此时，应该先行分析不同意见间有何共同之处，通过非正式沟通进行协调，然后再将由非正式沟通商量的结果，经由正式途径加以肯定。

（2）依据沟通所涉及资源动用的多少选择沟通方式。如果一项要求、命令或决议，涉及大量的人力、财力等的动用时，需要有人对这种资源的支出及其效果负责，为求责任分明，最好通过正式的和书面的沟通途径进行。

（3）依据沟通人员的特点选择沟通方式。沟通人员的不同特点对沟通方式的选择也有一定的影响。有人做事以达成目标或任务为导向，对于目标导向的人，最好采取非正式和口头沟通的方式。沟通者的语言能力也是影响沟通方式选择的重要因素。

（4）依据人际关系的协调程度选择沟通方式。若协调程度高，则表示组织成员间接触频繁、关系密切、互助合作。在这种状况下，沟通常常采用口头而非正式的方法。反之，如果成员之间极少往来，互不相干，则沟通只有依赖正式及书面的方法进行。

3）改进组织沟通的各种技术

（1）建议和征询制度。建议制度的最简单的例子就是运用意见箱。员工把有关改进的书面意见投入箱内。这种简单的方式通常并不十分有效，因为没有相关的物质奖励和表明建议已被考虑的机制。较好的方案是给所提建议已被实际采用的员工以报酬，并且提供每一项建议得到如何评价的反馈。通常可付给简单建议少量报酬。对于一种可给公司带来大量盈利的技术性的复杂建议，通常按照预计盈利的百分比付给报酬。

与建议制度有关的是征询制度，它提供了一种答复员工提出的有关组织问题的正式手段。当问题和答复范围广泛时，这种制度会促进双方沟通并且是最有效的。

（2）上级主管人员沟通训练。有证据表明，适当的沟通训练能够改进主管人员的沟通技能。有效的训练方案通常用录像形式介绍正确处理典型的沟通问题的模型。然后由主管人员对问题进行角色扮演，当他们表现出有效的技能时，训练人员要对他们进行强化。例如，在通用电气公司，这种训练所提出的典型的沟通问题包括讨论不合需要的工作习惯、审查工作绩效、讨论薪金变化及处理下属的问题等。

（3）员工调查和调查反馈。对现有员工的态度和意见进行调查，可以提供一种有用的上行沟通的手段。因为，调查通常是利用保证无个性特征回答的调查表进行的，员工们将感到可以自由表达他们的真实观点。一次有效的员工调查包含员工确实关心的问题和有益于实际目的的信息。

当调查结果反馈给员工时，随着管理部门的答复和相应的变革计划的实施，将加强下行沟通。调查反馈向员工表明，他们的评论已被管理部门听到和考虑。作为对员工所关心的问题的答复，变革计划表明了对进行双方沟通的一种支持。

8.3 组织危机沟通

今天，组织面对的内外部环境日益复杂，这种复杂的环境给组织带来了诸多风险。如果不能有效地防范与规避风险，则可能会发生危机。沟通是进行危机管理的重要组成部分，没有有效的沟通，企业就无法和相关利益者进行信息交流，解决危机自然无从谈起。企业不仅要和员工、顾客、供应商、政府等有关方面进行沟通，而且还要进行有效的沟通，以保证信息的准确、及时，只有这样，才有利于尽快消除影响，避免进一步的危机。

1）危机沟通的作用

（1）良好的沟通是危机管理最重要的工具。对一个身陷危机情境的企业来说，如果管理危机情境的人与危机利益关系人之间没有沟通的话，就无法评估危机及其影响，更无法有效地处理危机。危机管理依赖于信息交换能力和危机管理者根据收集到的信息制定有效行动方针的能力。危机管理还需要收集危机现场之外的证据，包括科学和专业知识、以前的经验和危机前的相关预防措施，所有这些信息都要尽可能收集到手。由于危机环境中各种因素的影响，这些信息的收集存在着许多干扰。危机管理者应当确保传递的信息正确，努力降低伴随干扰所带来的信息失真。这就要求危机管理者充分考虑内外部因素的影响，通过有效的沟通来减少信息失真。

（2）良好的沟通是展现企业竞争力和领导能力的机会。危机提供了绝好的机会来成就或埋葬CEO或其他负责处理的人。如果处理得当，可以显示他们非凡的领导能力。在危机中，有些领导人不仅毫发未损，而且极大地提高了声望，铺平了职业发展之路。比如，强生公司前任主席杰弗逊·E.博克（1982年和1986年Tylenol的干涉事件）和通用汽车公司前任法律顾问、副主席哈里·皮尔斯（1994年NBC电视台报道的通用汽车公司卡车事件）。他们在危机处理中都采取了这样的措施：迅速发现问题并允诺在最短时间内加以解决；在执行计划过程中表现出强烈的自信，但绝不傲慢自大；对受到危机影响的人表示不安和同情；如果是由公司造成的结果，领导人会为此道歉；迅速在企业中做出必要的调整以确保危机不再发生，并同公司的主要公众进行沟通；确定他们的领导地位，这并不意味着自己处理所有的事，而是要保证处理问题时要有领导；承担职责和最终应负的责任，而同其他人分享荣誉和赞美。

（3）良好的沟通有助于危机管理中关系的改善。出现危机并不意味着企业领导人和公司主要社会公众之间关系紧张，例如，员工和顾客之间总是存在着无法逾越的问题——关系紧张。如果危机处理得当，就能够提供极好的机会，使企业领导人与企业赖以成功的人之间紧密结合起来，建立起一种健康的长期关系。一般来说，在危机中企业领导人同危机关系人沟通时尤其应注意掌握以下几点，来赢得他们的信任：就当时的情况和他们进行沟通，并特别强调你希望他们做些什么及这样做的原因；把他们视为平等的团队成员，用一种容易理解和值得同情的方式说服他们来帮助你；对于他们的帮助要表示真诚的感谢；在危机结束后一如既往地同他们保持良好的关系。

2）危机沟通的过程

（1）细分社会公众。公众是指具有相同的特点、对企业的成功很重要的个人和组织。公司员工、潜在顾客、现有顾客、供应商、分销商、新闻媒体等都是企业所面对的公众。一般情况下，通过对社会公众的细分，便可因此而决定对每一组社会公众进行沟通的主要信息，从而确保每一种类型的公众得到相应的信息。

（2）确定沟通目标。为了沟通的有效性，在危机中进行沟通时，应该对每一受众设定一个明确的目标。有了目标，才有针对性，表达才会更准确。对不同的社会公众，其沟通目标会有所差异。例如，对于股东，应该维持股价稳定；对于顾客，应能避免相关产品的负面影响，维持其对产品的信任感；对于执法机构，应避免受到处罚。

（3）准备沟通信息。对公众进行细分，就是为了沟通的针对性。不同的公众，所想知道的主要信息会有所不同。在为不同的公众准备沟通信息时，应考虑以下三个重要变量：①语调——是高兴、劝慰、关注、愤怒、诚恳，还是其他的。②内容——应包括哪些沟通内容。③公众——公众对企业的了解程度如何，他们最关心什么，所包括的内容是否能满足他们的要求。

（4）选好发言人。选好发言人是危机沟通取得成功的关键。选择在目标受众中有良好声誉的发言人，发言时会具有很大的感召力，有利于加强公众对企业的信任感。

（5）运用沟通中的有力工具。①新闻稿。发布新闻稿能让新闻媒体知道情况和企业所做出的决策，有助于澄清事实真相。②记者招待会。记者招待会是企业向公众传达信息的有效手段，有利于确保新闻媒体从发言人那里得到口径一致的信息。③互联网。现代企业必须重视互联网的作用，并充分利用网络这个工具来正确引导信息流、管理公众和网际沟通，进而加强公司的危机管理。

总之，企业在危机处理过程中应综合发挥各种工具的优势，来渡过危机难关。

3）危机沟通的常用策略

（1）确定沟通理念。企业进行危机管理必须以一定的理念为指导。随着社会的进步及法制的不断完善，消费者的法律意识会进一步增强，用法律武器维护自身权益的事例屡见不鲜。事实表明，那些成功的企业无一例外地奉行顾客利益至上的理念。正是有了这样的理念，强生公司才会因为几十粒被污染的"泰诺"胶囊，将价值上亿美元的药品全部从市场上收回。宝洁公司才会在得到并不充分且结论并不完全一致的关于其某品牌卫生棉条可能引起中毒性休克综合征的证据之后，立即停止生产这一产品，并将其迅速收回。对于这些"长期赢家"来说，因为它们将与客户的相互信任和沟通置于公司考虑问题的首位，所以采取这些措施是理所当然的，它们的成功也是顺理成章的。

可以说，危机管理并没有什么玄妙或深奥之处，胆量和智慧其实只是源于最朴素的信条：顾客的利益至上。因此，企业在顾客的利益受损之后，应以诚信的态度主动地承担责任，即坦诚地、可信任地进行沟通。任何被动的、不诚信的方式都会造成公众的不信任感，以致引发更大的危机。

（2）面对危机的五大沟通原则。在企业经营中，有时会有危机发生。当危机发生时，企业必须要从外界角度思考才能化解危机。企业该如何了解外界的感受，并适当采取必要的沟通方式呢？一般来说，应该掌握以下5个危机沟通原则：

第一，一定要有人出面。2001年，中国台湾市民指控屈臣氏贩卖过期商品，屈臣氏当时以"声明稿"否认一切指控并回避采访，直到事发后两周，屈臣氏才召开了一场戒备森严的记者会，加深了外界认为其不诚恳的负面印象。

危机发生后，企业经常会因为慌张而躲避媒体，但这往往会把小纠纷变成大风暴。媒体最需要的就是消息来源。即使当时事情的来龙去脉尚未弄清，企业也应该对外界有一个明朗的态度，可以由发言人代替公司有一个基本态度。否则，找不到当事人，媒体可能会转而采访竞争对手或一般员工，结果就更不可测。

第二，第一时间做出回应。某银行发生网络客户资料外泄事件。首先发现这个重大失误的消费者，起先试图透过客户服务人员向银行主管反映，然而折腾数日却没有结果，最后消费者只好诉诸媒体。尽管消息见报后，银行负责人立刻出面道歉说明，但这时对企业形象已产生了负面影响。

危机处理中传统观念认为，处置突发事件要在"黄金24小时"内发布权威消息，主导舆论。新媒体时代，人民网舆情监测室提出了突发事件处置的"黄金4小时"理论，在国内引起广泛关注和肯定。另外，企业在说明真相前，应该先有一个大致设想，把媒体可能提出的问题分为"一定要主动说"、"被问了才说"以及"绝对不能说"三种情况。应坚持有多少证据说多少话，避免一时情急自曝其短。在危机发生初期，通常要注意把握"早讲事实、重讲态度、慎讲结论"。

第三，真诚关怀，提供事实。某跨国药业公司生产的胶囊因意外事件，而导致7位消费者死亡。公司董事长认为，公司是为了大众健康而存在，在以消费者利益为优先考虑的前提下，他决定立刻全面回收胶囊。同时，发言人不断在媒体上呼吁消费者停止购买这种胶囊，工厂也开始重新设计包装，让民众拿旧产品更换新产品。另一方面，公司开放了

800 条民众咨询专线，并悬赏 10 万美元缉捕嫌犯。这一连串的动作，使该公司很快赢回了人心，为企业形象做足了正面广告。

当事件涉及群众时，企业应该持续与群众沟通，使群众相信企业是无心之过，将民意的不满转为支持。

第四，给予信心展现实力。1993 年，美国一名男子向电视台宣称，他在百事可乐罐中发现一个针筒。百事可乐分析，这应该是场恶作剧。于是，百事可乐当天就把其的装瓶过程拍成录影带，分送给各电视媒体。录影带显示，装瓶过程不到 1 秒，像针筒这么大的物体几乎不可能掉进去。当晚，百事可乐的执行长与食品卫生官员同时接受采访。官员强调做假指控会遭受惩罚，同时认为，无法从此单一事件推测其所有产品都遭受污染，官员的话间接为企业澄清了事实。几天后，那名把针筒放进百事可乐瓶中的嫌犯便宣告落网。

企业平时就应该在企业形象及关系管理上下工夫，关键时刻才能获得"雪中送炭"的帮助。一般来说，形象良好的企业也较能博取社会大众的支持。

第五，否认及傲慢为大忌。曾经，NBA 职业篮球明星乔丹在耐克公司的安排下到中国台湾举办球迷会，乔丹只在球迷会上现身短短 90 秒就匆匆而去，引发了上千球迷的不满。中国台湾耐克的态度十分强硬，以赠送球迷海报及球鞋聊表"心意"，但不愿向球迷道歉。直到消费者文教基金会发起拒买耐克商品，有关部门也介入了调查，中国台湾耐克总经理才在事发 6 天后鞠躬道歉。

要是错在企业，一定要在第一时间就认错，绝不可以因为掩饰而缺乏诚意。跟媒体接触要有一个大原则，那就是诚信。

（3）危机沟通者的技巧。就企业危机沟通来说，危机管理者需要掌握基本的危机沟通方式，尤其是在培养反应和恢复能力方面的技巧。①创建坦诚、和睦的沟通氛围。坦诚、和睦的沟通氛围有利于增强公众对企业的信任感，是沟通顺利进行的重要保证。②证明企业已经认清了问题或正在努力采取措施弄清问题。如果员工、顾客和其他的社会公众感觉到企业并不重视出现的问题，他们可能会感到失望，甚至可能会产生敌意。在此情况下，可能会加重公众对企业的信任危机。因此，向公众证明企业正在或已经采取措施是很有必要的。③只传达能确切证明的信息。危机的复杂性决定了概括危机的信息具有复杂性。在信息的传递过程中，也会受到通道、噪音等各种因素的影响，因而信息失真是难免的。这就要求企业在沟通过程中充分重视信息的准确性，并传达确切的信息。如果提供一些似是而非的信息，而最终被证明是错误的信息时，会极大地损害声誉。④对公众表现出诚恳的态度。沟通的过程，不仅是传递平淡信息的过程，更是信息、思想和情感融合的过程。在传达信息的同时，融入诚恳的情感往往能赢得公众的共鸣与同情。一个小小的谎言往往会触发一连串的谎言。遮掩最初的一件小的事实可能是容易的，但随着事态的发展，要掩盖发展后的诸多事实却是很困难的。⑤告知社会公众进行反馈和建议的联系方式。在危机管理中应采取双向沟通的方式，也就是信息发送者不仅要发出信息，而且要听取信息接收者对信息的反馈，发送与反馈可多次进行，直到双方有了共同的理解为止。这样可以增强公众对信息判断的信心，有助于相关利益者对企业的理解和支持。实施双向沟通，必然少不了反馈和建议的交流方式。因此，告知公众反馈和建议的联系方式自然不可缺少。企业也可以设立 24 小时开通的企业危机处理信息中心，随时接受媒体和有关公众的访问。⑥强调企业对公众的感激。表达感激是一种情感沟通，有利于拉近交流双方的距离。向员工、顾客、经销商等公众在企业困难时给予的支持和配合表示感激是必要的，这种感激可以表达出企业对公众的重视和尊重。

总之，企业在危机管理的沟通过程中，要把握好总体策略，充分利用各种沟通工具，掌握沟通技巧和要领，以降低危机所造成的损失。

知识链接8-2

危机公关成功的"金科玉律"

就危机沟通的战术方面，福莱灵克公关咨询公司特别情况小组发明了一个简单的公式：

（3W+4R）8F=V1 或 V2

该公式被公关界称为危机公关成功的"金科玉律"。

（1）3W。3W是说在任何一场危机中，沟通者需要尽快知道3件事：我们知道了什么（What were we know）；我们什么时候知道的（When were we know about it）；我们对此做了什么（What were we do about it）。寻求这些问题的答案和一个组织做出反应之间的时间，将决定这个反应是成功还是失败。

如果一个组织对于它面临的危机认识太晚，或反应太慢，那它就处在一个滑坡上，掌控全局会变得极为困难；如果不能迅速地完成3W，它将会回天无力。对于沟通者来说，信息真空是最大的敌人，因为总有人会去填充它，尤其是竞争对手。

（2）4R。4R是指在收集正确的信息后，就该给这个组织在这场危机中的态度定位了：遗憾（regret）、改革（reform）、赔偿（restitution）、恢复（recovery）。换句话说，与危机打交道，一个组织要表达遗憾，保证解决措施到位，防止未来相同事情发生并且提供赔偿，直到安全摆脱这场危机。很显然，并不是一个声明或者一个行动就能取得所有4R的；相反，需要把4R当做一个过程来执行。

（3）8F。8F则是沟通时应遵循的8大原则。

★ 真实（factual）：向公众沟通事实的真相。

★ 第一（first）：率先对问题做出反应，最好是在第一时间。

★ 迅速（fast）：处理危机要果断、迅速。

★ 坦率（frank）：沟通情况时不要躲躲闪闪，要体现出真诚。

★ 感觉（feeling）：与公众分享你的感觉。

★ 论坛（forum）：公司内部要建立一个最可靠的准确信息来源渠道，获取尽可能全面的信息，以便分析判断。

★ 灵活性（flexibility）：对外沟通的内容不是一成不变的，应关注事态的变化，并酌情应变。

★ 反馈（feedback）：对外界有关危机的信息做出及时反馈。

（4）V1和V2。如果3W、4R和8F都做得正确了，你的组织在危机中会被称为V1，即"勇于承担责任者（victim）"的形象便凸显出来。这个结果很不错，公众会认为你的组织很负责任、会想办法解决问题并且让他们满意。相应的，他们会对你的组织从轻处罚或抱怨，甚至还可以原谅你的组织。

相反，如果你的组织不能做好3W、4R和8F，你的组织很可能会被当做V2，即"小丑和恶棍（villain）"的形象。公众将认为你的组织的行为和言辞避重就轻、不上心和不负责任。这反过来最终会导致员工意志消沉、股东抗议、顾客投诉、管理层动荡等不良后果。

● 知识题

一、选择题

多选　8.1　一般来说，组织内部的沟通渠道包括（　　　）。

A.上行沟通 B.下行沟通

C.外部沟通 D.横向沟通

多选　8.2　组织沟通的方式很多，常用的内部沟通的方式包括（　　　）。

A.发布指示 B.召开会议

C.员工手册 D.内部刊物

多选　8.3　企业搞好内部沟通，建立沟通制度是很有必要的，一般的内部沟通制度包括（　　　）。

A.员工建议制度 B.领导接待来访制度

C.例会制度 D.以上都不是

多选　8.4　组织面对危机必须遵循的沟通原则包括（　　　）。

A.第一时间原则 B.一定要有人出面

C.真诚的原则 D.适当回避

多选　8.5　企业的对外沟通主要包括（　　　）。

A.与媒体的沟通 B.与顾客的沟通

C.与领导的沟通 D.与员工的沟通

二、简答题

8.1　什么是组织沟通?

8.2　组织沟通与人际沟通有什么区别?

8.3　组织沟通的方式有哪些?

8.4　影响组织沟通的因素有哪些?

8.5　组织危机沟通的策略有哪些?

●实训题

实训项目8.1：即兴情景模拟：如何做好与资格较老的同事间的配合

在这个部门里，我与老王做相同的工作。因为老王资格较老，又一直没有得到提升，心态不太好，工作积极性始终不高，有任务下来，他总是推给我做，还美其名曰，他给我做好后续的把关工作。由于老王从事本专业时间较长，有一定的经验，当我向直接领导反映由于工作任务分配不均导致工作效率不高时，领导说，他是老同志，年轻人应该多做点，多学点，有些工作可以让老王事先指导一下，免得走弯路。这样完全违背了我原来希望与领导沟通关于工作量分配不均的初衷。

实训目的：通过实训，学习与同事沟通的方法，提高组织内部沟通的能力。

实训步骤：

1.学生分组，组内俩俩进行角色分配；

2.小组内两人简单讨论沟通的思路，准备沟通，以即兴为主；

3.请小组内其余同学对模拟的沟通过程进行评述，指出其优点和不足；

4.由小组成员再共同讨论解决这样问题的方法；

5.对照个人的思考、情景的模拟和小组的讨论，总结出以后处理这些情景的可操作的方案。

实训项目8.2：即兴情景模拟：张英与上司的沟通

张英的上司是一位管理细致的领导，每次布置任务，连非常具体的细节都有所要求，要求下属完全按照他的思路和模式来做每一项工作，员工没有任何创新的空间。有几次，张英就某个方案根据自己的观念做了创新，没有完全按照上司的思路设计，事后也向上司陈述了自己的理由，她解释说，按照这样的思路可以更快、更好地完成此项工作，但上司还是认为，这是不按规矩办事，予以否决。张英觉得非常不满，工作积极性大大受挫。但目前，张英对于公司氛围、所从事专业以及收入还比较满意，不想因为不适应上司的工作特点而调换部门或跳槽。于是，张英不得不考虑如何做好与上司的沟通，使自己能在工作中发挥创造性和主动性。

实训目的：通过实训，学习与各种上司沟通的方法，提高组织内部沟通的能力。

实训步骤：

1.学生分组，组内俩俩进行角色分配；

2.小组内两人简单讨论沟通的思路，准备沟通，以即兴为主；

3.请小组内其余同学对模拟的沟通过程进行评述，指出其优点和不足；

4.由小组成员再共同讨论解决这样问题的方法；

5.对照个人的思考、情景的模拟和小组的讨论，总结出以后处理这些情景的可操作的方案。

实训项目8.3：主管和员工（上级和下级）沟通情景模拟

情景：一个主管，一个员工，员工销售业绩显著，很有可能被列为提拔对象，可最终的结果却是没有被提拔，此时，员工怒气冲冲敲开了主管办公室的大门……

实训目的：通过特定情景的沟通模拟训练，促进学生组织内部沟通能力的提升，并学会综合运用沟通的基本知识和技巧。

实训步骤：

1.学生分组，并确定角色。

2.依据背景材料，讨论分析员工和主管的沟通过程及结果。

3.每组选出一对选手进行登台模拟沟通，小组两名同学负责记录沟通内容（分角色记录），其他同学观察扮演者语言和非语言沟通的技巧，学生评价，记录评价结果，上交材料。

4.小组互评，教师综合点评。

● 案例题

案例 8.1

王经理的沟通

最近，王经理发现部属小张在工作上有了明显的退步。小张过去一向是准时完成他交代的工作任务，并会及时将业务报告上交。但最近几个星期，小张总是不能按时完成他交代的工作任务，业务报告也要拖延一段时间才上交，部门开总结会议的时候，原来一直很活跃的小张也很少发表自己的意见了。

这天，小张的业务报告又一次迟交，站在王经理面前，小张嗫嚅着解释自己迟交报告的原因。王经理决心和他好好谈谈，弄清楚事情发生的原因。于是，王经理给小张倒了一杯咖啡，与小张一起在沙发上坐了下来。

"小张，你是我们公司的优秀员工，在公司的工作表现一向非常出色，我也一直很关心你，很看重你的意见。但是，最近你变了……家里发生什么事了吗？"

小张的脸立刻变得通红，好一阵子才点了点头。

"我可以帮忙吗？"

小张这才告诉他，医生发现他母亲背上长了一个恶性肿瘤，他非常担忧，原先就想告诉王经理，因为他知道自己的工作很受影响……想问能不能请两周假回家照看母亲，但因最近工作繁忙，又担心因为请假时间过长而会对自己造成不利的影响。

王经理安静地听小张讲述自己内心的积郁，谈话进行了将近一小时，到了快结束的时候，王经理表示同意小张的请假要求，工作会暂时由别人替补，等他回来再继续接任。小张的情绪很快就恢复了正常。

资料来源　易久法，白沙.361°沟通[M].北京：电子工业出版社，2009.

问题：案例中发生的事件在很多组织中都很常见，王经理的沟通有什么特点？

分析提示：王经理能及时发现员工小张的表现变化，主动与小张面对面沟通了解事情的原因，并达成共识，也使小张从困境中走了出来，恢复了正常心态。王经理的沟通方式值得组织中的管理者借鉴。

案例8.2

高经理的沟通

小李是公司销售部的骨干，业绩不错，在公司很受器重。然而最近小李的工作热情却有点低落，以往活跃的他，开会也很少发言了。销售部高经理觉得奇怪，便把他单独叫到办公室面谈。没谈几句，心直口快的小李就开始抱怨了："高经理，你说咱们公司那些行政、财务的人是怎么回事？为了摆平这个客户，我在外面跟别人拼死拼活，好不容易完成了，却被家里人难住了！"

"怎么回事？"高经理疑惑地问。

"昨天我缺一份公司的营业执照复印件，先找行政，他们说得到财务那儿拿。好不容易找到了财务，又说要财务总监同意，而财务总监又关机，这不让人搓火吗？"

"什么时候的事啊？"

"上周一晚8点。"

"都下班了！再说，人家也不知道你着急找他呀。"

"我和其他部门的人吃饭的时候，他们还总说'销售多好哇，一切资源投入都是你们优先'。可我们部门累得半死也没人看见，而且谁都能冲着我们呼来喝去……真气人！"

资料来源　易久法，白沙.361°沟通[M].北京：电子工业出版社，2009.

问题：本案例中出现的情况原因是什么？应当如何解决？

分析提示：工作业绩评估体系的存在，是造成部门"本位主义"泛滥和部门员工短视行为的主要原因。在很多情况下，一些部门为了达成自己的目标，强调本部门业绩，无视其他部门乃至整个组织的利益而擅自行事，许多人也认为没有必要去了解其他部门正在发生的事情。因此，可将部门间的小部分绩效相关联，用扣减相应绩效的形式落实到各部门，以强调部门间的协作关系。这样就有利于把一些未完成的、延误进程的、需要各部门协同配合的任务高效率完成。

主要参考文献

[1]魏江，严进.管理沟通——成功管理者的基石[M]．2版.北京：机械工业出版社，2010.

[2]肖晓春.人性化管理沟通[M]．北京：中国经济出版社，2008.

[3]胡魏.管理沟通——游戏66[M]．济南：山东人民出版社，2007.

[4]李锡元.管理沟通[M]．武汉：武汉大学出版社，2006.

[5]叶龙，吕海军.管理沟通——理念与技能[M]．北京：清华大学出版社，北京交通大学出版社，2006.

[6]南志珍.管理沟通[M]．北京：中国市场出版社，2006.

[7]余世维.有效沟通[M]．北京：机械工业出版社，2006.

[8]英格丽·张.你的形象价值百万[M]．2版.北京：中国青年出版社，2008.

[9]康青.管理沟通[M]．北京：中国人民大学出版社，2006.

[10]姚裕群.团队建设与管理[M]．北京：首都经济贸易大学出版社，2006.

[11]王建民.管理沟通实务[M]．3版.北京：中国人民大学出版社，2012.

[12]康青.管理沟通教程[M].3版.北京：立信会计出版社，2009.

[13]刘福成，徐红.管理沟通[M].2版.大连：东北财经大学出版社，2013.

[14]肖建中.管理人员十项全能训练[M].北京：北京大学出版社，2006.

[15]谢玉华.管理沟通[M].2版.大连：东北财经大学出版社，2013.